全国工业和信息化人才培养工程指定培训教材

互联网金融风险控制

工业和信息化部教育与考试中心　组织编写

主　编　陈晓华　曹国岭

副主编　陶　蕾　陈　军　郝东林

人民邮电出版社

北　京

图书在版编目（CIP）数据

互联网金融风险控制 / 陈晓华，曹国岭主编. -- 北京 : 人民邮电出版社，2016.10
ISBN 978-7-115-43470-8

Ⅰ. ①互… Ⅱ. ①陈… ②曹… Ⅲ. ①互联网络一应用一金融风险一风险管理 Ⅳ. ①F830.49

中国版本图书馆CIP数据核字(2016)第204569号

内容提要

什么是互联网金融风险？具体有哪些风险？怎么管理和控制？

针对上述问题，本书系统全面地介绍了互联网金融风险控制的有关内容。书中不仅介绍了互联网金融风险的概念、互联网金融风险的种类与特点，而且分别从投资者、从业者和管理者的角度，详细介绍了第三方支付、P2P网络贷款、众筹融资、互联网消费金融、互联网保险、网上银行等细分行业的具体风险，并且给出了相应的风险控制建议。作者结合当下各种实操案例编写相关章节，不仅体现出互联网金融风险控制的实操性，而且让读者更加容易理解与掌握相关内容。

本书适合互联网金融行业的投资者、从业人员、监管机构人员阅读，也适合高等院校金融专业的师生以及对互联网金融感兴趣的读者阅读。

◆主　　编　陈晓华　曹国岭
副 主 编　陶　蕾　陈　军　郝东林
责任编辑　李宝琳
责任印制　焦志炜
◆人民邮电出版社出版发行　　北京市丰台区成寿寺路11号
邮编 100164　电子邮件 315@ptpress.com.cn
网址 http://www.ptpress.com.cn
北京七彩京通数码快印有限公司印刷
◆开本：787×1092　1/16
印张：16　　2016年10月第1版
字数：350千字　　2025年1月北京第26次印刷

定　价：45.00元

读者服务热线：（010）81055656　印装质量热线：（010）81055316
反盗版热线：（010）81055315

本书出版指导委员会

前 言

互联网金融是利用互联网技术实现资金融通、支付、投资和信息中介服务的新型金融业务模式，其主要业态包括网络借贷、移动支付、互联网银行、股权众筹融资、互联网保险、互联网票据等。

互联网金融的发展为“大众创业、万众创新”打开了新的大门，在满足小微企业、中低收入阶层投融资需求，提升金融服务质量和效率，引导民间金融走向规范化，以及扩大金融业对内对外开放等方面发挥着独特的作用。

2013 年以来，互联网金融在中国出现了快速发展的态势，P2P 网络借贷、股权众筹、互联网保险等细分行业的各类企业如雨后春笋般不断涌现，互联网金融行业也备受市场追捧。截至 2016 年 6 月底，我国已经有超过 4000 家 P2P 网贷平台，数量位居世界第一。互联网金融近几年在我国的迅猛发展，让很多人发出了“互联网金融会取代传统金融机构”的惊呼。但是，互联网金融本质上仍属于金融，并没有改变金融经营的本质属性，也没有改变金融风险的隐蔽性、传染性、广泛性和突发性。

互联网金融在异军突起的同时，由于从业人员良莠不齐、投资者和金融消费者缺乏相应的金融知识、监管乏力等原因，不良事件时有发生，暴露出了重大风险隐患，主要风险包括非法集资和金融传销；金融诈骗；经营者卷款跑路；行业发展门槛过低，缺乏规则和监管；行业相关公司风控水平严重不足；从业机构的信息安全水平不高；信用体系和金融消费者保护机制不健全等。

互联网金融行业在发展过程中，出现了很多披着“金融创新”外衣进行金融诈骗或者非法集资等非法活动的“伪互联网金融公司”，“泛亚”“e 租宝”“上海申彤大大”等非法集资案件的集中爆发，对行业的整体生态环境造成了严重破坏。仅 2016 年一季度，涉及非法集资的立案数就高达 2300 余起，涉案金额超亿元的大案明显增多，引发了社会对互联网金融行业的恐慌和担忧。

在社会舆论对互联网金融出现了一定程度的转向时，作者认为有必要澄清两个基本问题：一是如何正确认识互联网金融，二是如何规范发展互联网金融。从本质上说，无论“互联网 + 非法集资”还是“互联网 + 诈骗”，都是非法吸收公众存款的变异，而不是互联网金融，只有“互联网 + 真正的金融服务”才是互联网金融。因此，不能因为发生了一些风险案件就简单地否定互联网金融。随着中央和地方政府对伪互联网金融进行打击和专项整治，互联网金融行业将会迎来健康发展的环境。

随着互联网金融市场的进一步深入发展，行业内部的竞争加剧以及行业监管日趋严格，互联网金融企业面临的风险逐步暴露，并呈现出复杂多变的特征。监管部门对部分互联网金融业务如互联网保险已经有了监管规范，但对 P2P 网络借贷等业务的监管尚未成型，因此这类企业面临着外部环境的巨大不确定性。此外，互联网金融公司内部的组织形态、管理方式、风控体系等也尚未形成公认的标准，这将加大其经营风险。

鉴于此，为了使更多投资者对互联网金融行业的风险有更全面的了解，为了使互联网金融公司的创业者和从业人员增强风险控制的意识和能力，我们特地编写了这本《互联网金融风险控制》一书。

本书的内容立足于互联网金融行业的真实风险情况，从行业现状和实际运营的角度出发，全方位介绍了 P2P 网络借贷、互联网众筹、移动支付、网上银行、互联网保险等细分行业的风险，对互联网金融从业人员如何加强公司自身风险控制，对互联网金融投资者、消费者如何加强自我保护和规避风险给出了很多意见，也为监管者如何在把握监管与创新之间的平衡上提出了一些建议。

本书在做到专业性的同时，兼顾了风险防控知识的普及，所以本书不仅适合互联网金融从业人员和互联网金融的投资者阅读，而且适合广大普通读者阅读。本书也可以作为金融类院校和互联网金融公司的教材或辅助读物。

本书在策划与出版过程中，得到了工业和信息化部教育与考试中心的大力支持，由中心的专家对本书的内容进行了总体把关。在具体写作过程中，得到了北京北邮在线网络科技有限责任公司和邮系移联（北京）教育科技有限公司的大力支持。北邮在线互联网金融教育学院对于本书的写作与出版，更是进行了全方位的支持。北邮在线互联网金融教育学院致力于中国互联网金融普惠教育，目前已经开发出中国首个互联网金融线上教育平台及互联网金融教育实践平台。上述多家机构协同合作，打造了包括本书在内的一系列互联网金融培训教材。

在此，对于蒋北、卢明明、刘宝亮、崔慧勇、耿丽丽、许亮、李莉影、陈云娇、于海力、冯少敏、张云叶、任学武、刘瑾、贺延飞、靳鹤、王俊娜、卢光光等人在本书写作过程中给予的大力支持和帮助深表感谢！

由于编者水平有限，书中难免有疏漏之处，在此恳请读者批评指正。

目 录

第一章　金融风险与管理

金融业作为现代经济的核心，其风险的积累与爆发所形成的金融危机，已经成为引发经济危机的直接诱因，2008 年爆发的金融危机和随后发生的欧债危机使得金融风险迅速成为人们广泛关注的焦点。本章介绍了金融风险的含义、特征、种类和影响，并阐述了金融风险的管理方法，有利于读者对“金融风险”形成全面、宏观的认识。

一、金融风险的含义和特征

风险是指未来收益的不确定性；金融风险是指金融变量的变动所引起的资产组合未来收益的不确定性。全面认识金融风险的含义和特征，具有基础性作用。

（一）金融风险的含义

从风险度量的角度讲，金融风险是指金融变量的变动所引起的资产组合未来收益的未来收益偏离其期望值的可能性和幅度。

从层次上来讲，金融风险可分为微观金融风险和宏观金融风险。微观金融风险是指微观金融机构在从事金融经营活动和管理过程中，发生资产或收益损失的可能性。这种损失可能性一旦转化为现实损失，就会使该金融机构遭受金融资产的亏损，甚至可能因资不抵债而破产倒闭。宏观金融风险是指整个金融体系面临的市场风险，当这种风险变为现实时，将会导致金融危机，不仅会对工商企业等经济组织产生深刻影响，对一国乃至全球金融及经济的稳定都会构成严重威胁。

（二）金融风险的特征

金融风险有四个特征，如下图所示。

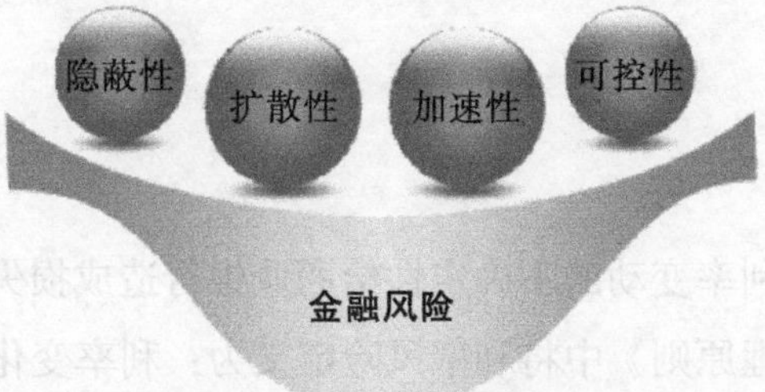

1．隐蔽性

金融机构的经营活动是不完全透明的，金融风险并非是金融危机爆发时才存在，金融风险一直伴随着金融活动，但常常因信用活动的表象而掩盖金融风险的存在与大小。

2．扩散性

一家金融机构出现支付危机时，不仅危及自身的生存与发展，还会引起多家金融机构的连锁反应，最终使金融体系陷入瘫痪，从而引起社会动荡。

3．加速性

金融机构一旦发生经营困难，会失去社会信用基础，会加速金融机构倒闭、破产的速度。

4．可控性

控制金融风险并不是说消除风险，风险是不可能完全消除的。控制金融风险是把金融风险降到可承受的范围之内。

二、金融风险的种类

对于金融风险的种类，从不同的角度出发会有不同的认识和不同的关注点。按照风险来源的不同，金融风险主要分为六种，即市场风险、信用风险、流动性风险、操作风险、声誉风险、法律风险。

（一）市场风险

市场风险是由于市场因素（如利率、汇率、股价以及商品价格等）的波动而导致的金融参与者的资产价值变化的风险。这些市场因素对金融参与者造成的影响可能是直接的，也可能是通过对其竞争者、供应商或者消费者所造成的间接影响。

市场风险分为四类，如下图所示。

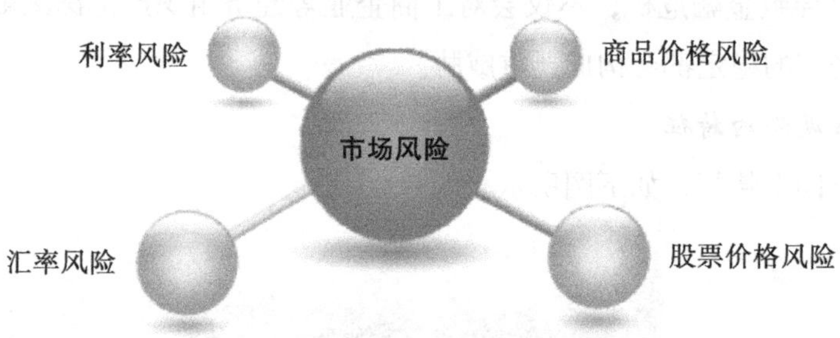

1．利率风险

利率风险是指市场利率变动的不确定性给商业银行造成损失的可能性。巴塞尔委员会发布的《利率风险管理原则》中将利率风险定义为：利率变化使商业银行的实际收益与预期收益或实际成本与预期成本发生背离，使其实际收益低于预期收益，或实际成本高于预期成本，从而使商业银行遭受损失的可能性。

2. 汇率风险

汇率风险是指由于汇率的不利变动而导致银行业务发生损失的风险。汇率风险一般因为银行从事以下活动而产生：一是商业银行为客户提供外汇交易服务或进行自营外汇交易活动（外汇交易不仅包括外汇即期交易，还包括外汇远期、期货、互换和期权等金融和约的买卖）；二是商业银行从事的银行账户中的外币业务活动（如外币存款、贷款、债券投资、跨境投资等）。

3. 股票价格风险

股票价格风险是指由于商业银行持有的股票价格发生不利变动而给商业银行带来损失的风险。

4. 商品价格风险

商品价格风险是指商业银行所持有的各类商品的价格发生不利变动而给商业银行带来损失的风险。这里的商品包括可以在二级市场上交易的某些实物产品，如农产品、矿产品和贵金属等。

（二）信用风险

信用风险又称违约风险，是指借款人、证券发行人或交易对方因种种原因，不愿或无力履行合同条件而构成违约，致使银行、投资者或交易对方遭受损失的可能性。

银行存在的主要风险是信用风险，即交易对手不能完全履行合同的风险。这种风险不只出现在贷款中，也发生在担保、承兑和证券投资等表内、表外业务中。如果银行不能及时识别损失的资产，增加核销呆账的准备金，并在适当条件下停止利息收入确认，银行就会面临严重的风险问题。

信用风险主要由以下两方面原因造成。

1

经济运行的周期性

在处于经济扩张期时，信用风险降低，因为较强的盈利能力使总体违约率降低。在处于经济紧缩期时，信用风险增加，因为盈利情况总体恶化，借款人因各种原因不能及时足额还款的可能性增加

2

对于公司经营有影响的特殊事件的发生

这种特殊事件发生与经济运行周期无关，并且对公司经营有重要的影响。例如，产品的质量诉讼事件会给企业造成重大的经营影响，引发的赔偿会使得企业面临巨大损失，从而使贷款给企业的银行产生风险

（三）流动性风险

流动性风险是金融参与者由于资产流动性降低而导致的可能损失的风险。当金融参与者无法通过变现资产，或者无法减轻资产作为现金等价物来偿付债务时，流动性风险就会发生。

流动性的极度不足会导致银行破产，因此流动性风险是一种致命性的风险。但这种

极端情况往往是其他风险导致的结果。例如，某大客户的违约给银行造成的重大损失可能会引发流动性问题和人们对该银行前途的疑虑，这足以触发大规模的资金抽离，或导致其他金融机构和企业为预防该银行可能出现违约而对其信用额度实行封冻。两种情况均可引发银行严重的流动性危机，甚至破产。

（四）操作风险

操作风险是由于金融机构的交易系统不完善，管理失误或其他一些人为错误而导致金融参与者潜在损失的可能性。目前对操作风险的研究与管理正日益受到重视：从定性方面看，各类机构需要通过努力完善内部控制，以减少操作风险的可能性；从定量方面看，机构还要把一些其他学科的成熟理论（如运筹学方法）引入到操作风险的管理当中。

（五）声誉风险

声誉风险指金融企业因操作上的失误、违反有关法规、经营管理水平差、资产质量和财务状况恶化，以及错误的舆论导向和市场谣言等其他事故而使金融企业在声誉上可能造成的不良影响。声誉风险对金融企业各项业务的损害极大，因为金融企业的业务性质要求其能够维持存款人、贷款人和整个市场的信心。

（六）法律风险

金融机构的日常经营活动或各类交易应当遵守相关的商业准则和法律法规。在这个过程中，因为违反法律要求导致金融机构不能履行合同，从而发生争议、诉讼或其他法律纠纷，进而可能给金融机构造成经济损失的风险，即为法律风险。

三、金融风险对经济的影响

从层次上来讲，国民经济分为微观经济和宏观经济。微观经济是指个别企业的经济活动，如个别企业的生产、供销等。微观经济的运行，以价格和市场信号为诱导，通过竞争而自行调整与平衡。

宏观经济是指总量经济活动即国民经济的总体活动，如国民经济的总值及其增长速度；国民经济中的主要比例关系；物价总水平；劳动就业总水平与失业率；货币发行的总规模与增长速度；进出口贸易的总规模及其变动等。宏观经济的运行，有许多市场机制的作用不能达到的领域，需要国家从社会全局利益出发，运用各种手段，进行宏观调节和控制。

金融风险对微观经济和宏观经济的影响不尽相同，造成的后果也不一样，本节主要分析金融风险对微观经济和宏观经济的影响。

（一）金融风险对微观经济的影响

金融风险对微观经济的影响主要表现在四个方面，如下图所示。

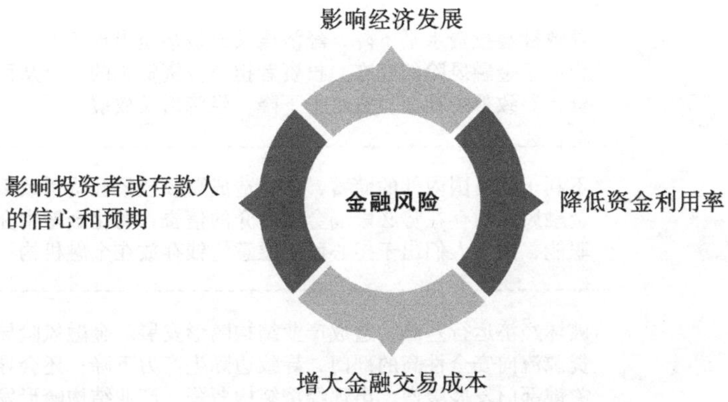

1．影响经济发展

给经济主体造成经济损失，甚至威胁其生存和发展。金融风险的直接后果是给金融活动的参与者带来直接的经济损失，其损失之大，可谓触目惊心。

2．影响投资者或存款人的信心和预期

金融风险是引发信心危机的基本因素，一旦投资者对金融市场失去信心，就会引起恐慌性抛售，导致证券价格或汇率的急剧下降；如果存款人对银行失去信心，就会纷纷提取存款，形成挤提风险，引发银行危机和银行倒闭；金融风险还会影响投资者的预期收益，因为金融风险越大，则风险溢价也相应越大，于是调整后的收益折扣率也越大。

3．增大金融交易成本

金融风险的存在增大了经济主体的管理成本，而且由于金融资产难以正确估价，金融交易难以顺利完成，或者金融交易能够进行，而增大了交易成本。

4．降低资金利用率

由于金融风险的广泛存在及其后果的严重性，银行等金融机构由于其流动性变化的不确定性，难以准确安排备付金的数额，导致大量资金闲置。此外，由于金融风险的存在和担忧，一些单位和个人不得不持有一定的风险准备金，一些消费者和投资者会持币观望，从而也造成社会资金闲置，增大机会成本，降低资金利用率。

（二）金融风险对宏观经济的影响

金融风险对宏观经济的影响，如下图所示。

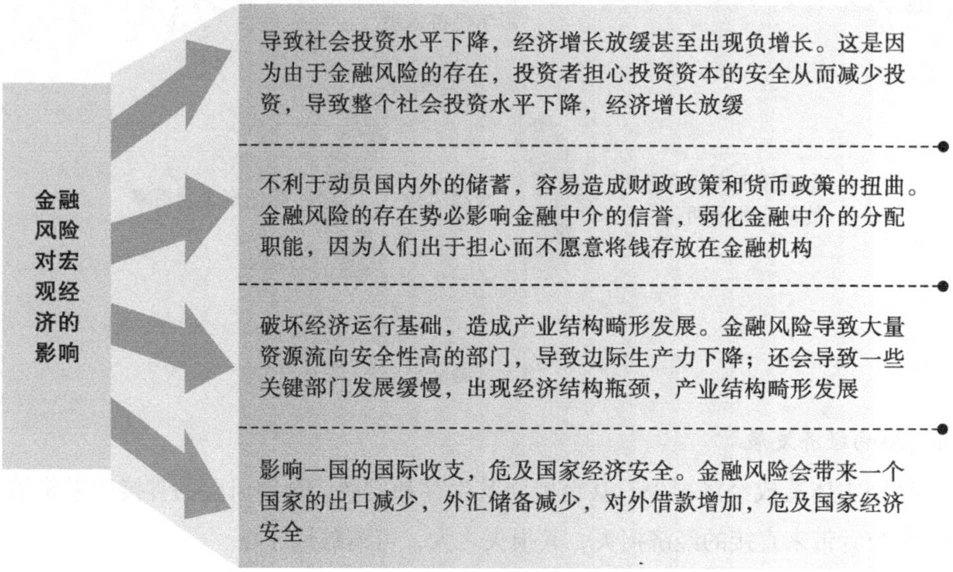
金融风险对宏观经济的影响
导致社会投资水平下降，经济增长放缓甚至出现负增长。这是因为由于金融风险的存在，投资者担心投资资本的安全从而减少投资，导致整个社会投资水平下降，经济增长放缓
不利于动员国内外的储蓄，容易造成财政政策和货币政策的扭曲。金融风险的存在势必影响金融中介的信誉，弱化金融中介的分配职能，因为人们出于担心而不愿意将钱存放在金融机构
破坏经济运行基础，造成产业结构畸形发展。金融风险导致大量资源流向安全性高的部门，导致边际生产力下降；还会导致一些关键部门发展缓慢，出现经济结构瓶颈，产业结构畸形发展
影响一国的国际收支，危及国家经济安全。金融风险会带来一个国家的出口减少，外汇储备减少，对外借款增加，危及国家经济安全

四、金融风险的管理

金融风险管理是指通过消除和尽量减轻金融风险的不利影响，改善微观经济活动主体的经营，从而对整个宏观经济的稳定和发展起到促进作用。

（一）金融风险管理对经济的作用

对微观经济而言，有效的金融风险管理具有四个方面的作用，如下图所示。

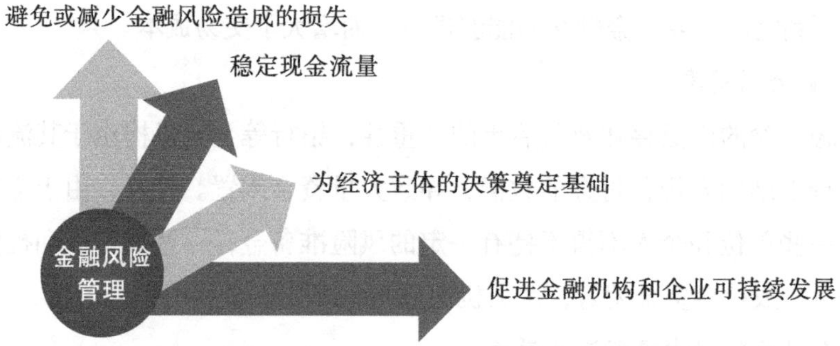
避免或减少金融风险造成的损失
稳定现金流量
为经济主体的决策奠定基础
金融风险管理
促进金融机构和企业可持续发展

1．避免或减少金融风险造成的损失

有效的金融风险管理可以使经济主体以较低的成本避免或减少金融风险可能造成的损失。资金借贷者、外汇头寸持有者、股票买卖者等市场参与者通过对利率、汇率、股票价格的变化趋势进行科学预测，并采用措施对这些市场风险进行规避，可以避免在金融交易中出现亏损。

债权人根据严密的资信评估体系对借款人进行筛选，可以在事前规避信用风险；发放贷款后，债权人还可以凭借完备的风险预警机制，及时发现问题并采取措施，防止借款人到期不履行还本付息的义务。金融机构或企业经过严格的内部控制，可以避免雇员利用职务之便从事违规金融交易，从而防止内部人为谋私利而损害所有者利益。

2. 稳定现金流量

有效的金融风险管理可以稳定经济活动的现金流量，保证生产经营活动免受风险因素的干扰并提高资金使用效率。经济主体通过制定各种风险防范对策，能够在经济、金融变量发生波动的情况下，仍然保持相对稳定的收入和支出，从而获得预期利润率。

3. 为经济主体的决策奠定基础

有效的金融风险管理为经济主体做出合理决策奠定了基础。首先，金融风险管理为管理经济主体划定了行为边界，约束其扩张冲动，也对市场参与者的行为起到警示和约束作用；其次，金融风险管理也有助于经济主体把握市场机会。

4. 促进金融机构和企业可持续发展

有效的金融风险管理有利于金融机构和企业实现可持续发展。金融风险管理能够使金融机构或企业提高管理效率，保持稳健经营，避免行为短期化。同时，一个拥有健全的风险管理体系的金融机构或企业在社会中可以树立良好的形象，赢得客户信任，从而得以在激烈的竞争中不断发展壮大。

对宏观经济而言，金融风险管理的作用同样重大，金融风险管理有助于维护金融秩序，保障金融市场安全运行，有助于保持宏观经济稳定并健康发展。

（二）微观金融风险管理

微观金融风险管理是指金融风险管理中的个体行为，它既是企业经营管理的一个重要组成部分，又是风险管理的一个附属部分，是一个十分复杂的过程。在管理中，其管理的目标受到经济实体经营的总方针和总目标的制约，也受到风险管理成本的制约；既受到客观环境和业务特征的制约，也受到决策人员个人偏好和主观判断的影响。

概括起来，微观金融风险管理的目标包括两个方面，如下图所示。

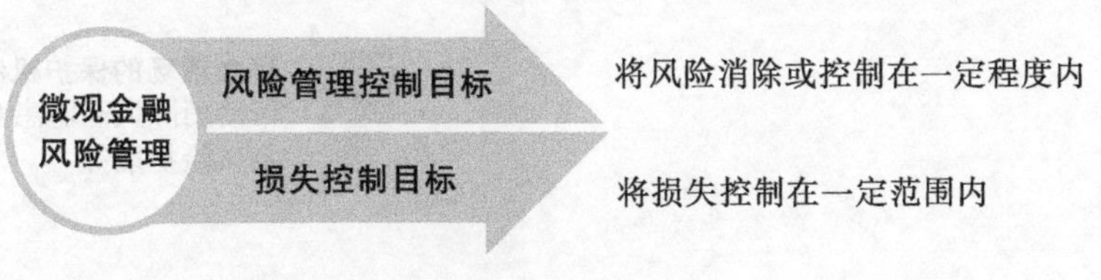
微观金融风险管理
风险管理控制目标
损失控制目标
将风险消除或控制在一定程度内
将损失控制在一定范围内

微观金融风险管理的手段主要包括以下四个方面。

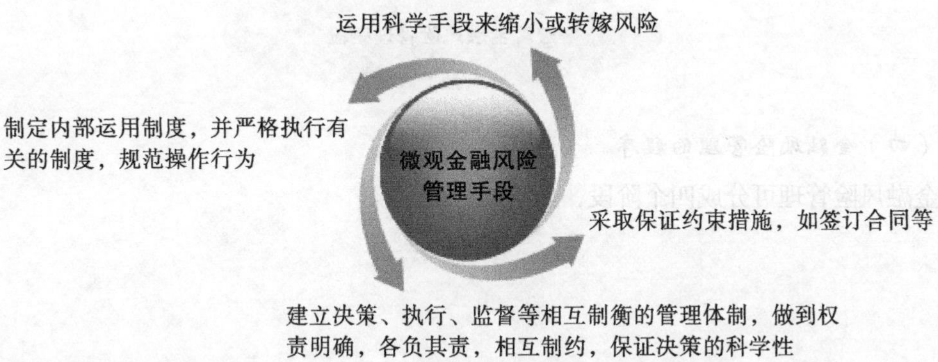
运用科学手段来缩小或转嫁风险
制定内部运用制度，并严格执行有关的制度，规范操作行为
微观金融风险管理手段
采取保证约束措施，如签订合同等
建立决策、执行、监督等相互制衡的管理体制，做到权责明确，各负其责，相互制约，保证决策的科学性

（三）宏观金融风险管理

金融风险会对宏观经济造成极大危害，要消除这些危害，仅靠经济实体的自律是远远不够的，需要有市场管理者（如中国人民银行、银监会等）对整个市场进行风险管理。这种风险管理称为宏观金融风险管理。

宏观金融风险管理着眼于整个金融市场，对市场上每个参与者的行为进行约束，降低市场的交易风险。具体来说，宏观金融风险管理包括两个方面，如下图所示。

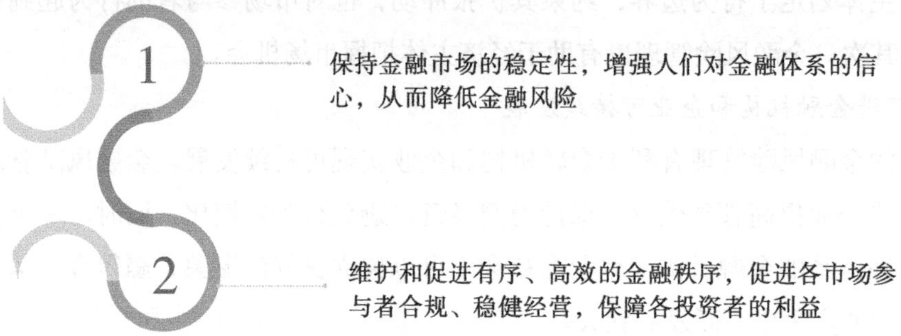
1
保持金融市场的稳定性，增强人们对金融体系的信心，从而降低金融风险
2
维护和促进有序、高效的金融秩序，促进各市场参与者合规、稳健经营，保障各投资者的利益

宏观金融风险管理采用的手段主要有四类，如下图所示。

1
建立市场运行的法规体系
包括参与者的经营范围控制、操作规范和行业规定等方面，如"商业银行法""票据法"和"资产负债管理办法"
2
制定恰当的经济政策
包括各种指导方针、行动准则和具体措施等，如"浮动汇率制度""调整准备金率"等
3
对市场进行监控和约束
包括对市场准入、经营稽核和市场退出的全程监控等
4
建立市场的保护机制
帮助消除风险隐患和防范风险扩散等
宏观金融风险管理手段

（四）金融风险管理的程序

金融风险管理可分成四个阶段，如下图所示。

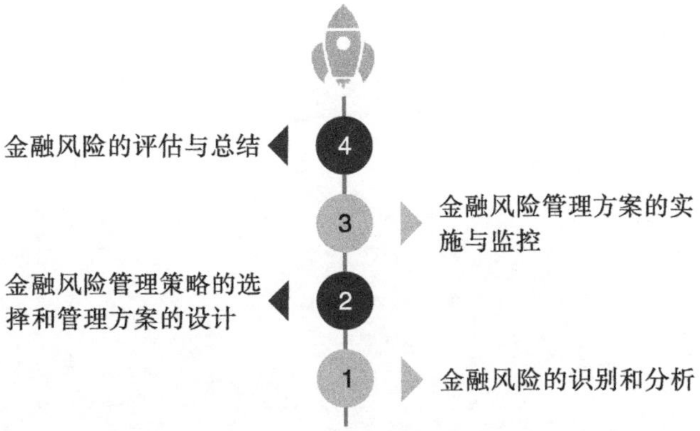

1. 金融风险的识别和分析

金融风险的识别和分析，就是认识和鉴别金融活动中各种损失的可能性，估计损失的严重性，通常包括三个方面，如下图所示。

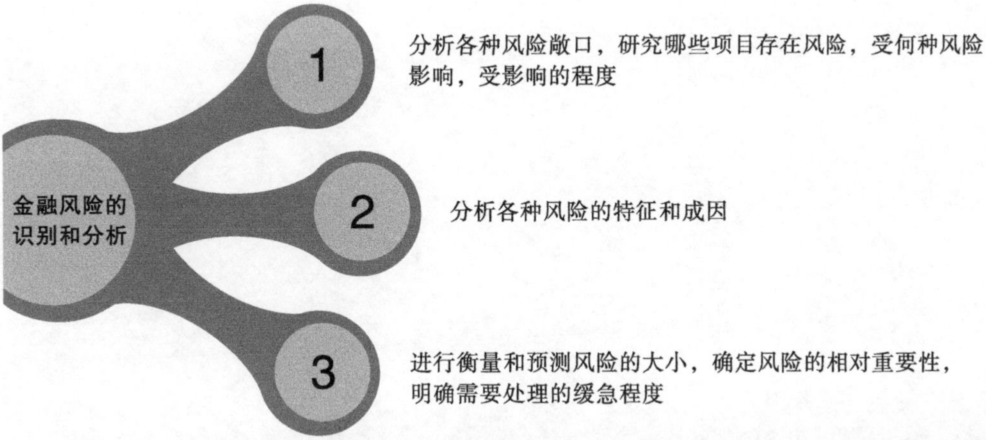

金融风险的识别和分析
1
分析各种风险敞口，研究哪些项目存在风险，受何种风险影响，受影响的程度
2
分析各种风险的特征和成因
3
进行衡量和预测风险的大小，确定风险的相对重要性，明确需要处理的缓急程度

2. 金融风险管理策略的选择和管理方案的设计

金融风险管理有多种策略，应付每种风险也具有多种不同方式。金融风险管理必须根据各种风险的特征、大小来选择恰当的策略，并相应制定出具体的行动方案，以便实施。

3. 金融风险管理方案的实施与监控

金融风险管理方案必须付诸实施才能达到管理的目标，如用期货套期保值必须把握时机购进相应的期货合约品种、数量等；同时，要随时监控风险的变化情况，必要时需要调整，以增强金融风险管理的效果。

4. 金融风险的评估与总结

金融风险管理的评估与总结，既是对风险管理工作进行考核，激励提高风险管理效率的一个重要手段与环节，也是为以后更好地进行风险管理工作做准备。

第二章 互联网金融的种类与风险

互联网金融是传统金融行业与互联网相结合的新兴领域。互联网金融与传统金融相比，具有透明度更强、参与度更高、协作性更好、中间成本更低、操作上更便捷等特征。

互联网金融是金融与互联网技术全面结合的产物，其主要种类包括P2P网络借贷、移动支付、互联网众筹、大数据金融、信息化金融机构、互联网金融门户等。

互联网金融在快速发展的同时，也暴露出许多由于野蛮发展、法规缺位、监管不力造成的问题和风险，这些风险如果得不到很好的控制，将会带来严重的负面影响。加强互联网金融行业监管，制定风险防范措施，对促进行业的健康发展具有重要意义。

一、互联网金融的种类

互联网金融是指依托于支付、云计算、社交网络以及搜索引擎等互联网工具，实现资金融通、支付和信息中介等业务的一种新兴金融。通过对互联网金融行业的商业模式、商业现象进行剖析，可以将互联网金融分为六大种类：P2P网络借贷、移动支付、互联网众筹、大数据金融、信息化金融机构、互联网金融门户。

（一）P2P网络借贷

P2P是英文peer-to-peer的缩写，意即个人对个人（又称点对点）网络借款，是一种将小额资金聚集起来借贷给有资金需求人群的一种民间小额借贷模式。

P2P网络借贷模式，即由具有资质的网络信贷公司（第三方公司、网站）作为中介平台，借助互联网、移动互联网技术提供信息发布和交易实现的网络平台，把借、贷双方对接起来实现各自的借贷需求。借款人在平台发放借款标，投资者进行竞标向借款人放贷，由借贷双方自由竞价，平台撮合成交，在借贷过程中，资料与资金、合同、手续等全部通过网络实现。P2P网络借贷是随着互联网的发展和民间借贷的兴起而发展起来的一种新的金融模式，这也是未来金融服务的发展趋势。

（二）移动支付

移动支付也称为手机支付，就是允许用户使用其移动终端（通常是手机）对所消费的商品或服务进行账务支付的一种服务方式。单位或个人通过移动设备、互联网或者近距离传感直接或间接向银行金融机构发送支付指令产生货币支付与资金转移行为，从而实现移动支付功能。移动支付将终端设备、互联网、应用提供商以及金融机构相融合，为用户提供货币支付、缴费等金融业务。

移动支付主要分为近场支付和远程支付两种，所谓近场支付，就是用手机刷卡的方式坐车、买东西等；远程支付是指通过发送支付指令（如网银、电话银行、手机支付等）或借助支付工具（如通过邮寄、汇款）进行的支付方式。

（三）互联网众筹

所谓众筹，就是大众筹资，主要通过互联网平台向网友募集项目资金。众筹融资可以聚集众多个人和机构投资者的资本，为创意项目和中小微企业提供规模融资。众筹是互联网时代催生的连接社会闲散资金与企业创新发展的一个崭新投融资渠道，对于丰富大众融资、改善企业融资、遏制非法集资等均有十分重要的现实意义。因此，有人形象地称众筹就是民间金融阳光化、标准金融非标化。互联网众筹因其独特的普惠金融优势，被誉为顺应“大众创业、万众创新”时代行之有效的金融创新。

（四）大数据金融

大数据金融是指集合海量非结构化数据，通过对其进行实时分析，为互联网金融机构提供客户全方位信息，通过分析和挖掘客户的交易与消费信息掌握客户的消费习惯，并准确预测客户行为，使金融机构和金融服务平台在营销和风控方面有的放矢。

大数据能够通过海量数据的核查和评定，增加风险的可控性和管理力度，及时发现并解决可能出现的风险点，对于风险发生的规律性有精准的把握，从而提高金融机构的风险控制水平。虽然银行有很多支付流水数据，但是各部门不交叉，数据无法整合，大数据金融的模式促使银行开始对沉积的数据进行有效利用，大数据将推动金融机构创新品牌和服务，做到精细化服务，对客户进行个性定制，利用数据开发新的预测和分析模型，实现对客户消费模式的分析以提高客户的转化率。

随着大数据金融的完善，企业将更加注重用户个人的体验，进行个性化金融产品的设计。未来，大数据金融企业之间的竞争将存在于对数据的采集范围、数据真伪性的鉴别以及数据分析和个性化服务等方面。

（五）信息化金融机构

信息化金融机构是指在互联网金融时代，通过广泛运用以互联网为代表的信息技术，对传统运营流程、服务产品进行改造或重构，实现经营、管理全面信息化的银行、证券和保险等金融机构。

金融信息化是金融业发展趋势之一，而信息化金融机构则是金融创新的产物。目前金融行业正处于一个由金融机构信息化向信息化金融机构转变的阶段。总的来说，相比较于传统金融机构，信息化金融机构有三大特点，如下图所示。

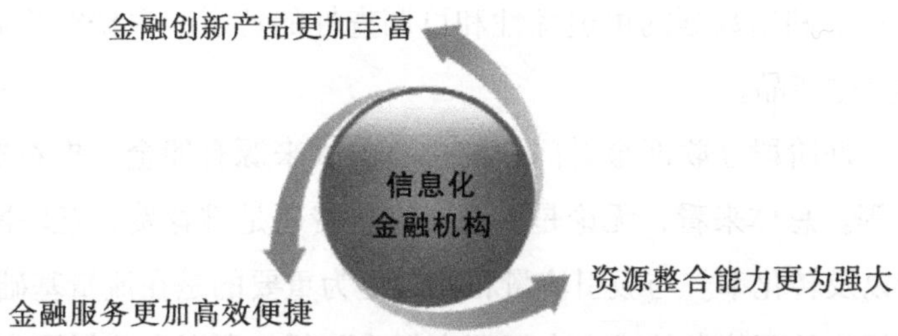

随着金融信息化建设的不断推进，信息化金融机构面临的风险主要表现出以下新特点。

1　安全性面临考验和挑战

信息化的金融服务扩大了传统金融服务的外延，其安全性面临新的考验和挑战。引入社会第三方服务机构的发展趋势，带来了可管理性、可控性等新的问题

2　技术风险相对集中

金融数据的处理越来越集中，使技术风险也相对集中，对金融机构的安全运行提出了更高要求。信息技术本身处在一个快速更新和发展的过程中，这会带来更多形式的安全威胁手段与途径，这就要求信息化金融机构不断采取新型的、更高强度的安全防护措施

3　金融机构安全控制更加复杂

网络的跨企业、跨行业以及跨国度特性使对金融机构的安全控制变得更加复杂。随着以网上银行为代表的无国界金融服务越来越普及，来自互联网上的威胁也越来越大，网络黑客攻击的危险性也越来越大

虽然人们现在对汇款不用跑银行、炒股不用去营业厅、上网可以买保险都已习以为常，但这些都是金融机构建立在互联网技术发展基础上并进行信息化改造之后带来的便利。传统金融机构在互联网金融时代，更多的将是如何更快、更好地充分利用互联网等信息化技术，并依托自身资金、品牌、人才、风控体系的优势来应对非传统金融机构带来的冲击。

（六）互联网金融门户

互联网金融门户是指利用互联网进行金融产品销售以及为金融产品销售提供第三方服务的平台。互联网金融门户采用金融产品垂直比价的方式，将各家金融机构的产品放在平台上，用户通过对比挑选合适的金融产品。互联网金融门户在发展过程中，形成了提供理财投资服务和理财产品的第三方理财机构，提供保险产品咨询、比价、购买服务的保险门户网站等不同类型的细分门户。

互联网金融门户提供了交易环节外的在线金融服务，它结合了大数据技术、垂直搜索技术与金融顾问、贷款初审和传统金融服务，实现了金融搜索方式以及金融业务流程

的更新。其核心在于利用数据的可追踪性和可调查性的特点，根据客户需求，为其筛选匹配符合条件的金融产品。

在盈利方面，现阶段互联网金融门户的主要收入来源有佣金、推荐费、广告费、培训费以及咨询费等。总体来看，无论是佣金、广告费还是推荐费，互联网金融门户盈利的核心在于流量以及转化率。与吸引流量相比，更为重要的是在流量基础上提高转化率，因为互联网金融门户处理信息的成本在短期内很难降低，所以在流量固定的假设条件下，互联网金融门户的转化率越高，收益也就越高。

因此，互联网金融门户要注重网站内容与页面设计，提供内在价值高的金融产品，同时创新搜索方式，简化操作流程，努力增强用户黏性，从而提高转化率，使互联网金融门户获取稳定且可持续的收入。

二、互联网金融的风险类别

互联网金融并没有改变金融的本质，风险问题不容忽视，主要体现在三个方面。

1 金融行业的传统风险并没有消失，信用风险、流动性风险、法律合规风险、操作风险等传统金融风险在互联网金融领域同样存在

2 互联网金融又具有了一些新的风险特征，特别是带有互联网特色的技术风险更为突出，比如，终端安全风险、平台安全风险、网络安全风险等

3 互联网金融投资往往小额而分散，一旦出现风险，社会外部性影响非常大

随着互联网技术对金融行业的影响越来越大，近年来，互联网金融在中国取得了快速发展。由于互联网金融业务规模急剧扩张、金融创新不断涌现，因此也暴露出了许多风险隐患，主要表现在六个方面，即信用违约和欺诈风险、互联网技术风险、法律风险、政策与监管风险、流动性风险以及消费者权益被侵犯风险。

（一）信用违约和欺诈风险

信用风险指交易对象没有能力继续履约而给其他交易对手带来的风险。大部分互联网金融网贷平台对投融资双方的资质审查不严格，准入门槛要求低，而且信息披露制度普遍不够完善。互联网上的融资方经常在高杠杆比率下经营，无抵押无担保状态下的借款现象比较多。

加上我国征信机制不够完善，网络数据的数量不够、质量不高，在这些条件下，互联网交易双方地域分布的分散化使得信息不对称问题愈加严重，甚至加剧了信用风险。

又如，为了吸引更多投资者，互联网金融平台纷纷推出高收益、高流动性的产品，

看似诱人的回报背后实际隐藏着期限错配问题，容易导致流动性风险。

近年来，互联网金融的信用违约和欺诈案件频发，网贷平台“卷款跑路”的现象频频出现。2016 年 1–4 月跑路的 P2P 平台超过 300 家，30% 的 P2P 平台出现了运营困难的情况。

总体看，出现问题的 P2P 平台数量远超 2015 年同期。

由于我国很多 P2P 网贷平台借给融资者的资金都是从不同的投资者手里集中起来的期限不同的资金，如果融资者出现了违约现象，就会造成资金链断裂，从而产生信用违约的风险。

有些 P2P 网贷平台信息披露极为不透明，有的通过编造投资项目、虚假债权等来诈骗资金，还有的贷款人在一家平台上发生违约后又去另一家平台贷款。有些融资平台通过虚假的宣传在市场上进行不正当竞争，以高收益率来吸引投资者，但这类高额年收益大大超出了货币基金有可能达到的平均年收益，最后很可能成为无法兑现的欺诈活动。

（二）互联网技术风险

金融与互联网技术结合之后，一些带有互联网特色的技术风险也随之而来，这主要表现在三个方面，如下图所示。

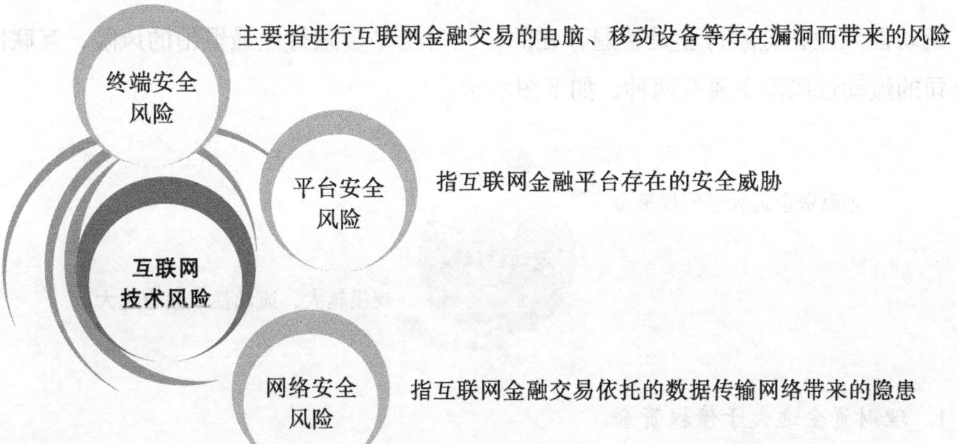

主要指进行互联网金融交易的电脑、移动设备等存在漏洞而带来的风险
终端安全风险
平台安全风险
指互联网金融平台存在的安全威胁
互联网技术风险
网络安全风险
指互联网金融交易依托的数据传输网络带来的隐患

互联网技术风险带来的最大问题是信息安全问题。技术的不成熟，会导致信息泄露、丢失、被截取、被篡改，影响到信息的保密性、完整性、可用性。这些信息安全问题进而又会造成用户隐私泄露，威胁用户资金安全。

（三）法律风险

近年来，互联网金融异军突起，但由于从业人员良莠不齐、投资者和金融消费者缺乏相应的金融知识、监管乏力等，致使许多并非真正的互联网金融服务平台，以“金融创新”的外衣为掩护，进行金融诈骗或者非法集资等非法活动，深刻地影响着互联网金融行业的整体生态。

在诸多法律风险中，容易涉嫌非法集资是最大的风险。无论是异化了的P2P网络借贷融资还是互联网公众小额集资形式，其运营都缺乏法律依据，现有的制度没有明确其性质而使其处于法律的灰色地带。现实中也出现了许多假借P2P网络平台而进行非法集资的事件，如“e租宝”等事件。

除此之外，法律风险还体现在利用互联网金融从事洗钱活动，个人信息泄露，擅自发行公司、企业债券，经营者挪用资金、职务侵占，以非法占有为目的进行虚假融资等。

（四）政策与监管风险

政策与监管风险来自两个方面。首先互联网金融的创新业务本身可能违反法律法规，其次政策与监管的变化可能会使互联网金融创新无法顺利进行。

金融是一个高度专业、高度复杂、充满风险的行业，因此必然会面临政策和监管的约束。对于新兴的互联网金融行业，我国还没有比较完善的政策法规，行业和监管都是摸着石头过河，法律界定模糊，创新项目很容易触碰监管红线，造成不必要的损失。

有些互联网金融平台在业务创新过程中会发生变质，例如演变成非法集资、洗钱等。此外，政策与监管本身会受到很多因素的影响，随着社会经济形势的变化，对创新领域的监管政策可能也会发生变化，从而对创新业务造成阻碍。

（五）流动性风险

流动性风险在金融行业是普遍存在的，同时也是金融行业最惧怕的风险，互联网金融公司的流动性风险主要有两种，如下图所示。

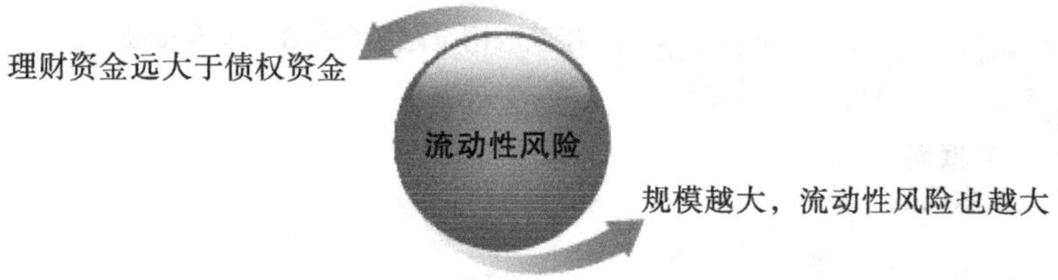

1．理财资金远大于债权资金

目前已经有一些互联网金融公司显现出这样的问题，投资理财者把钱充值到平台，但是却迟迟买不到理财。打着饥饿营销的幌子的背后，实际上是没有足够的债权进行匹配。这种情况下，且不说这笔资金的利息问题，很可能还会牵扯到法律问题，也就是常说的资金池问题。

2．规模越大，流动性风险也越大

当一家互联网金融公司在一个时间点面临客户批量赎回，也就是所谓“挤兑”风险出现的时候，可能就会遭受灭顶之灾。

（六）消费者权益被侵犯风险

对互联网上消费者权益保护不够重视，资金安全和个人信息保护力度不足等同样是我国存在的互联网金融风险问题之一。互联网金融在开展业务的过程中，交易信息往往通过网络来传输，在这个过程中信息是极有可能被篡改或盗取，而且交易行为往往是跨区域的，交易的主体不可能到现场去确认交易各方的身份是否合法，在监管力度不够和社会信用环境缺乏的条件下，就会发生消费者权益受损的情况。

由于互联网金融法律环境的缺乏和诚信体系的不完善，在交易中违约的成本很低，而且消费者在权益分配上是处在弱势的，如果风险事件发生，消费者将是互联网金融风险的首先承担者。况且，目前互联网金融还没有形成强大的自主性风险防御体系，面临监管缺失的格局没有最后贷款人保护，如果产品违约，最终还是由消费者自己来买单。

此外，消费者隐私泄露、个人信息买卖等事件频出，二维码支付、快捷支付等无卡支付新技术也存在着风险隐患，这都将影响消费者对互联网金融的信心。

三、互联网金融的防范措施与监管意见

近年来，互联网金融快速发展，成为金融市场中重要的发展趋势。与此同时，一批违法经营金额较大、涉及面较广、社会危害严重的互联网金融案件陆续发生，引发了社会各界的疑虑，更对互联网金融监管提出了巨大挑战。如何在改善金融效率与维护金融稳定之间实现平衡，需要监管层、从业者共同付出努力。

（一）互联网金融企业要严格守法

互联网金融企业作为行业的经营主体，要自觉守住法律底线和政策红线，P2P 网络借贷平台要做好信息中介服务，不设资金池，不发放贷款，不非法集资，不自融自保，不从事线下营销；股权众筹平台不得发布虚假标的，不搞自筹，不搞“名股实债”或变相集资；移动支付机构不得占用客户备付金，不得变相开展跨行清算业务。

互联网金融公司要把保护消费者权益摆在首要位置，不断完善内部管理，加强制度建设，积极通过技术创新、系统优化、流程改造等防范风险；切实加强信息披露，提高透明度，保证消费者充分了解互联网金融业务风险，有效管理和规避风险。

（二）建立和完善相关法律法规体系

面对互联网金融行业风险事件的不断爆发，立法部门应当加大对互联网金融行业的立法力度，尽快建立统一的互联网金融监管法律体系，让监管执行有法可依、责任明确。建立和完善相关法律法规体系主要包括三个方面，如下图所示。

1．完善互联网金融法律法规

基于传统金融制定的法律法规体系有效性逐渐减弱，与现有的监管理念存在不匹配的问题，致使部分互联网金融行业发生事故时法律责任不明确，处罚依据不清晰，违规行为不能有效被遏制。应尽快对互联网金融进行法律规范，加强对网络信贷、第三方支付等新型业务的约束，严厉处罚违法、违规现象。

2．明确法律监管主体

互联网金融的创新在于产品的重新组合和形式的改变，其本质就是金融产品，建议对互联网金融企业和产品进行重新梳理和界定，分类明确其监管主体，其他机构配合监管。

3．制定全面的市场准入办法和管理制度

部分互联网金融业务呈现“三无”——无准入门槛、无行业标准、无监管机构的情况，致使非金融机构短时间内大量介入金融业务，增加了金融机构冒险经营的动机。为保障网上交易的安全性和规范性，建议对申请开展互联网金融业务的企业提出更高要求，严格审查其准入资格，从源头防范系统性风险。

（三）创新互联网金融的监管模式

运作方式网络化、形态虚拟化是互联网金融的特征，互联网金融涉及的业务范围广而多，打破了传统金融“分业监管”的模式，出现交叉重复监管或是监管空白，改变和创新监管模式是适应发展的必然趋势。新的监管模式可以从四个方面出发，如下图所示。

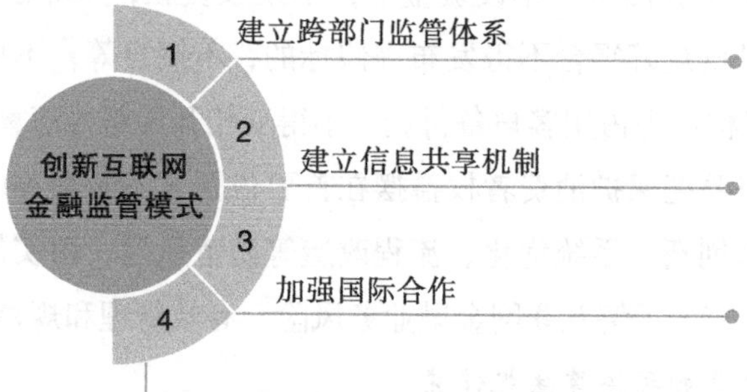

1．建立跨部门监管体系

互联网金融具有明显的跨行业跨市场的特征，突破了银行业、证券业、保险业分业经营的界限，对分业监管模式提出了很大挑战。应建立包括一行三会、工商、工信、司法等相关部门在内的联席会议制度，明确各部门监管责任。

2．建立信息共享机制

有效信息不对称，金融机构获取信息渠道匮乏，不仅制约着借贷业务的发展，也加大了融资贷款的风险。应设立全面的信息共享系统，披露各金融机构的财务指标、经营状况、风险控制等信息，完善个人征信信息，给借贷双方提供有效的平台进行信息查询，以利于防范风险。

3. 加强国际合作

互联网金融已经超越国界的限制，快速进入全球化发展阶段，监管部门必须改变传统的监管模式，加强与国外监管机构的沟通和协调，积极与国际间的监管组织合作，打击利用互联网金融进行的洗钱、诈骗、资金非法转移等违法行为，打造健康的互联网金融环境。

4. 实施针对性监管

互联网金融企业模式存在差异，所涉及风险不完全相同，需要在统一的监管体系下，根据企业风险特征实施针对性监管。针对信用风险问题和流动性风险问题应该分别实施不同的监管政策，如下图所示。

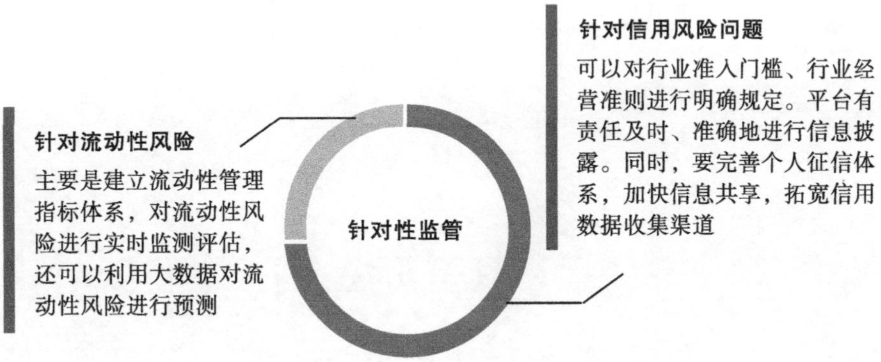

针对信用风险问题
可以对行业准入门槛、行业经营准则进行明确规定。平台有责任及时、准确地进行信息披露。同时，要完善个人征信体系，加快信息共享，拓宽信用数据收集渠道
针对流动性风险
主要是建立流动性管理指标体系，对流动性风险进行实时监测评估，还可以利用大数据对流动性风险进行预测
针对性监管

另外，还应建立一套应对大规模挤兑的应急预案。针对法律合规风险，应利用法律法规规定互联网金融行业的各个方面，明确法律底线，促使互联网金融企业合法合规经营。法律的制定不能一蹴而就，需要与时俱进，不断对法律法规进行调整，以适应行业发展新动态。

第三章　P2P 公司面临的风险及风险控制

P2P 公司虽然外表看起来很光鲜，但说到底也是在经营一门生意。凡是经营“金融”的公司，其最大特点就是运营的风险要比一般的工商企业大很多。对于 P2P 公司来说，风险把控始终是最关键的。P2P 公司能够经营下去的前提除了引进风险投资人的资金，更重要的是加强自身风险控制，减少坏账的冲击，如果风险控制做得不好，就很容易被坏账冲垮，最后不得不跑路。

P2P 公司在经营风险的过程中，只有建立科学的风控体系，实行有效的风控分析策略，严格执行风控制度，才能稳健经营，取得长远发展。

一、P2P 的业务类型及风险点

P2P 的业务类型是指 P2P 网贷平台开展业务的种类，它从根本上决定着平台的收益水平和平台的风险点。对平台而言，是否能够构建从借款人及项目审核到抵押物的价值评估（真假鉴定、估价）、安全保管（质押、抵押登记、寄售、封存等）、坏账资产处置这一风控闭环体系，决定了平台的运营成败。

（一）P2P 的业务类型

P2P 网贷平台是互联网贷款的网站，经过数年发展，目前有以下几种主要业务类型。

（1）房屋抵押借款（含一抵、二抵、小产权房）；

（2）汽车抵押借款（含押车押证、押车不押证、押证不押车）；

（3）信用借款；

（4）净值标；

（5）供应链金融；

（6）票据质押；

（7）股权质押；

（8）融资租赁收益权转让；

（9）信托受益权转让。

（二）P2P不同业务类型的原理及风险控制点

P2P不同业务类型的原理及风险控制点详见下表。

业务类型		业务原理	主要风险点
房屋抵押借款	一抵	受房产价值的影响，一般借款的单笔金额比较大，风控程序也较为严格，往往比较看重借款人的人品、经营状况和还款能力这三个方面	1．流通范围及价值受限 2．处理时不能优先受偿
	二抵	基于已抵押后的剩余价值的抵押，强化了担保方式，房产增值及按揭还款部分可变为现金流	1．房产剩余价值的评估 2．各地二次抵押登记的政策风险 3．处置时资产时第二顺位受偿
	小产权房	虽无房产证，但实际上有一定的价值，可体现借款人的一定实力	1．流通范围及价值受限 2．处理时不能优先受偿
汽车抵押借款	押车押证	收押车辆和证件	车证不一
	押证不押车	已结清车辆办理抵押手续	1．一车多抵 2．车辆价值评估，特别是豪车
	押车不押证	不考虑车辆的产权抵押问题，收押车辆	1．车辆产权不清晰 2．按揭车或已抵押车风险 3．车辆是否大修情况不明 4．借款人资质差
信用借款		无需抵押或第三方担保，凭借款人过往信用记录及资产收入状况即可	1．借款人违约成本低 2．单笔金额较小，需在短期内做大规模，小本偏差
净值标（流转标）		基于在平台代收资金作为质押借款	1．杠杆效应，放大资金风险 2．现实中逾期率较高
供应链融资（订单融资、动产融资、仓单融资、保理、应收账款融资等）		将核心企业及其相关的上下游配套企业作为一个整体，根据交易关系和行业特点制定基于货权及现金流控制的整体金融解决方案	1．交易合同的真实性 2．核心企业风险传递
票据质押		传统的票据分为两种：银行承兑汇票和商业承兑汇票。互联网金融平台中的票据业务模式，主要是围绕这两类票据贴现业务上开展，通过将票据质押给互联网金融平台，由平台上的小额投资者支付资金贴现给持票企业	1．票据的真假 2．商业承兑汇票的贴现要严格考察开票企业的偿付能力 3．二次质押中形成的平台资金池或自融问题

（续表）

业务类型	业务原理	主要风险点
股权质押	出质人以其所拥有的股权作为质押标的物而设立的质押股票出质后，质权人只能行使其中的收益权等财产权利，公司重大决策和选择管理者等非财产权利则仍由出质股东行使	1. 股权价值的认定 2. 违约后股权变现能力
融资租赁收益权转让	融资租赁公司，即融资租赁收益权持有人转让融资租赁合同项下收取租金的权利给投资人，释放规模压力，拓宽融资渠道	1. 承租人的还款能力 2. 融资租赁公司的回购能力 3. 租赁设备等的市场变现能力
信托受益权转让	受益人将其享有的信托受益权通过协议或其他形式转让给受让人持有。通过这种转让或卖出回购方式阶段性转让信托受益权融资	1. 法律风险：银监会规定受益权进行拆分转让的，受让人不得为自然人 2. 信托资金来源的合法合规性问题 3. 信托资金的投向

P2P 平台的运营人员和风控人员在分析不同业务类型的风险时，关键在于找出该业务的风险点，并评估其风险点控制的难易程度，进而优化平台的风控模型，降低平台的运营风险。

二、P2P 行业的风控挑战

2015 年中国的 P2P 行业继续高速发展，行业贷款规模已经突破 1 万亿元，同时几个大的案件也将该行业推到了风口浪尖。相对于传统银行来说，P2P 行业面对的客户风险较高，其面临的风控挑战更大，主要有以下几方面。

（一）客户风险较高

传统金融主要服务 70% 左右的客户，这些客户的共同特征就是还款能力强或者背景好。其他 30% 的客户包括中小企业和收入较低的白领、蓝领客户，银行不愿为他们提供服务。P2P 公司则是主要为这些客户提供短期贷款、过桥贷款、消费贷款、发薪日贷款等。

大多数 P2P 公司的客户收入较低，不是银行的目标客户，其信用评分较低，在银行那里拿不到较好的贷款额度。传统金融认为这批客户还款能力较差，不愿意降低信贷审批要求为他们提供融资。

特别在当前经济调整阶段，这些小企业经营者或者中低收入人群缺少原始积累，受宏观经济影响较大，企业经营和收入波动较大，他们的还款能力不稳定。在 P2P 贷款客户中，还款能力不稳定的客户占很大比例，他们的信用风险较高，对 P2P 公司的风险控制提出了很大的挑战。

（二）客户信用信息不全

传统金融行业可以借助于人民银行的企业征信和个人征信数据实施信用风险评估，各个银行和信用卡中心也可以及时更新客户金融信贷信息，共享黑名单。在传统金融领域，个人和企业的信用信息集中在一起，容易进行风险评估。

在 P2P 领域，大多数 P2P 公司没有接入人行征信系统，无法拿到客户全维度信用信息，例如客户财产、学历、收入、贷款、金融机构交易等信息。P2P 企业在实施信用风险评估时，仅能够依靠客户提供的信息进行验证，信息来源渠道狭窄，信息不够全面。

（三）“羊毛党”的增多

所谓“羊毛党”，是指专门选择各互联网渠道的优惠促销活动，以相对较低成本甚至零成本换取物质上实惠的人群，这一行为被称为“薅羊毛”。

当前，P2P 公司的获客成本居高不下，普遍存在不做营销活动无法获取用户的现状，但是做了营销活动，会有大量非活跃用户冲着奖励到 P2P 平台投资，然后短时间内就撤资离开，这些人就是 P2P 的“羊毛党”现象。这种现象会造成 P2P 公司大量营销资源的浪费，并容易产生抹黑平台、诱发平台挤兑等现象。

1．“羊毛党”的类型

随着 P2P 的发展，羊毛党也从单一的获取奖励，发展到团队协作，以“职业特工队”的水准，大量地榨取 P2P 公司的资金，甚至于使 P2P 公司资金链断裂，公司倒闭。根据相关部门的统计，目前市场的“羊毛党”有以下几类。

1

普通羊毛党

凡有活动就薅，不计风险。这是最初的羊毛党，随着P2P公司反制措施及薅羊毛成本的提高，现在这类羊毛客越来越少

2

区分薅

针对不同的P2P平台采取不同的薅羊毛策略，但总的来说，属于单兵作战，危害性较低

3

职业羊毛党

以薅羊毛为职业，团队作战，分工明确，会使用各种高科技“薅羊毛技能”。他们往往拥有几百个手机号、身份证、银行虚拟卡，可对同一公司的活动狂薅。在榨取P2P平台的资金之余，还有部分团队从银行及运营商处非法获取网民资料信息及银行卡信息，用作不法交易，给正常的网民带来巨大的风险。此类型的羊毛党危害极大，可使P2P公司和客户遭受巨大的损失

2．P2P 公司应如何应对“羊毛党”

羊毛党是市场发展过程中的产物。P2P 平台的流量或者人气都会随着羊毛党的进入呈爆发式增长。一方面，羊毛党获得了他们想要的利益；另一方面，平台也从羊毛党身

上获得了他们想要的广告效应。在如何处理好“羊毛党”这个问题上，平台运营者们应当考虑走出一条良性发展之路，转变烧钱推广、跑马圈地发展思路，将更多的经历和资金投入到自身平台的风控建设之中，通过不断优化业务模式和平台特色，去吸引真正具备理财需求的网络投资人。

（四）恶意欺诈投资者众多

每家P2P公司的不良贷款率到底是多少，从来没有哪家对外公布过，但是依据行业经验，5%的不良贷款率是一个能接受的水平，这其中的主要损失来源于过高的互联网恶意欺诈、过高的信贷审批成本以及过高的获客成本。

恶意欺诈基本上以团伙作案为主，并且这些人越来越狡猾，技术手段越来越先进，越来越进化，很难找到公共特征，也很难归纳，不容易及时发现。恶意欺诈的共性信息较少，即使有大量的坏种子，也不好建立风控模型来实施控制。

（五）客户违约成本低，债务收回成本高

由于P2P公司的客户违约比例普遍较高，因此P2P公司大都建立了自己的贷款催收团队，当遇到贷款违约时，一般采用三种方式进行解决，如下图所示。

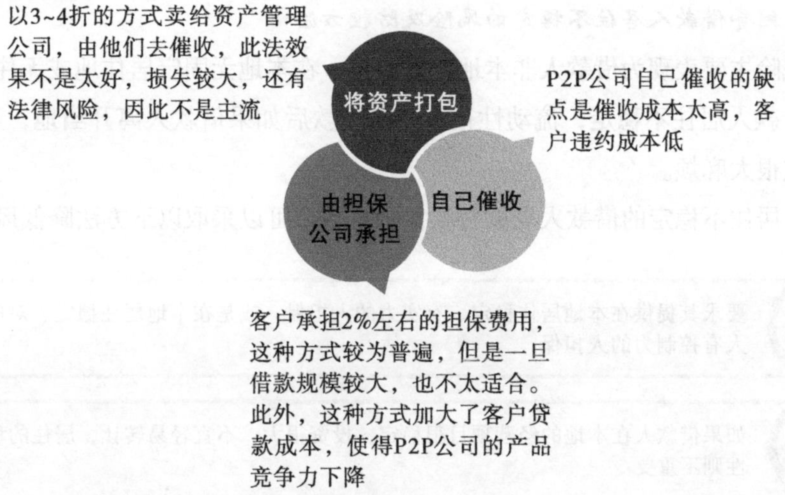

以3~4折的方式卖给资产管理公司，由他们去催收，此法效果不是太好，损失较大，还有法律风险，因此不是主流
将资产打包
P2P公司自己催收的缺点是催收成本太高，客户违约成本低
由担保公司承担
自己催收
客户承担2%左右的担保费用，这种方式较为普遍，但是一旦借款规模较大，也不太适合。此外，这种方式加大了客户贷款成本，使得P2P公司的产品竞争力下降

三、P2P平台对借款人的风险识别及防控方法

P2P平台面对的借款客户形形色色，不同的借款人有着不同的生活状况和不同的经济状况，这些借款人给平台带来的风险也各不相同，平台要掌握好对借款人的风险识别方法，确定具体借款事项和风险防范措施。

（一）网贷借款人经验及能力不足的风险及防控方法

此种风险主要表现为以下几个方面。

1 借款人无行业从业经验或从业时间短，管理能力较差

2 借款人受教育程度低或能力较弱

3 借款人频繁更换所从事的行业，且成功率很低

4 借款人经营项目时间不长

借款人行业经验和能力不足往往会导致其经营项目的失败，从而影响到正常还款。对于行业经验不足的借款人，网贷平台可以采取以下方法降低风险。

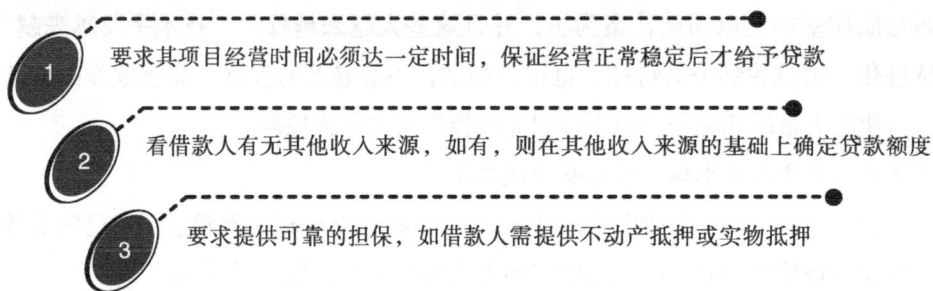

1 要求其项目经营时间必须达一定时间，保证经营正常稳定后才给予贷款

2 看借款人有无其他收入来源，如有，则在其他收入来源的基础上确定贷款额度

3 要求提供可靠的担保，如借款人需提供不动产抵押或实物抵押

（二）网贷借款人居住不稳定的风险及防控方法

此种风险主要表现为借款人非本地常住人口，在本地无固定居住地或无住房。

由于借款人居住不稳定，流动性很大，在贷款后如果借款人离开当地，则对贷款的回收会造成很大麻烦。

如果向居住不稳定的借款人发放贷款，网贷平台可以采取以下方法降低风险。

1 要求其提供在本地居住稳定、有实力的人担保，或是在本地居住稳定、对借款人有控制力的人担保

2 如果借款人在本地的经营项目很稳定，投资很大，不宜轻易转让，居住的稳定性则不重要

（三）网贷借款人或家人的健康风险及防控方法

此种风险主要表现为借款人身体不健康或有严重疾病，借款人家人有重大疾病。

如果借款人或其家人有重大疾病等健康问题，借款人往往会花费巨资用在治疗上，从而会影响其还款能力，如果借款人死亡，其债务往往也得不到落实，进而使贷款落空。

借款人本人如果有重大疾病等健康问题，网贷平台最好不给予贷款；如果是其家人有重大疾病等问题，网贷平台可以考虑增加担保。

（四）网贷借款人信用风险及防控方法

此种风险主要表现为以下几种。

1. 借款人有不良信用记录，以前贷款有拖欠或已有逾期的拖欠贷款
2. 借款人拖欠供货商的货款
3. 借款人拖欠税费、电费、水费等费用
4. 借款人拖欠其员工的工资

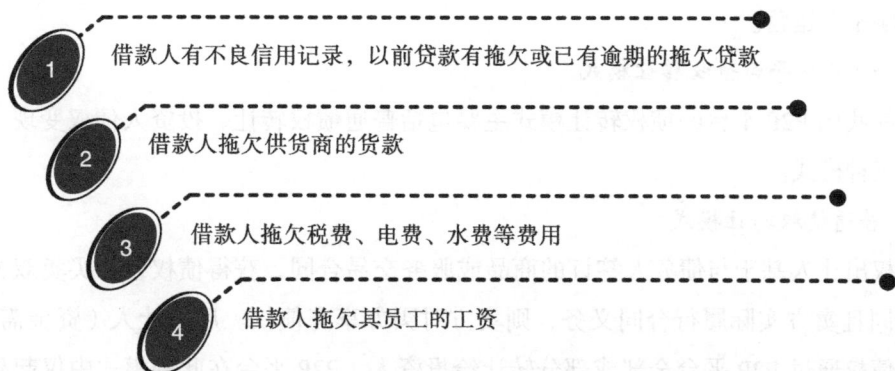

有上述不良信用行为的人，如果是恶意的，网贷平台应拒绝为其提供贷款。如果是借款人虽有上述拖欠，但是非恶意行为，且时间都不长，只是其信用观念淡薄，没有意识到信用记录的重要性，同时借款人是有还款能力的，在这种情况下，可与借款人就信用意识进行交流和沟通，提高借款人的信用意识，增强其信用观念。如果借款人接受，则可先向其提供小金额的贷款，并要求提供担保。如果以后还款记录良好，可逐步增加贷款金额。

（五）网贷借款人还款能力不足的风险及防控方法

此种风险主要表现为以下几种。

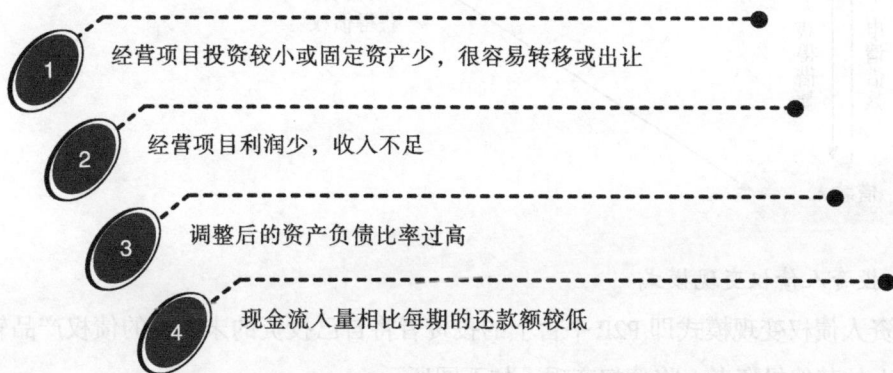

1. 经营项目投资较小或固定资产少，很容易转移或出让
2. 经营项目利润少，收入不足
3. 调整后的资产负债比率过高
4. 现金流入量相比每期的还款额较低

当借款人出现贷款申请额与其还款能力不足时，应降低贷款额度，在借款人的还款能力内发放贷款，也可要求提供抵押或保证担保。

四、P2P 平台债权转让的模式及风险防范

自 2016 年起，国家加大了对互联网金融领域的专项整治，4 月 14 日，央行出台了《互联网金融风险专项整治工作实施方案》，该方案涉及 P2P、股权众筹、第三方支付、互联网保险、互联网跨界资管、互联网金融广告等多个领域。方案中要求 P2P 和股权众筹平台未经批准均不得从事资产管理、债权转让、股权转让、股市配资等业务。

在实际运营当中，很多 P2P 平台的理财产品都含有债权转让模式，一旦被禁止，将

严重影响平台运营。

（一）P2P 平台债权转让模式

目前我国 P2P 平台的债权转让模式主要包括普通债权转让、投资人债权变现、专业放贷人三种模式。

1．普通债权转让模式

债权出让人基于与债务人签订的商品或服务交易合同，获得债权，如买卖双方签订买卖合同且卖方实际履行合同义务，则卖方对买方享有债权。后出让人（资金需求方）将此等债权通过 P2P 平台全部或部分转让给投资人，P2P 平台在此种模式中仅起到信息中介的作用，如下图所示。

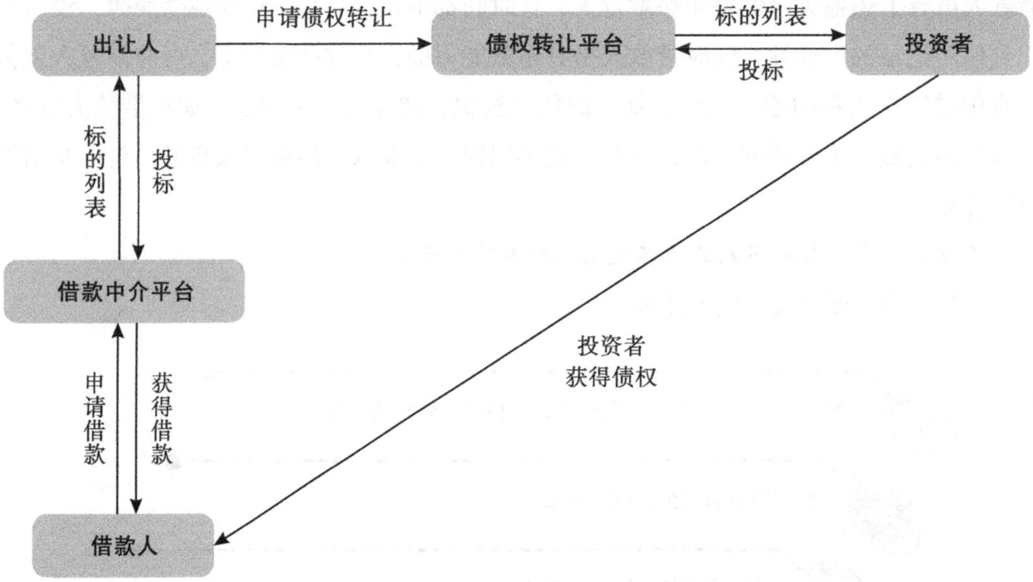

2．投资人债权变现模式

投资人债权变现模式即 P2P 平台上的投资者将自己投资的未到期的债权产品转让给该平台上的其他投资者，将债权变现，如下图所示。

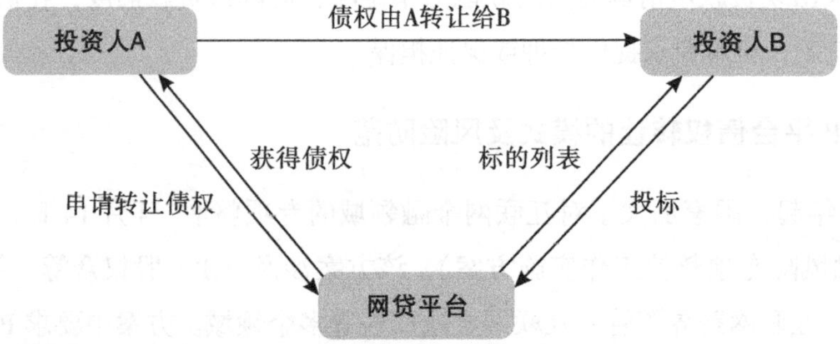

3．专业放贷人模式

专业放贷人模式，即在普通债权转让模式中多了一个专业放贷人的角色，专业放贷人通常是与 P2P 平台有关联关系的自然人，如法定代表人或高管。专业放贷人介入原本由资金需求方直接将债权转让给投资人的关系中，先由专业放贷人受让资金需求方的债权（资金需求方退出债权债务法律关系），随后通过 P2P 平台将该等债权进行拆分（大标拆小标，或长标拆短标，或兼有之）包装后在平台上转让给不同的投资人。

专业放贷人模式包括无承诺回购的债权转让和债权转让及回购两种情形，前一种是放贷人在债权转让成功后，退出债权法律关系中，投资人成为新的债权人；后一种是放贷人承诺当债务人无法还本付息时回购标的债权，不退出债权法律关系，如下图所示。

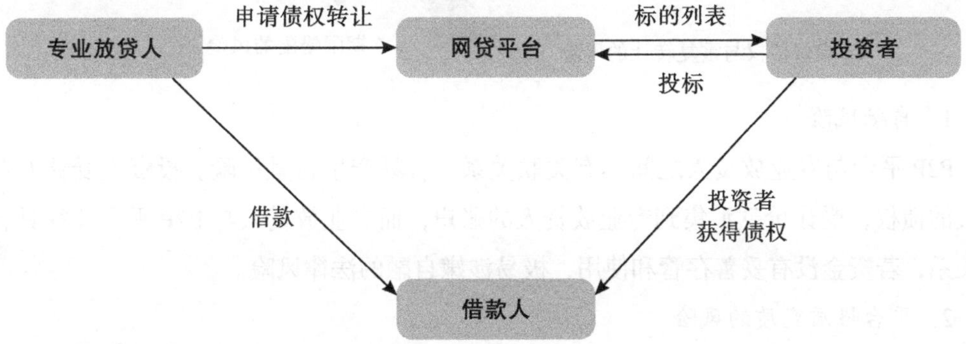

（二）P2P 债权转让被禁止的原因

央行在《互联网金融风险专项整治工作实施方案》中提到的是 P2P 平台“未经批准不得从事资产管理、债权转让、股权转让、股市配资等业务”，并没有直接禁止从事债权转让业务，监管层之所以将 P2P 的债权转让模式纳入监管范围，是因为从事债权转让模式的 P2P 很容易出现问题。

《合同法》第七十九条规定，债权人可以将合同的权利全部或者部分转让给第三人，但有下列情形之一的除外：

（1）根据合同性质不得转让；
（2）按照当事人约定不得转让；
（3）依照法律规定不得转让。

可见，普通债权转让模式和投资人债权变现模式是符合法律规定的，在实践操作中法律风险也较小。专业放贷人模式是 P2P 网贷平台使用较多，也是风险极大的债权转让模式，因为该种模式容易涉嫌居间人债权转让、期限拆分、自融等法律风险，因此才会被监管层纳入监管范围。

（三）专业放贷人模式的法律风险

P2P 平台专业放贷人模式面临的法律风险主要表现在 6 个方面，如下图所示。

1．自融风险

P2P平台与专业放贷人之间具有关联关系，容易产生自融风险。投资人受让专业放贷人的债权，受让价款汇集到专业放贷人的账户，而专业放贷人与P2P平台往往具有关联关系，若资金没有妥善存管和使用，极易涉嫌自融的法律风险。

2．平台性质变质的风险

违反P2P平台信息中介的规定，产生平台性质变质的风险。在专业放贷人模式中，P2P平台拥有资金需求方和投资人两方面的资源，将两端资源拆分成任一组合，先通过专业放贷人将资金出借给借款人获取债权，然后将债权进行期限拆分转让给不同的投资人，获得投资资金。这种行为违反了信息中介和直接借贷的规定。

3．期限错配的风险

违反P2P平台禁止期限拆分行为的规定，产生期限错配的法律风险。平台将专业放贷人受让的债权拆分后转让给投资人，容易产生期限错配的风险。

4．虚假债权与重复转让的风险

债权转让由专业放贷人和P2P平台操控，投资人难以知晓债权是否真实存在，以及债权是否重复转让，信息披露不完善，容易产生虚假债权和重复转让的风险。

5．债权转让效力风险

《合同法》第八十条规定，"债权人转让权利的，应当通知债务人。未经通知，该转让对债务人不发生效力。"放贷人未履行法定的通知义务则会产生债权转让对债务人无效的风险，以致投资人的权益未能得到实现。

6．资金池风险与非法集资风险

在实际操作中，一些平台或者专业放贷人代投资人收取和管理借款人的还款，再向投资者支付。此种情形下，平台或是专业放贷人没有对资金进行存管，容易形成资金池。

（四）P2P平台债权转让的法律风险防范

由于专业放贷人模式存在较大的法律风险，因此对于P2P平台来说，应当从以下几方面注意平台的债权转让业务是否安全。

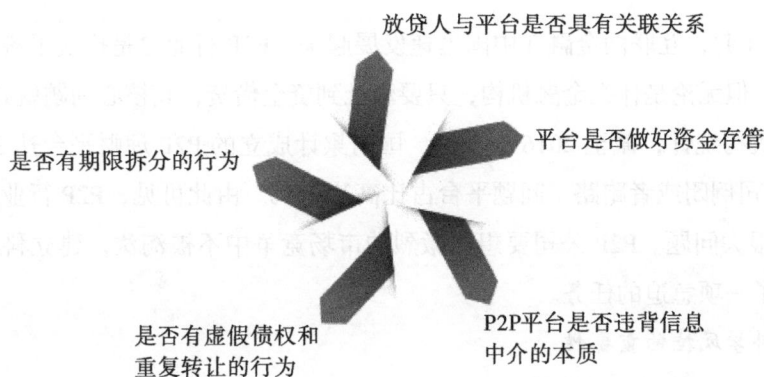

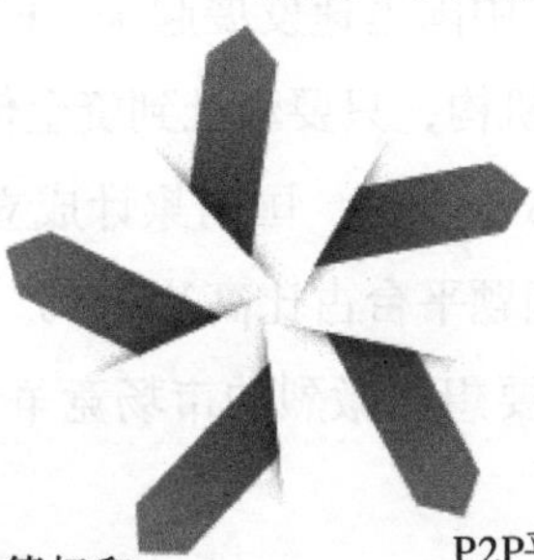
放贷人与平台是否具有关联关系
平台是否做好资金存管
是否有期限拆分的行为
是否有虚假债权和重复转让的行为
P2P平台是否违背信息中介的本质

1．放贷人与平台是否具有关联关系

P2P平台与放贷人或者担保方是否有关联关系早已成为业界的敏感信息，平台需要警惕关联关系可能带来的“自融”“自担保”。在债权转让业务中，债权出让人（无论是专业放贷人还是原债权人）与平台具有关联关系，容易让人产生资金自用的嫌疑，故若有此种关联关系，则应当予以调整并保证资金安全。

2．平台是否做好资金存管

资金未妥善存管和使用，极易形成资金池，进而涉嫌非法集资的法律风险。在债权转让业务中，P2P平台应该按照法律规定建立资金存管制度，真正实施资金存管，保障资金的合法走向。

3．P2P平台是否违背信息中介的本质

平台作为撮合投资人与借款人之间借贷关系成立的居间人，若平台在债权转让业务中违背信息中介的本质，参与直接借贷，为债权出让人行使决策，主导借贷关系，则是违规经营。

4．是否有虚假债权和重复转让的行为

虚假债权和重复转让无疑损害投资人的合法权益，虚构假标也是非法集资类犯罪常见的行为，若平台存在此等行为，则面临的风险极大。平台需要做好信息披露，审查债权的真实性，保障投资人的知情权。

5．是否有期限拆分的行为

专业放贷人模式容易导致期限打包错配，因此平台绝对不能拆时间再错配。若平台的债权转让产品有期限拆分的行为，则平台的安全系数降低，应当予以调整。

P2P平台在实际运营债权转让中往往还涉及商业保理公司、融资租赁公司、交易所的债权和收益权等复杂情形，面临的法律问题也各不相同。平台要合规经营，避免相关法律风险。

五、P2P 公司应建立科学的风控体系

自 2011 年起，互联网金融在中国迅速发展起来，P2P 行业更是扮演了挑战传统金融秩序的角色。但无论是什么金融机构，只要牵扯到资金借贷，其核心问题就是风险控制。

据相关机构统计，截至 2016 年 3 月，国内累计成立的 P2P 理财平台达 3984 家，已有 1523 家公司倒闭或者跑路，问题平台占比高达 38%。由此可见，P2P 行业的风险控制能力存在着很大问题。P2P 公司要想在激烈的市场竞争中不被淘汰，建立科学的风控体系已经成为了一项急迫的任务。

（一）科学风控的重要性

很多 P2P 公司的风控手段并不是很完善，甚至没有一个完整的风控体系，这是十分可怕的，因为凡是真正接触过贷款发放的人都知道，信贷其实就是一个进去很难出来的行业。别的行业是交易结束就算服务结束，但信贷交易结束意味着服务才刚刚开始。

那么怎么做才能真正把风险降低，提升贷款资产质量，进而使 P2P 公司持续存活，进入良性发展的道路呢？核心当然还是风险控制。有的 P2P 公司一直在努力提高风险控制水平，甚至开发出大数据风控，但是最终还是出现很多问题，这不是因为他们做的不够严格、不够小额分散，而是做的不够科学。严格的风控并不一定是科学的风控，减小贷款发放额度、拒贷、惜贷，也不是科学的风控，因为风险并没有降低，只是发生了转移。

科学的风控就是在兼顾控制风险与业务发展的同时，系统、专业、科学地进行风控体系建设、风险定价、资金头寸调配、审查授信、贷后维护，进而真正控制风险、提高资产质量，使公司整体良性运营，可持续发展。

（二）科学风控的划分

科学的风控从定位上可以划分为宏观科学风控和微观科学风控。宏观科学风控即站在公司层面上，建立一个全面的、完整的风控体系。从岗位设置权责划分上杜绝市场风险、利率风险、政策性风险、流动性风险、系统性风险。在部门设置上，按照责任清晰、风险制约的原则，围绕整个业务流程多个部门相互配合，形成一个科学的风控体系。微观科学风控即从内部业务部门提高自身专业性上杜绝内部操作风险以及客户的信用风险。

科学的风控从资产、负债上可划分为投资（负债）端的科学风控与贷款（资产）端的科学风控。投资端的科学风控即对投资人资金安全的风险控制，还包括对资金头寸调配以实现资金最大使用率，从而降低流动性风险的科学风控。贷款端的科学风控即信贷业务部门、审批部门严格、科学地营销、受理、审批发放，贷后管理部门通过科学的贷后检查、及时的逾期催收、合理的资产处置，避免内部操作风险与外部信用风险，以努力提升贷款资产质量，减少不良资产。

六、P2P 公司对贷款企业进行风控分析的技巧

在互联网领域、金融领域当中，业内人士对互联网金融的创新模式观点各异，但对“风险控制是互联网金融公司的核心竞争力”这一观点却是没有争议的。互联网金融属于分散型的直投模式，其客户群体和运营模式决定了行业的高风险和高收益并存状况。由于对企业的贷款是 P2P 公司的一项重要业务，因此 P2P 公司对贷款企业风险控制的好坏很大程度上决定了其整体风控水平。P2P 公司要想减少坏账损失，提高风控水平最为关键。P2P 公司可以学习一下风控分析技巧，运用到自身的风控工作当中。

（一）给借款企业快速定位

给借款企业快速定位对于 P2P 公司尤为重要，因为 P2P 公司对接的借款企业比传统金融对接的企业更多、更杂，大量被银行服务排斥在外的企业在寻找 P2P 公司的贷款，这就要求 P2P 公司要在没有传统金融机构结算数据积累的情况下短时间内能够为借款企业快速定位。

具体来说，P2P 公司可以通过四点做到给借款企业快速定位，如下图所示。

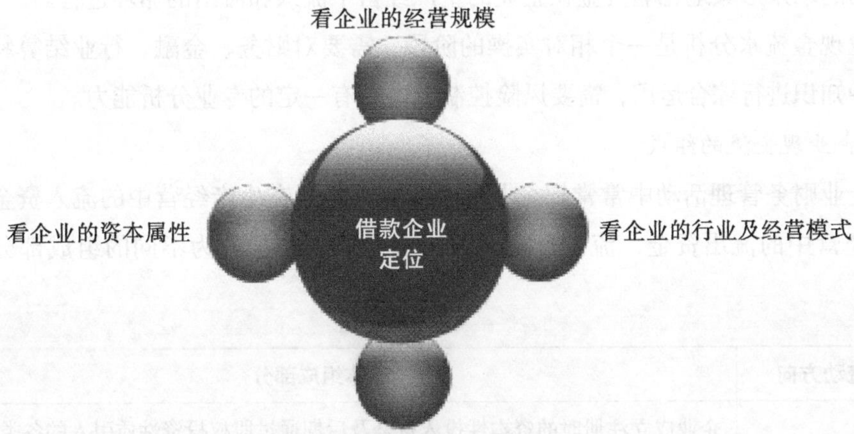

1．看企业的资本属性

企业的资本属性有国有、集体、民营、外资、合资、上市公司、混合所有制这几大类。资本属性决定着企业的出身和内部架构及管理运营模式，甚至影响其风险托底的能力。

2．看企业的经营规模

企业的经营规模有特大型、大型、中型、小型、小微等，经营规模决定着企业资金运用的规模及随着企业运营中产生的资金缺口量，从一定角度能反映企业的资金募集和还款能力，同时还可以通过其业务规模判断行业产能对其未来业务的影响。

3．看企业的行业及经营模式

将企业的主营业务进行国民行业归类，在归类基础上对企业经营模式分解，了解其

是处于产业中的上游、中游还是下游或者是处于买方还是卖方市场，企业是重资产经营还是轻资产经营等。从中可以看出企业在经营环境中的市场地位，而这将决定其回收资金的能力。

4. 看企业外部关系信息反馈情况

企业的外部关系信息反馈情况包括以下几点。

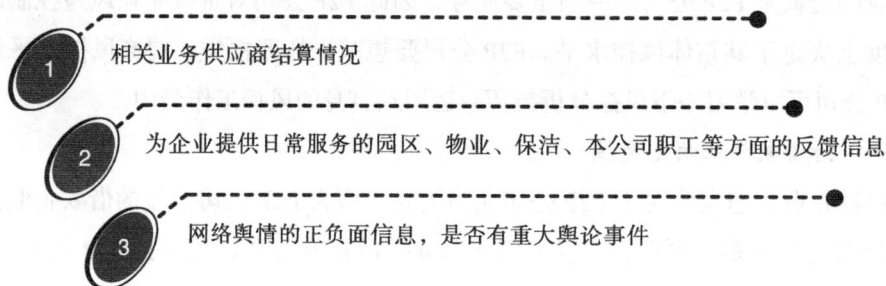

1. 相关业务供应商结算情况
2. 为企业提供日常服务的园区、物业、保洁、本公司职工等方面的反馈信息
3. 网络舆情的正负面信息，是否有重大舆论事件

（二）企业现金流水分析

企业现金流水，顾名思义是指企业在一定时期内资金进出和结余情况的综合反映，是用流动的水来形象地比喻资金在企业的生产经营中流入和流出的循环过程。

企业现金流水分析是一个相对实操的阶段，需要对财务、金融、行业结算特点等相关的各种知识进行综合运用，需要风险控制人员具有一定的专业分析能力。

1. 企业现金流的组成

在企业财务管理活动中常常把企业现金流分为企业在生产经营中的流入资金和企业在生产经营中的流出资金，流入资金和流出资金分别又被分为不同的组成部分，详见下表。

资金流动方向	具体组成部分
企业在生产经营中的流入资金	企业成立注册时的资本性投入资金及后期通过股权投资性质引入的各类资金
	企业正常的各种营业收入资金，包括主营业务、其他业务收入、营业外收入
	以负债的形式借入的资金，包括银行、基金、信托、互联网金融、小额贷款等多种形式的负债类资金
	客户的预付款
	收取的各种押金、保证金
	临时代收款项，主要指与企业营运无关的，企业不能私自动用的，需要一定时期内清算给权利方的款项，一般称为受限资金，比如代收货款、代收税金、代收的各种行政费用等
	企业正常的各种营业收入资金

（续表）

资金流动方向	具体组成部分
企业在生产经营中的流出资金	企业减少股本、分配利润流出资金
	企业支付营业成本、费用开支等流出资金
	企业购置固定资产类支出
	企业偿还负债及利息流出资金
	企业退还押金、保证金
	企业结算客户预付款余款
	企业支付临时代收款项
	对外投资类流出资金

对于企业的进出流水，从业务的角度分析只有一个目的，就是借此评估企业的资金回款能力及偿付风险。由于在P2P平台上申请借款的企业在资金流中往往涉及企业股东的个人账户，因此这部分资金的流水要一并合入企业的流水分析中。

2．企业流水分析应遵循的原则

P2P公司的风控人员在分析借款企业的现金流水信息时，要遵循以下几点。

（1）要掌握企业所有运营账户的资金在抽样时期的进出数据，包含各种现金等价物的变化。中小微企业的实际控制人往往有使用私人账户结算业务款项的习惯，这时候就要收集更多的真实资金结算账户信息。

（2）在企业各账户的流水清单中要体现出资金的收款方和付款方及收付款内容摘要。很多借款企业提供的流水资料往往只是银行的简单收付数据的借贷打印，缺少分析的要素，这会导致风控人员判断失误。如果银行流水打印无法满足风控人员要求，那就应当直接调取流水对应的进出款项的原始汇款单据，以确认真实的收付款单位信息。

（3）对于公司同户名之间的对冲转账要予以剔除，以免重复计算流水，其中包括企业股东、控制人的私人业务结算卡的对冲数据。在银行风控核心规律屡屡被外界揭秘的今天，有些中小微企业主技术性地对冲现金流，抬高账户资金流入交易额已非个别现象。

（4）了解并落实所有的资金账户是否在同一借款主体的可控之下，或者是否存在大量受限资金暂存的情况。

3．企业流水的宏观和微观分析

对企业流水进行分析，可以从宏观和微观两个角度入手。宏观上，以《企业会计准则》中的现金流量表为基础进行资金流入和流程归类，发现企业现金流量的收支与企业营业收入的差异，推算企业资金缺口及资金缺口的原因，了解企业真实的资金运用状况。

企业现金流的微观分析是P2P公司风险控制的重点，一般要密切关注以下几个方面。

1. 企业主营业务中重点客户的回款真实性，风控人员必须逐笔确认一定时期内借款企业的应收账款（对应发票、账单上的单位）、日常主营业务银行流水收入（银行转账收入、现金、支票、银行承兑票据）
2. 逐笔核实之后还需要进行分类汇总找出营业资金流入流出的规律性，核实该规律是否符合上下游企业的正常合约账期。对于上下游企业的商业信誉做适当的评估分析
3. 借款企业的现金流水里面与营业资金无关的是收付是否正常，是否存在大量代收款项情况，是否存在正常偿付受限制资金。受限资金过多，管理不善，就容易出现挪用资金的风险，会严重影响借款企业的借款偿付
4. 借款企业的日常资金是否有季节性的集中收付不均衡现象，这种现象很容易发生短期的流动性问题，影响资金注入后的到期偿付
5. 通过目前企业资金的现金流收入控制状况，分析借款企业资金支付审批权、控制权的实际掌控单位或个人的资金管理运用能力，判断实际控制人对于未来融资后的资金系统性风险

企业的现金流分析能给风控人员提供丰富的企业真实信息，风控人员在宏观上可以分析判断借款企业目前的资金状况和未来趋势，在微观上可以锁定具体借款企业上下游的核心客户和供应商，从而进行风险监控，为后续整体借款方案设计打下基础。

（三）企业收入分析

作为 P2P 公司，在接触借款企业客户时既不能像会计事务所那样，以审计的套路按照《企业会计准则》来进行面面俱到的审核；也不能像类似银行这样的金融机构，拒绝有问题或者看似有问题企业的借款申请。P2P 公司需要根据借款企业的定位情况和现金流水情况，结合借款企业的收入模式来判断企业的营业收入情况。

1. 关于企业收入的状态与商业信用的关系

企业作为一个以盈利为目的组织，它总是要有收入的，只是每个时期它的收入状态不一样。风控人员从风险控制的角度可以把企业的收入状态分成三个部分，如下图所示。

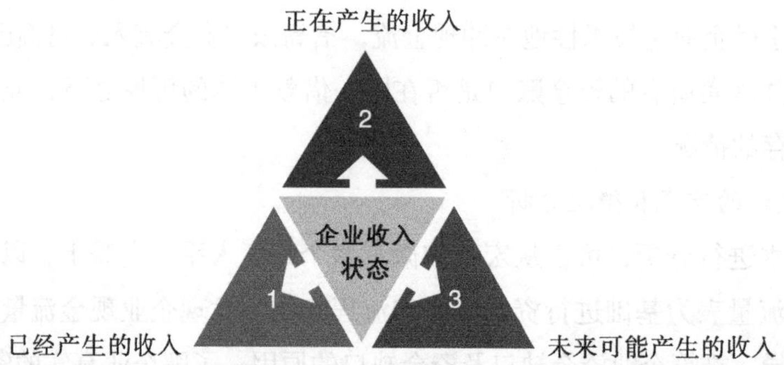

（1）已经产生的收入

已经产生的收入是指在商业信用释放的时间点之前企业已经确认了营业收入，是企

业已经明确完成了对价服务后，经过双方对账确认的收入。

已经产生的收入中还可以分成两个部分，一部分是已经收取了现金流的收入，这部分可以作为 P2P 公司进行商业信用评估的基础；另一部分是还处于待收现金流的收入，这部分是 P2P 公司释放商业信用额度的分析依据。

（2）正在产生的收入

正在产生的收入是指在商业信用释放的时间点企业正在同步产生营业收入，是指企业已经完成了商品采购、生产加工、科技研发等前期投入，正在进行销售、技术输出并产生营业收入。

这时候现有的库存商品、技术、劳务服务等的对价服务总量将决定正在产生收入的持续性和金额。P2P 公司将根据这些评估内容，确定借款信用额度。

（3）未来可能产生的收入

未来可能产生的收入是指在商业信用释放的时间点企业还没有产生的收入，也没有即时可能产生的收入，需要释放商业信用以达成未来能够产生收入。

这种情况下要么是企业所处的行业对于行业内企业前期投入有一定要求、有一定门槛，要么是企业本身还需要在市场容量上占有一定份额后才能有盈利收入。

这种情况下风控人员要加以区分商业信用释放的用途：是以基础建设、土地、固定资产等为目的，还是以占领市场份额为目的。商业信用释放于基础建设、土地、固定资产用途时，风控人员应当更多考虑资产本身的价值和未来收益回报及资产的处理情况，因为实物性的资产投资所产生的盈利模式一般是清晰可见的。

当风控人员充分理解了这三种企业的收入状态后，就可以针对性地进行风险管理，发放借款额度。

2. 如何核实企业收入

一说到核实企业收入，很多人马上反应的是合同、对账单、发票等常识性东西。这些东西当然是一些要素，但更重要的是风控人员应当怎样核实企业的收入。一般来说，企业的收入由三部分组成，如下图所示。

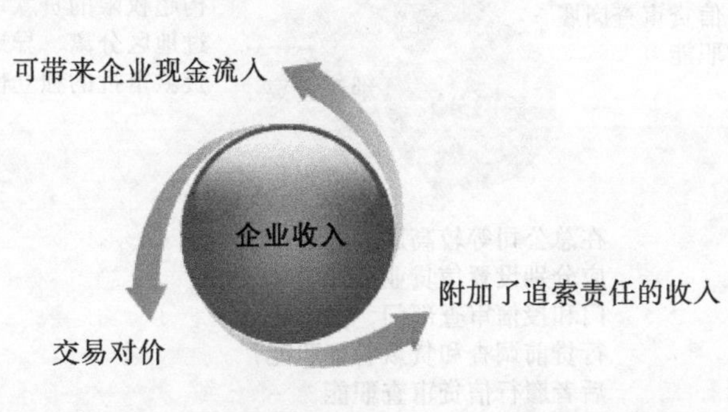

（1）交易对价

企业是以盈利为目的的，产生收入必须有对价商品或者服务的交换。风控人员在核实一家企业的真实收入状况时，即便借款企业提供了完整的合同、发票，但企业根本没有发生过对价商品或者服务的交换，那企业的收入将会很可疑，企业存在造假风险。

（2）可带来企业现金流入

一个可以确认的企业收入一定会在前期、当期、远期某个时点上给企业带来现金流入。如果风控人员经过核实，判断企业提供的收入不可能带来现金流入，那么这笔收入也存在造假风险。

（3）附加了追索责任的收入

企业提供的收入中包含了若干期间内交易对手的反向追索权，这种企业收入因为存在着不确定因素导致的反向追索，有收入打折的风险，甚至还会出现赔偿的情况，无法全额确认收入。

风控人员应当明白，符合收入风险控制确认条件的收入并不一定仅仅限于常规的合同、发票项下的收入，还可以根据借款企业的实际业务情况综合判断其收入情况，确定借款额度。

七、P2P 公司应实行审贷分离制度

贷前调查、贷中审查、贷后检查制度组成了 P2P 公司的贷款流程，也是其风控体系的建立过程，P2P 公司对于各贷款环节的权责划分是其提高风险防控能力的基础。

审贷分离制度是指将信贷业务办理过程中的贷前调查和贷中审查环节进行分离，分别由不同层次机构和不同部门（岗位）承担，以实现相互制约并充分发挥信贷业务人员、审查从业人员专业优势的信贷管理制度。

（一）审贷分离的形式

P2P 公司实行审贷分离制度具体有三种形式，如下图所示。

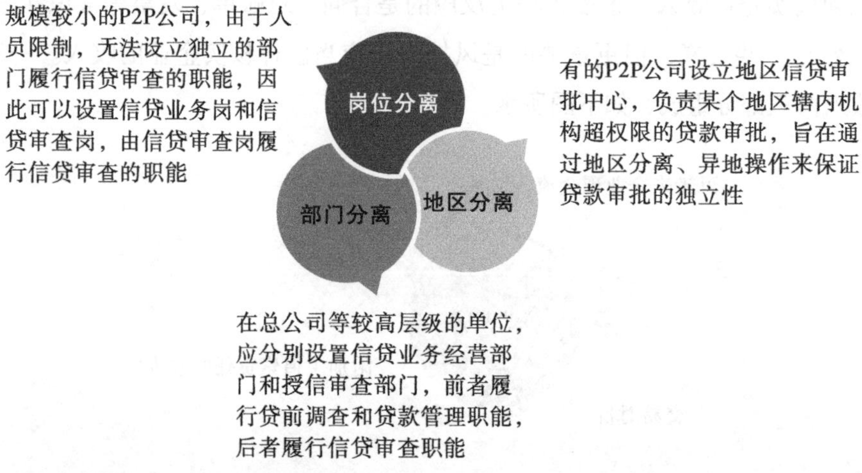
规模较小的P2P公司，由于人员限制，无法设立独立的部门履行信贷审查的职能，因此可以设置信贷业务岗和信贷审查岗，由信贷审查岗履行信贷审查的职能
岗位分离
有的P2P公司设立地区信贷审批中心，负责某个地区辖内机构超权限的贷款审批，旨在通过地区分离、异地操作来保证贷款审批的独立性
部门分离
地区分离
在总公司等较高层级的单位，应分别设置信贷业务经营部门和授信审查部门，前者履行贷前调查和贷款管理职能，后者履行信贷审查职能

（二）信贷业务岗与信贷审查岗的职责

信贷业务岗相关职责如下。

1. 积极拓展信贷业务，搞好市场调查，优选客户，受理审核借款人申请
2. 对借款人申请信贷业务的合法性、安全性、盈利性进行调查
3. 对客户进行信用等级评价，撰写调查报告，提出贷款期限、金额、利率（费率）和支付方式等明确建议
4. 负责信贷档案资料管理，确保信贷档案资料完整、有效
5. 信贷业务岗位人员提交贷前调查报告，并承担调查失误、风险分析失误的责任

信贷审查岗职责如下。

1 完整性审查

审查授信资料是否完整有效，包括授信客户贷款卡等信息资料、项目批准文件以及需提供的其他证明资料等

2 真实性审查

对信贷业务人员提交的调查报告及借款人的资料及相关信息进行表面真实性审查，对虚假的资料提出审查意见

3 合规性审查

审查借款人、借款用途的合规性，审查授信业务是否符合国家和本行信贷政策投向政策，审查授信客户经营范围是否符合授信要求

4 合理性审查

审查借款行为的合理性，审查贷前调查中使用的信贷材料和信贷结论在逻辑上是否具有合理性

5 可行性审查

审查授信业务主要风险点及风险防范措施、偿债能力、授信安排、授信价格、授信期限、担保能力等，审查授信客户和授信业务风险

（三）审查人员需遵守的原则

作为审查人员，在审查过程中应遵循三个原则，如下图所示。

1．独立性原则

审查人员独立判断风险，保证信贷审查审批的独立性和科学性。

2．审慎性原则

审查人员应本着审慎性原则进行每一笔贷款的审查，不论是借款人提交的资料还是信贷业务人员提交的调查报告，都要进行交叉验证。

3．专业性原则

审查人员相对固定，有利于提高专业化水平，实现专家审贷，弥补客户经理在信贷专业分析技能方面的不足，减少信贷决策失误。

（四）审贷分离的实施要点

（1）审查人员与借款人原则上不单独直接接触。审查人员与借款人的单独直接接触容易造成“人情贷”，引发道德风险。

（2）审查人员无最终决策权。贷款审查只是贷款审批过程中的一个环节，不应成为贷款审批流程的终点。审查人员即使对贷款发放持否定态度，也应按正常的信贷流程继续进行审批。最终审批人参考审查员意见后，对是否批准贷款提出明确的意见。信贷决策权应由贷款审查委员会或最终审批人行使。

（3）审查人员应真正成为信贷专家，熟悉 P2P 公司的信贷流程和风险控制方法。

（4）授信审批应按规定权限和流程进行，不得违反程序、减少流程。

（五）审贷分离的意义

审贷分离的核心是将负责贷款调查的业务部门（岗位）与负责贷款审查的管理部门（岗位）相分离、独立，以达到相互制约、复核的目的。其意义有以下三点。

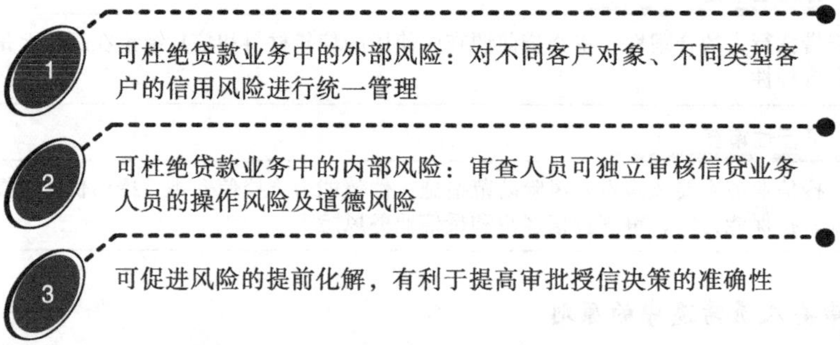
1
可杜绝贷款业务中的外部风险：对不同客户对象、不同类型客户的信用风险进行统一管理
2
可杜绝贷款业务中的内部风险：审查人员可独立审核信贷业务人员的操作风险及道德风险
3
可促进风险的提前化解，有利于提高审批授信决策的准确性

八、P2P 公司风控人员必备的审核查询网站

P2P 公司的风控人员在核实借款人信息时，面临着虚假资料、伪造证件等风险，风控人员可以通过专门的网站来查询借款人信息的真实性，提高风控水平。

（一）企业主体相关信息查询网站

1．国家工商总局“全国企业信用信息公示系统”

网址：gsxt.saic.gov.cn/

该网站于 2014 年 3 月 1 日正式运行，目前已经能查询全国范围内任一家企业的工商登记基本信息，具体包括公司注册号、法定代表人、类型、注册资本、成立日期、住所地、营业期限、经营范围、登记机关、经营状态、投资人信息、公司主要备案的高管人员名单、分支机构、清算信息、行政处罚信息等。

2．各省、市级信用网

这些网站是地方主导的，一般以各地的企业信用体系建设推进办为主导。例如，北京市企业信用信息网，网址为：http://211.94.187.236/

在这些网站，一般能查到企业基本信息，但如需要更全面的如年检信息、对外投资信息、商标、变更、劳保等信息，则需注册会员资格。

3．全国组织机构代码管理中心

网址：www.nacao.org.cn/publish/main/5/index.html

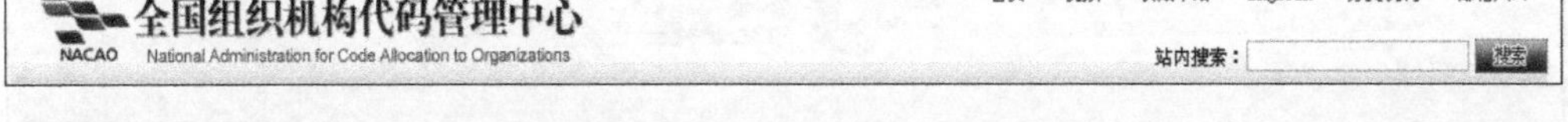

该网站可以查询全国范围内所有领取有组织机构代码证的信息，还可以打印组织机构代码证的扫描件。

4．信用视界

网址：www.x315.com/

该网站于 2014 年 3 月 15 日上线，一站式汇总了工商登记、组织机构代码证、关联公司、涉诉信息、商标专利和新闻招聘等企业信息。特色是增值服务中涵盖了精准的企业关联和高管名下企业，还有企业财务数据、法院开庭公告和判决文书等。在其信用监控服务功能中，每天自动推送企业动态，省掉了大量人工搜索工作；该网站还可以查国外企业，如果资产中涉及国外企业，则可以查询全球的企业信用信息，目前支持 11 个海外国家实时查询企业信息，其他国家的需要离线查询。

5. 必途企业库

网址：china.b2b.cn/

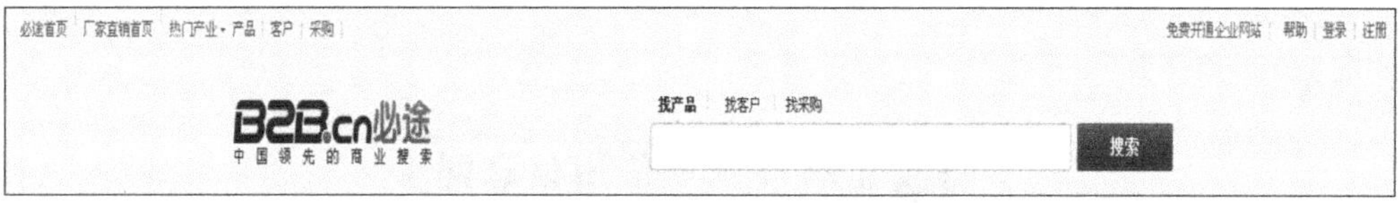

该网站是专业的中小企业信息化服务商，在这里可以查询各类产品供应商的企业信息，但仅包含企业的地址、联系方式等基本信息类别，如要深度调研仍需其他工具的配合。

6. 悉知网

网址：www.xizhi.com/

该网站主要提供中国企业名称、法人、联系人和联系方式、地址、产品和服务等信息的快速查询和展示服务。特色服务是基于平台的企业信息提供企业数据报告，主要针对全国省份、地市、县区企业数量及产业发展状况进行研究和推出排行榜。但平台覆盖的许多中小型企业信息未经核实，存在数据有可能不准确性的问题。

7．建筑业资质查询

网址：mohurd.gov.cn/wbdt/dwzzcx/index.html

该网站是官方的建筑类企业资质展示平台，可查询到相关企业的资质证书信息。

8．各地住房保障和房产管理局网站（如杭州市住房保障和房产管理局网站）

网址：http://www.hzfc.gov.cn/

（二）涉诉信息查询网站

1．最高人民法院“中国裁判文书网”（限于裁判文书）

网址：www.court.gov.cn/zgcpwsw/

根据《最高人民法院关于人民法院在互联网公布裁判文书的规定》，自2014年1月1日起，除涉及国家秘密、个人隐私的、未成年人犯罪、调解结案以外的判决文书，各法院判决文书均应在该网站上公布。因该网站为“裁判文书网”，故仅适用于已届判决阶段的案件。

2．各省级高院网站

除了最高人民法院“中国裁判文书网”之外，那么之前的判决文书或未判决的到哪里查询呢？对了，一般省级都建有自己的网站，这些网站可以查询2014年之前的部分判决书、开庭公告、执行信息、开庭信息等。

（1）北京法院网

网址：http://bjgy.chinacourt.org/index.shtml

（2）上海法院网

网址：http://shfy.chinacourt.org/index.shtml

（3）浙江法院新闻网

网址：http://app.zjcourt.cn/

因为最高人民法院“中国裁判文书网”仅限于已判决文书的查询，且 2014 年 1 月 1 日之后才试行，而且数据取决于地方上报，而地方法院上网已经很多年了，部分法院的法律文书早就上网，因此全国网查不到的，地方法院或许可以查到。

3．最高人民法院“全国法院被执行人信息查询系统”

网址：http://zhixing.court.gov.cn/search/

该网站可查询2007年1月1日以后新收及此前未结的执行实施案件的被执行人信息。在实际查询中可能因某些地方法院迟延上报数据，导致有些查询信息落后的问题。同时许多案件查询显示结果为已结，这可能是地方法院为了完成案件考核而进行技术上处理，实际上标注“已结”的案件可能仅仅是程序终结或者根本还在执行中。

4. 最高人民法院“全国法院失信被执行人名单信息查询系统”

网址：http://shixin.court.gov.cn/

对于不履行或未全部履行被执行义务的被执行人，自2013年10月24日起，可于该系统中查询失信被执行人的履行情况、执行法院、执行依据文书及失信被执行人行为的具体情形等内容。但不能尽信，因为实践中部分法院还会根据当事人的申请上传数据或上传有所迟延。

5. 中国法院网“公告查询”

网址：http://www.live.chinacourt.org/fygg/index.shtml

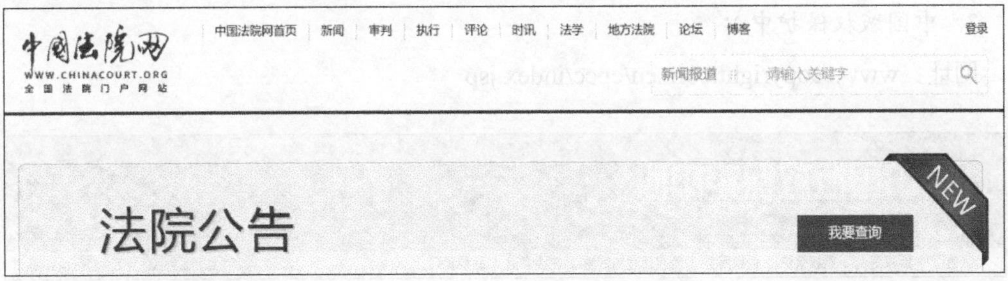

按目前我国法院管辖的现状和公告要求，需要公告送达的，如果被告不属于本省的，一般要求在全国的报纸公告，公告的报纸一般都是《人民法院报》，据此可以查询到大量

公告信息，了解调查对象的涉诉情况。对于被告是省内的，则可以到地方的法制报之类的网站查询公告。

（三）资产信息查询网站

1. 国家知识产权局“专利检索系统”

网址：www.sipo.gov.cn/zljsfl/

该网站无需注册，除专利基本信息（如发明/设计人、专利权人、公开日等）外，还可查询各专利权法律状态、专利证书发文、年费计算及全国大部分省市的专利代理机构名录等内容。

2. 国家工商总局商标局“中国商标网”

网址：www.saic.gov.cn/sbw1/sbcx/sbcx.html

根据查询提示可确定拟查询商标的商品分类。具体可查注册商标信息及申请商标信息。“商标注册信息查询”又分为商标相同或近似信息查询、商标综合信息查询和商标审查状态信息查询三类。需要注意的是，商标局明确该网站查询内容仅供参考，具体的商标注册信息还应以国家工商行政管理总局商标局编辑出版的《商标公告》为准。

3. 中国版权保护中心

网址：www.ccopyright.com.cn/cpcc/index.jsp

中国版权保护中心是国家新闻出版广电总局（国家版权局）的直属事业单位，目前是我国唯一的计算机软件著作权登记、著作权质权登记机构。

4. 人民法院诉讼资产网

网址：www.rmfysszc.gov.cn/

可以查询全国范围内法院正在执行拍卖的资产情况，通过该网站可以侧面了解涉诉当事人的一些信息。

5. 淘宝司法拍卖

网址：https://sf.taobao.com/

网上拍卖减少了拍卖费用，竞价方便，越来越多的法院把没有争议、比较干净的资产通过这种方式进行拍卖。

6. 各大产权交易所网站（如金马甲）

网址：www.jinmajia.com/

该网站提供包括国有产权、公共资源、国有担保机构、诉讼资产、股权、债权、高端商品、邮票钱币、无形资产、文化艺术品等在内的各类要素的供需信息发布、网络交易、支付与结算等专业服务。

7. 应收账款查询——中国人民银行征信中心“中登网”

网址：www.zhongdengwang.org.cn/zhongdeng/index.shtml

（四）投融资信息查询网站

1．中国证监会指定信息披露网站“巨潮资讯网”

网址：www.cninfo.com.cn/

仅适用于上交所、深交所上市的公众公司。该网站无需注册，可查询内容十分丰富，包括上市公司就各重大事项发布的公告、分红情况、财务指标、公司年报等。

2．上海证券交易所

网址：www.sse.com.cn/

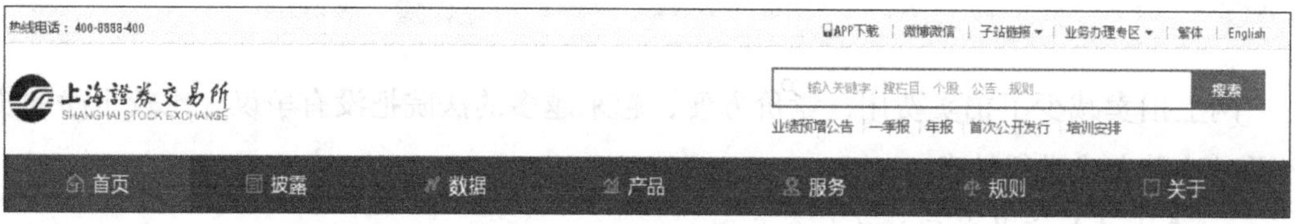

该网站与巨潮资讯网信息有所交叉，但侧重点略有不同。

3．深圳证券交易所

网址：www.szse.cn/

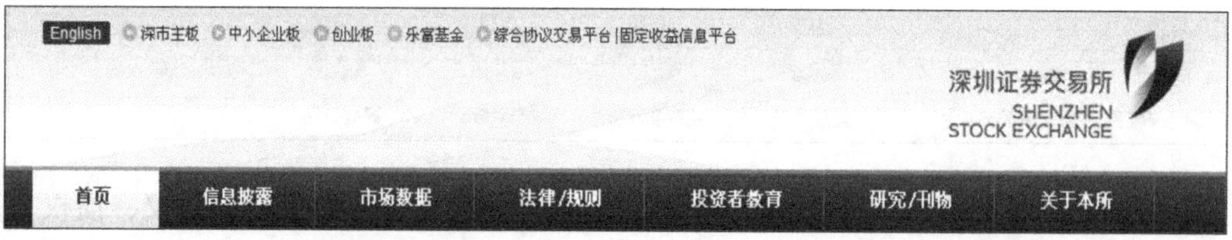

该网站与巨潮资讯网信息有所交叉，但侧重点略有不同。

4．全国中小企业股份转让系统

网址：http://www.neeq.com.cn/

5. 中国货币网

网址：www.chinamoney.com.cn/index.html

6. 中国债券信息网

网址：www.chinabond.com.cn/d2s/index.html

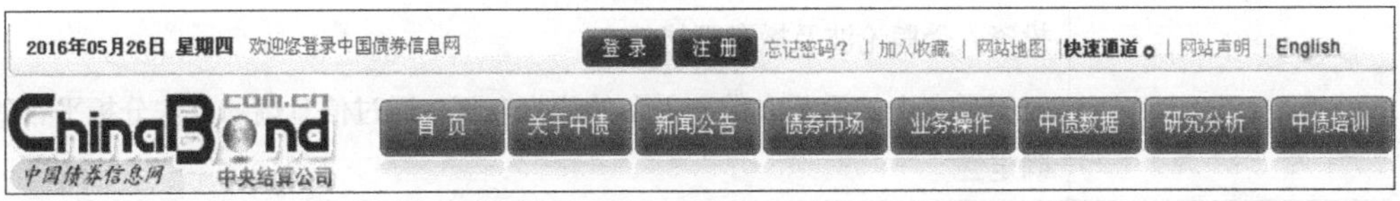

7. 中国银行间市场交易商协会

网址：www.nafmii.org.cn/

九、金融数据公司如何鉴别 P2P 平台的安全性

P2P 平台的待收金额、新增借款、投资金额、投资人数这四个指标是辨识平台风险的关键数据。当然，在金融数据公司的专业分析模型评价体系中，参考的维度不止这四个，在引入公司背景、股东信息 / 高管信息、经营信息等信息的基础上，还应当引入 P2P 平台的多个动态数据特征。

（一）建立评价指标体系

对 P2P 平台评价指标的分析分为以下七个维度，详见下表。

P2P 平台评价指标体系	释义
借款指数	过去 90 天借款总额 ÷ 过去 90 天借款总人数
流动指数	未来 90 天待收总额 ÷ 注册资本金 ×100

（续表）

P2P 平台评价指标体系	释义
待收金额	代表了平台上放贷人未收回欠款的总额，如果这一数据在短时间内迅速提升，则平台很有可能是预备跑路的欺诈平台
风险准备金	当借款人无力还款或干脆跑路时，平台会用自己的风险准备金对投资者做一定程度的赔付。因此，投资者需要注意风险准备金数额，考察其是否能有效减少自己的投资风险 可以用风险准备金与待收金额的比值与平台的历史还款逾期率相比较，如果比值大于逾期率，说明平台的准备金能够起到风险覆盖的作用，反之则说明平台无力真正意义上承担坏账风险
地域指数	该季度平台所在地区问题平台数 ÷ 该季度问题平台总数 ×100（按省级行政单位） 地域负面指数越大，平台所在地区问题平台数量越大，地域性影响较大，投资人受舆论波及撤资可能越高
活跃人数和待收金额	对于平台上的活跃人数和平台的待收金额，通过信息熵的方法分析平台的确定性
问题平台的地域分析	对于问题平台的地域分析，按照地理位置的分布，建立起平台的地理图，利用图的算法，分析区域的影响及问题平台的集中程度 因此，地域指标衡量：地域指数 = 平台所在地区问题平台数 ÷ 问题平台总数 ×100（按省级行政单位）

另外一些特征是这些特征的综合，如均值、方差、特征之比、特征信息增益等。

（二）模型的整体预测及维度分析

在建立了模型的评价指标体系后，金融数据公司可以利用机器学习的方法进行预测，具体分为以下几步。

1. 选择使用的模型

金融数据公司一般使用四种模型，如下图所示。

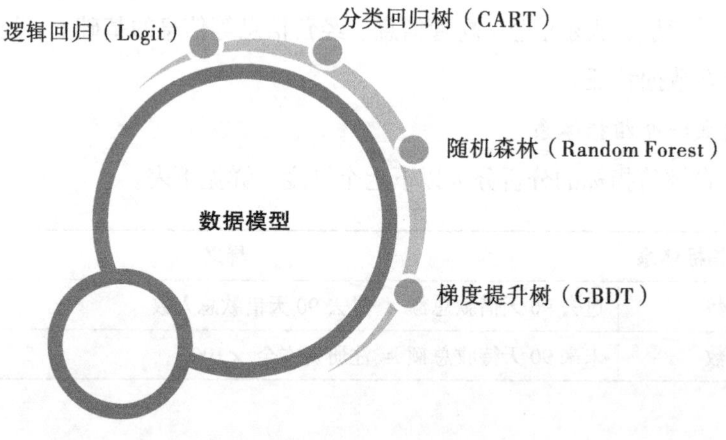

在一般的二分类中，由于逻辑回归方法比较简单易用，因此可以首先选择它；由于分类回归树可以自动忽略对目标变量没贡献的属性，并且对存在缺损值的情况比较稳健，因此可以作为第二个模型；由于随机森林可以给出哪些特征比较重要，因此可以作为第三个模型；梯度提升树模型目前在工业界中是运用较多的一种算法，由于采用了提升的思想，其方法具有很好的泛化能力和准确度，因此可以将其作为第四种模型。

2. 对四种模型的预测结果进行比较分析

（1）首先采用将准确率和召回率结合起来的评估标准，即 F–measure。

如下图所示，横坐标代表准确率，纵坐标代表召回率。

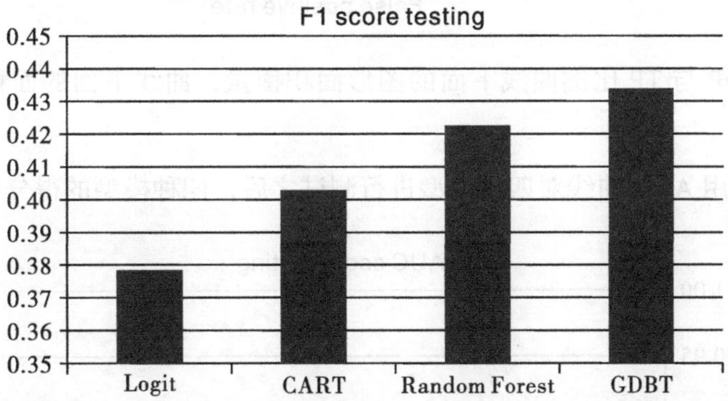

准确率公式为：

$$准确率 = TP \div (TP+FP)$$

也就是说预测出来的正例中有多少是真正的正例。

召回率公式为：

$$召回率 = TP \div (TP+FN)$$

即真正的正例有多少被正确的预测出来。

在计算公式当中，TP 代表真正例，FP 代表假正例，FN 代表假负例。

$$F\text{–}measure = 2 \times 准确率 \times 召回率 \div (准确率 + 召回率)$$

一般来说，准确率和召回率都越大越好，即 F1 值越大，模型越好。

（2）用 AUC 曲线对模型进行比较。

如下图所示，横坐标代表 FP，纵坐标代表 TP。

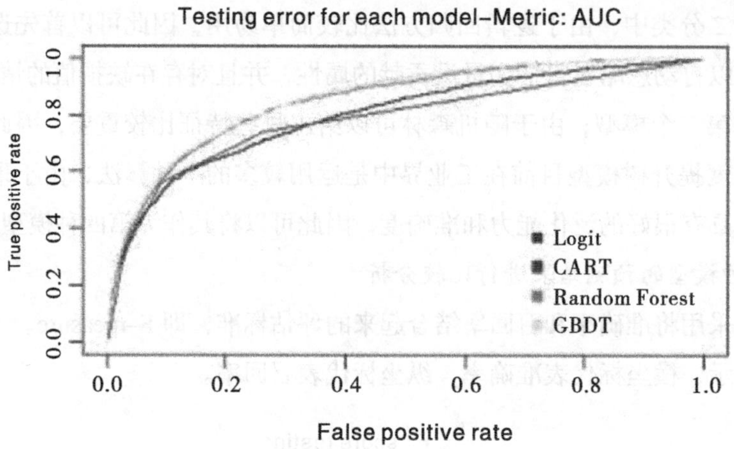

AUC 是用 FP 与 TP 比例曲线下面的图形面积衡量，曲线下面的面积越大，则模型越好。

下图所示为用 ACU 曲线对四种模型进行测试之后，四种模型的得分情况。

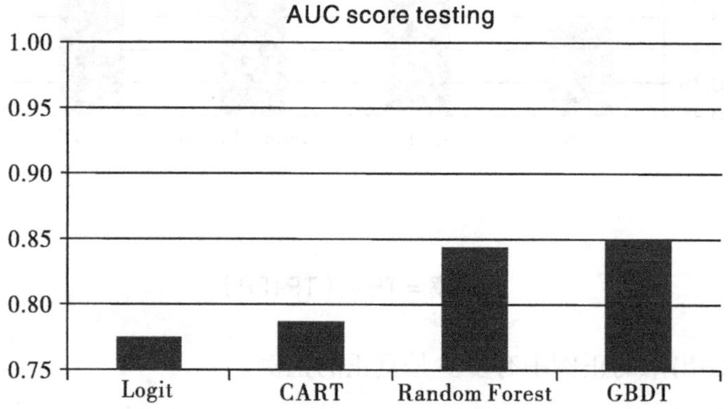

通过以上比较分析可以看出，无论是采用 F–measure 还是采用 AUC 度量，GBDT 模型的效果最佳，而最简单的 Logit 模型效果最差。

第四章　P2P 投资者的风险防范

P2P 行业低门槛、高体验的特点吸引了越来越多的投资者参与其中，但在这股投资热潮的背后却是一些被人诟病的行业乱象，如平台跑路、监管缺位、风控虚设等现象，这些问题使得 P2P 成为继民间借贷后另一个高风险投资品种。

当下的 P2P 乱象大多来源于无力的风控，而普通投资者更是由于缺乏风险识别技巧和风险防范能力，才屡屡“踩雷”。本章主要为 P2P 投资者介绍识别 P2P 风险的技巧，希望读者能提高相应的风险防范能力。

一、P2P 设立资金池的风险及防范

随着 P2P 问题平台的不断增加，P2P 行业也越来越受到质疑，一些不明就里的投资人偏激地认为 P2P 网贷和“跑路”“骗子”几乎是同义词，但稍微深入地进行分析就会发现，很多 P2P 平台运作不规范、采取资金池运作模式是其倒闭的一个主要原因。

（一）资金池的形成方式

资金池，顾名思义就是把资金汇集到一起，形成一个像蓄水池一样的储存资金的空间。在银行、基金、房地产或是保险领域，都有资金池的运用案例。例如，银行就有一个庞大的资金池，吸收存款流入资金，发放贷款流出资金，使这个资金池基本保持稳定。基金也有一个资金池，申购和赎回资金的流入流出使基金可以用于投资的资金处于一个相对稳定的状态。

P2P 平台原本作为信息提供方，其本身与借贷产生的债权债务关系无关，标的的违约与否只是投资者与资金需要方之间的问题。但是当前许多 P2P 平台超越了信息提供方的角色，以“做市商”的角色进入这一市场，在资金供需双方之间设立了一个自己可以全权处理的资金账户以方便自己的业务操作（包括显性的业务与某些隐性的业务），但这个账户将会引发一系列的风险。

“资金池”通俗地讲就是一个资金账户，里面的资金可以被平台全权处置，其产生大致有以下几种方式。

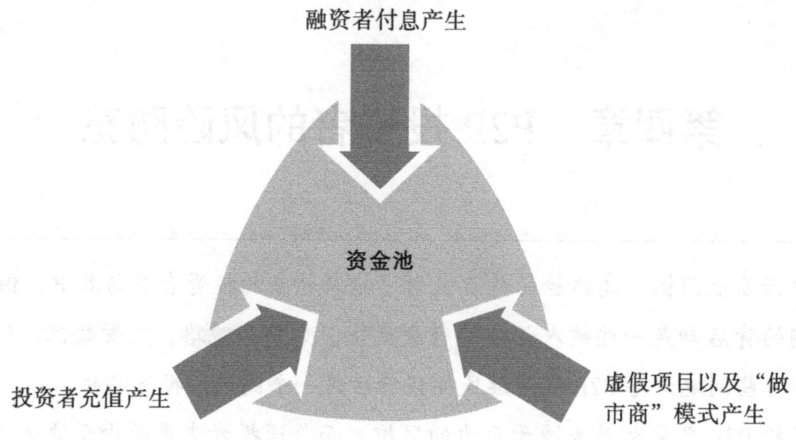

1．投资者充值产生

P2P平台在投资期会要求投资者进行充值，这部分资金从充值到用于项目投资存在一个时间差。由于时间差的存在，平台账户余额会稳定下来，并且随着投资者的增加而增加，在不存在监管的情形下平台对这部分资金有全权的处置能力。

2．融资者付息产生

类似于第一种方式，当融资者付息时，利息到账与投资者在投资或取现会形成时间差，这种时间差也形成了一定的“资金池”。

3．虚假项目以及“做市商”模式产生

虚假项目就是P2P平台虚构融资项目，使投资者将款项汇入自己账户，此行为涉嫌非法集资。而“做市商”模式指的是平台先以自身名义收集资金，等到出现项目时再进行放贷，这种模式存在着主体错配与风险错配等风险，在存量不断增加的情况下，极易出现庞氏骗局。

（二）资金池会产生的风险

中国银监会在互联网金融的监管问题上反复强调过，P2P是一种信息中介，首先要保证的就是不能搞资金池，那么为什么银行能搞资金池，而P2P网贷就严厉禁止呢？因为环境完全不同，银行是有政府信用担保的，但网贷行业却不行，每一个网贷平台都是一个小个体，其抵抗风险的能力远远弱于银行，如果再用资金池，就会有以下风险发生。

1．资金池容易产生道德风险

从跑路的平台公司来分析，无一例外的全都是资金池模式，投资者把钱打到平台，再由平台决定借给谁，大把大把的现金都进到了平台的账户上，稍有风吹草动，平台老板拿钱跑路几乎是必然的。如果不是资金池，投资者的钱直接借给借款人，那么平台根本就沾不上钱，就是想跑路也没有动力。

2．庞氏骗局风险

一个平台不断地借新换旧，其所有坏账与利息均以新债覆盖，收入并不来源于项目收益本身，长此以往就形成了所谓的“庞氏骗局”，此时项目的收益对机构运转已不重要，唯有不断有新资金进入才能维持机构运转，其本质已类似于“传销”。

坏账率的高低是识别庞氏骗局的主要指标，对于充分分散的标的，有一条简单的公式：

投资者收益＝企业利息－坏账率

企业的利息支付受制于盈利水平相对固定，若保障投资者收益在一个相对高位则需要一个十分低的坏账率，在征信系统发达的美国，大型 P2P 网贷公司 Lending Club 的数据显示，其坏账率一度高于 10%，而在征信制度缺失的国内，一些 P2P 平台自身提供的坏账率竟长期低于 1%。如果坏账率被人为掩盖，那么为了递补投资者收益，平台以“资金池”为依托借新还旧（庞氏骗局）的概率就变得很大。

这种骗局对大型金融机构产生的破坏性难以估量。如果将上面的平台跑路比作急性病变，那么庞氏骗局就是一种更加危险的慢性病，它会使得风险雪球越滚越大，当骗局被揭露时，往往会对行业造成巨大冲击。

3．挪用与自融风险

平台拿“资金池”里的资金去买股票，买债券，做回购，甚至借给其他平台等，都属于挪用。自融是挪用中的一种，平台把钱拿来扩展自己的经营，收益由平台独享，而风险则由投资者隐性承担。

4．风控制度被践踏的风险

既然所有的资金都在一个账户里，并且平台能随意挪用这些资金，那么实际上也不需要设立所谓的“风险保障金”，平台可以随意担保，原本应该有的风险控制制度因为“资金池”的出现被随意践踏。

一些平台主动运营的资金池主要表现为拆标、期限错配、发标方式转换。虚假标、自融等问题，都与这种类型的资金池息息相关。

（三）资金池的风险防范措施

将“资金池”风险作为 P2P 投资的首要风险，不仅是因为其危害巨大，更是因为只要“资金池”的风险存在一天，对于投资者而言许多风控措施都是一种虚设，只有剥夺平台操作资金的权力，才能进行有效的风险控制。

2014 年下半年在银监会创新监管部提出的“十点 P2P 监管意见”中的第五点明令禁止了 P2P 平台的“资金池”账户，指出 P2P 平台应该进行第三方资金托管，即将资金清算与账户管理职能从平台中分离开来，由第三方托管机构独立执行，如下图所示。

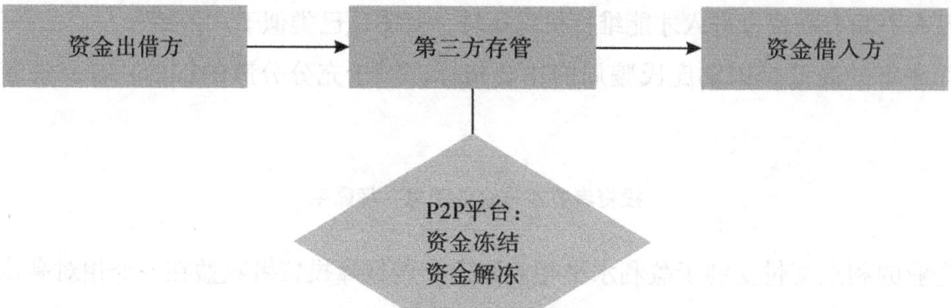

实施这一制度时，投资者的资金将统一托管于第三方机构，第三方机构为投资者单独开立资金账户，只有投资者才能对账户中的资金流向进行授意，而 P2P 平台对于投资者账户只有两项权利：资金冻结与解冻。当投资行为发生时，投资者自行决定资金流向，并授意投资数额，接到授意后平台将投资者的资金进行冻结，到满标时（投资行为成立）再进行资金解冻，这样资金就自然划转到融资方账户（取现操作类似）。

此时平台对于资金的处置权利得到有效的限制，不能实施转账以及提现，其跑路时将发现无款可卷，其挪用时发现没有权限，风险保证金会真正分离于资金池，也会大大降低庞氏骗局发生的概率。可以说真正的第三方资金托管，特别是具有公信力的金融机构进行托管将是 P2P 走向正规化的第一步。

对于网贷投资者来说，辨别平台是否有第三方托管，方法很简单，就是观察在新账号注册时，平台有没有要求另行注册第三方托管账户，如果没有要求注册第三方账户，那么必然会存在资金池现象。

二、识别 P2P 平台是否会跑路的关键指标

2011 年，全国的 P2P 公司不过区区几十家，截至 2015 年年底，数量已经增长到近 4000 家，行业发展可谓迅猛异常。但众所周知，P2P 行业在高速发展的同时，问题平台层出不穷，根据网贷之家的数据，截至 2015 年年底，累计问题平台已达 1000 余家。随着触目惊心的“e 租宝”事件爆发，人们一度“谈 P2P 色变”。

因此，普通投资者如何识别 P2P 平台是否会跑路已经成为保护自己财产不受损失的一项重要工作。投资者应当从以下几个关键维度考察 P2P 平台，识别其安全性。

（一）平台待收金额

平台待收金额代表了平台上放贷人未收回欠款的总额。一般而言，运营良好的正规平台待收金额波动较小，相对平稳，而年底较容易出现集中提现的情况，待收金额会有下降的趋势。

如果待收金额大幅度下降，只减不增，则可能是平台遇到了瓶颈，交易量下降。如果平台只借不还或者拿新借款还旧借款，自然会出现待收金额只增不减的情况，如果这

一数据在短时间内迅速提升，则平台很有可能是预备跑路的欺诈平台。

（二）平台新增借款

新增借款在很大程度上反映了一段时间内平台的发展情况，稳中有升比较正常，新增借款骤然增加，资金链断裂、跑路风险较大；骤然减少，自融、非法集资的概率较大。

（三）平台投资金额

投资金额是平台当天的投资总额，一般而言，投资金额是稳中有升。如果投资金额连续下降，则平台倒闭的风险很大。

（四）平台投资人数

投资人数指的是平台的活跃投资人，平台投资人数如果出现连续下降的情况，那么平台的资金链容易断裂，倒闭风险很大。不少问题平台都符合这一趋势，结果也均是大同小异，符合问题平台趋势的基本最后以跑路、倒闭出现提现困难等告终。

三、如何识别 P2P 平台是否有假标

每个行业都有欺诈行为，P2P 作为金融行业的一员更是难以幸免。假标或者叫假项目，已经成为 P2P 投资人上当受骗的一个重要原因。据统计，截至 2016 年 5 月底，共计出现的 600 多家问题平台中有近半涉及假标。如何识别假标，是 P2P 网贷投资者提升风险防控能力的重要标志。

（一）制造假标的目的

假标，简单地说就是不存在的借款需求。平台方面发布虚假项目（标的）的目的无非四个，如下图所示。

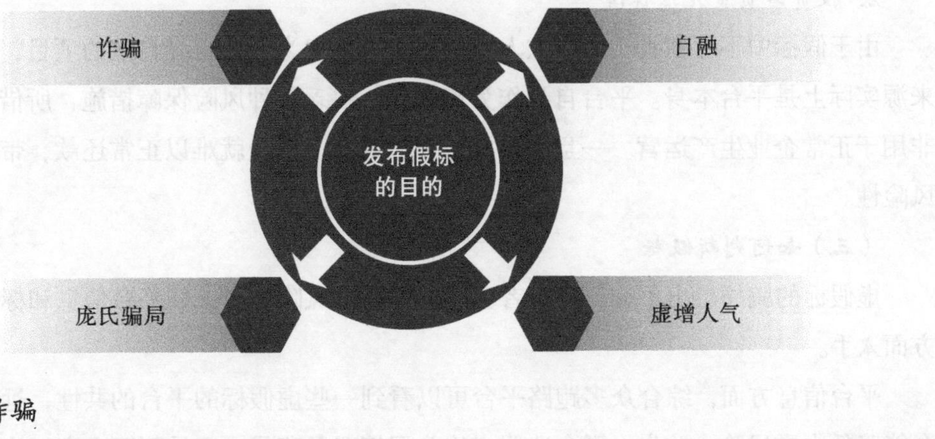

1．诈骗

多见于新建平台，此类平台的目的就是圈钱跑路，往往配以高息，托管、保障等基本规范全无，利用假标吸引投资者进行投资，当投资者资金汇进资金池账户后便卷款潜逃。

2．庞氏骗局

简单理解就是借新还旧。一般发生在对借款进行本息担保并且不进行资金托管的平

台，由于风控缺位，或者坏账率高使得平台只能以借新还旧的形式存续，为了大量地借新往往采取虚构借款标的的方式，危害在于资金链断裂。

3．自融

多用于输血给自有实业或偿还债务等，自融对于传统金融来说是一条红线，但是平台可以运用虚假标的绕道自融，一旦平台资金无法维系，平台就难以正常还款，存在极大的风险，比如之前的盛融、深圳的钱海创投。

4．虚增人气

一些平台出于营销或者提高人气的目的，在实际借款需求不足的情况下设立虚假标的物。这一类往往会被误以为平台人气旺，对于注重平台人气的投资人，尤其需要注意。有这种行为的平台并不少，很多平台是上线就发假标，用以避免平台资金的大量流失，由于没有实际借款人的存在，平台方将背负偿还利息压力。

还有一类是借款人发的假标。由于某些 P2P 平台风控水平低，对借款人身份信息核查不到位，导致借款人以不同身份在 P2P 平台上发布大量虚假借款信息。

（二）假标的危害

1．易导致自融、跑路等行为

假标是平台自融的典型手法。某些平台为拉拢资金，不惜上线大量的假标以吸引投资者，而筹集所得资金最终被平台挪用，存在着大量“借新债还旧债”、资金池黑箱操作、期限错配等违规行为。一些平台倒闭或者跑路之前，发行大量假标，迅速积累巨额资金，然后携款跑路，给投资者带来重大损失。从这个角度来看，发布假标实际上是一种诈骗行为。

2．投资者资金无法保障

由于假标中不存在真实的借款人和借款需求，实为平台自导自演的项目，最终还款来源实际上是平台本身。平台自身作为借款人，缺乏各种风险保障措施，所借资金也并非用于正常企业生产运营。一旦平台资金无法维系，平台就难以正常还款，带有极大的风险性。

（三）如何判断假标

虚假标的骗局层出不穷，投资者要想避免踩雷风险，应该从平台信息和标的信息两方面入手。

平台信息方面，综合众多跑路平台可以看到一些虚假标的平台的共性，远离这些平台能降低中雷风险。首先，平台造假虚构公司情况及背景，网站页面山寨。比如有的平台地址显示为某大厦不存在的楼层，有的平台办公地址在菜市场，网站设计简陋甚至是抄袭其他平台，另外有些网站从 ICP 备案号可以发现是关联平台。

其次，平台鼓励投资人把资金转至私人账户，不愿意接受第三方托管，这是跑路平台会通常采取的模式。

标的信息方面，投资者可以通过以下几点辨别是否为假标。

1　在不泄露隐私的前提下借款人的借款信息是否清晰

借款人的身份信息是否详细，如借款人的年龄、职位、收入及单位属性等一系列基本信息；借款人的身份信息是否可靠，平台是否能提供有效的材料与渠道证明平台所发布的借款人借款与身份信息都是真实可靠的

2　资金担保情况是否公开

如项目经过小贷公司或担保公司担保，相应的担保资质、担保资金情况、与平台关系要说明清楚

3　相应借贷合同、抵押合同是否完善

如果能到平台现场随机抽查标的真实性，效果会更佳，其中纸质版的借贷合同、抵押合同、打款凭证尤为重要

4　借款利率是否正常

正常企业能提供一定抵押物的，能承受的短期拆借的年综合成本不会太高，算上给投资人的收益、平台管理费用、担保费用，如果长期使用高息民间借款的企业，本身就很不正常。收益高、期限长的借款项目要谨慎

四、如何看透风险准备金的“猫腻”

P2P 网贷平台在快速发展的同时，暴露出了诸多风险问题，倒闭、跑路等事件屡见不鲜。

随着银监会“去担保化”的监管思路逐渐明确，以及投资者安全意识不断增强，因此有越来越多的网贷平台开始考虑通过其他方式增信，风险准备金就是其中之一。

P2P 网贷平台的风险准备金是指平台从每一笔成功的借款中提取借款额的一部分，（通常为 2%~3%，一般会根据平台的坏账率而定）存入风险准备金账户中，主要用于平台项目逾期后，从风险准备金账户中取出资金为投资人进行本金或本息垫付。

需要注意的是，风险准备金只能提供有限的保障。一旦系统风险大到风险准备金无法偿付时，只能采取延期偿付、增加风险准备金的方式来解决偿付问题。

那么，该如何看透风险准备金的“猫腻”呢？投资者需要注意以下三点。

（一）注意信息披露状况

投资者应当注意 P2P 平台对风险准备金信息的披露情况，目前采用风险准备金模式的 P2P 网贷平台，仅有少部分平台会公布风险准备金的资金情况，提供相应的报告或账户信息的平台更是少之又少。对于未披露风险准备金详细情况的平台，准备金究竟是否真实存在，金额有多少，投资人通常很难分辨。因此，在投资 P2P 时应尽量选择信息披露详实的平台。

（二）谨慎考察平台

对于提供银行报告或证明的平台，投资者要谨慎考察，不要轻易相信平台的宣传。真

正意义上的银行托管，是P2P平台及银行双方必须要签约，约定缴存比例及启用条件，平台每一次启用资金也必须是符合条件的且要经银行审批，这样银行才起到监管的作用。是否是真实的银行托管，可以通过平台公布的报告或证明识别。一般存款证明书如下图所示。

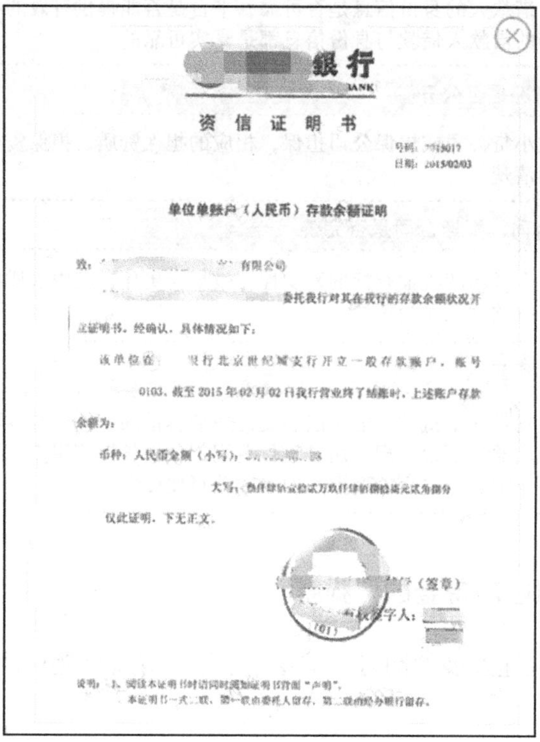

银行

BANK

资 信 证 明 书

号码：7019017

日期：2015/02/03

单位单账户（人民币）存款余额证明

致：有限公司

委托我行对其在我行的存款余额状况开立证明书。经确认，具体情况如下：

该单位在 银行北京世纪城支行开立一般存款账户，账号 0103，截至2015年02月02日我行营业终了结账时，上述账户存款余额为：

币种：人民币金额（小写）：

大写：

仅此证明，下无正文。

（签章）

有权签字人：

说明：1、阅读本证明书时请同时阅知证明书背面“声明”。

本证明书一式二联，第一联由委托人留存，第二联由经办银行留存。

资金托管报告如下图所示。

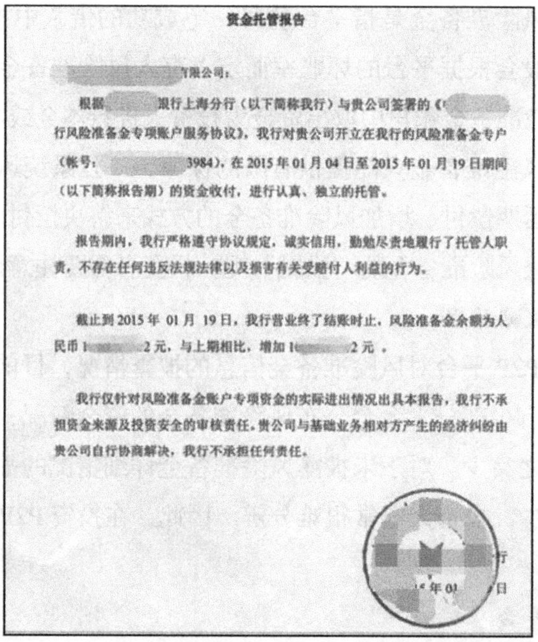

资金托管报告

有限公司：

根据 银行上海分行（以下简称我行）与贵公司签署的《 行风险准备金专项账户服务协议》，我行对贵公司开立在我行的风险准备金专户（帐号： 3984），在2015年01月04日至2015年01月19日期间（以下简称报告期）的资金收付，进行认真、独立的托管。

报告期内，我行严格遵守协议规定，诚实信用，勤勉尽责地履行了托管人职责，不存在任何违反法规法律以及损害有关受赔付人利益的行为。

截止到2015年01月19日，我行营业终了结账时止，风险准备金余额为人民币 2元，与上期相比，增加 2元。

我行仅针对风险准备金账户专项资金的实际进出情况出具本报告，我行不承担资金来源及投资安全的审核责任。贵公司与基础业务相对方产生的经济纠纷由贵公司自行协商解决，我行不承担任何责任。

行

年01 日

（三）注意风险准备金的使用规则

投资者需要注意风险准备金的使用规则，风险准备金的使用规则通常包括五点，如下图所示。

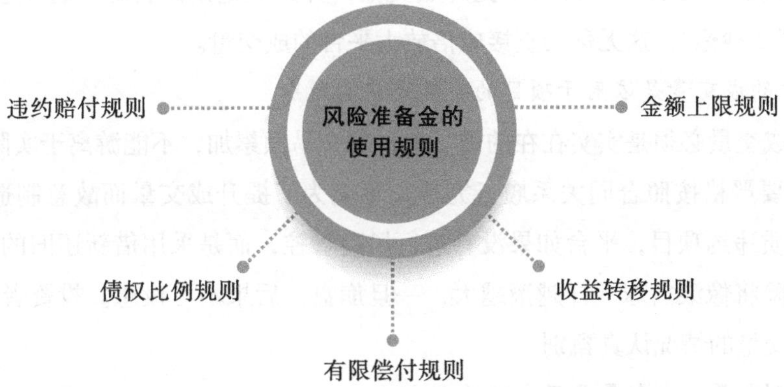

其中，有限偿付的规则是指风险备用金对投资人逾期应收的赔付以该账户的资金总额为限，当该账户余额为零时，自动停止对投资人逾期应收赔付金额的偿付，直到该账户获得新的风险备用金。也就是说如果平台风险准备金余额不足，投资人是不一定能够完全收回投资资金的。

五、如何判断 P2P 平台的成交量是否合理

很多网贷投资者普遍认为成交量大的平台扛风险能力更强，这种想法有一定的道理。很多网贷平台在宣传中也会重点强调成交量，把其作为吸引投资者眼球的一大卖点。成交量一般是指平台在某一时间段内，吸收的投资者的投资总额，简单说就是一个平台的成交或交易规模，它反映的是一个 P2P 平台吸纳资金的能力。

但是，并不是成交量越大的平台越安全，因为成交量有其局限性，网贷投资者只有掌握了判断成交量是否合理的方法，才能更好地识别平台是否安全。

（一）成交量的局限性

对于投资者来说，并非成交量越大的平台就越安全，因为成交量有其局限性，主要表现在以下几方面。

1. 平台的成交量是有限制条件的，不能简单进行类比

平台的成交量是有时间限制的，很多平台宣传的成交量往往是一个累计数，是平台自成立之初就一直累计下来的数据，大多已经完成了借贷关系，只是一个历史数据而已，已经没有多少实际意义。而历史成交数据除了与时点成交数额有关系以外，还与平台的成交时间有着很大的关系，平台的成立时间越久，其成交量自然会越大。

2. 平台的成交量是有放大手法的，需要加权分析

平台的成交量是按交易总额来计算的，而交易总额的大小自然是与单一次数的交易

额以及交易的次数所决定的。因此只要提升单一次数的交易额或增加交易次数便可以提升交易总额。

因此，在贷款余额相同的情况下，借款周期越短、流动性越强的平台，其累计成交量自然会越高。于是有些平台为了提升成交量，开始大量期限拆标，甚至会虚拟标的，发行“天标”“秒标”，这无疑会直接成倍放大平台的成交量。

3．平台的成交量是依附于项目的，需要认真甄别

平台的成交量必须是实实在在的借贷项目的交易额累加，不能游离于实际项目之外，借贷关系需要严格按照合同关系履行完毕，不能为了提升成交量而故意制造借贷项目。对于一些劣质违约项目，平台如果没有进行风险管控，而是采用借新还旧的办法进行滚动操作，风险将像滚雪球一样越滚越大，一旦崩盘，后果不可设想。投资者要对这种滚雪球增加成交量的情况认真甄别。

（二）判断平台成交量是否合理的方法

判断网贷平台的成交量是否合理，有以下几种方法。

1　平台的成交量要与平台的投资人数相对应

一个平台的成交量是与投资人数成正比的，如果一个平台的投资人数没有实质性的变化，平台的标准成交量也很难有庞大的变化

2　平台的成交量要与平台的借款人数（个数）相对应

借款人数虽然不像投资人数那么分散，但同成交量之间也基本上是一个正比关系，否则就可能出现贷款个数过于集中的趋势

3　平台的成交量要与平台实力相符合

平台的实力包括平台的资金实力、人力资源、风控能力等，也包括平台的风险准备金的多少等平台的风险处置能力

4　平台的成交量要与平台的主营业务种类相结合

单一特色平台的成交量一般不会太大，综合性平台的成交量一般来说都是具备较大规模的。同时，也要对比同类平台的成交量大小

5　平台的成交量要与网贷行业整体成交规模相对应

平台有优劣之分，但任何平台都不可能脱离整个行业的景气指数，所以平台的成交量要与网贷行业整体成交规模相对应

六、辨别 P2P 资金存管与托管的区别

存管与托管涉及 P2P 行业中的资金问题，两个词虽然只有一字之差，但代表的含义却大不相同。存管与托管的区别，背后实质上是责任与义务的区别，也是 P2P 平台与客户资金真隔离还是假隔离的分界。网贷投资者在投资 P2P 平台时，一定要区分两者之间

的区别，避免走入P2P公司“文字游戏”的陷阱中。

（一）什么是资金存管

资金存管是指P2P网贷平台将客户交易资金或平台备付金、风险金等存放于第三方机构账户，如银行账户或第三方支付公司账户，类似于证券资金第三方存管。在这种模式下，第三方机构实际上并不承担监督资金流向的义务，P2P平台也未真正与客户资金隔离，平台可以随时从第三方提取这些资金。

（二）什么是资金托管

资金托管是指投资人与借款人均在银行开设个人账户，银行按照指令做资金划转，整个过程投资人都能看到自己资金的准确去向，平台绝无接触借贷资金的可能。

（三）资金存管与资金托管的本质区别

资金托管需要银行对资金账户进行监控，并定期出具报告，以证实资金用途是专项用于保障投资者投资本息，并定期向大众公开余额；而存管仅仅是开一个定期存款账户而已。

七、P2P平台提现困难的原因

P2P平台出现提现困难的表现不尽相同，有的发公告称因系统升级，有的说是“给投资人一个冷静期”，还有的称“受近期其他平台崩盘及恶性跑路事件等影响”，每一个提现困难的平台都各有各的理由，但都很难让投资者信服。还有的平台连个说法都没有，连个公告都不发，直接就限制提现。

导致P2P平台出现提现困难主要有以下七大原因。

（一）期限错配

有的平台为了迎合投资人、活跃平台或刷成交量，往往会采取期限错配的方式，平台运营风险大增。期限错配具体表现为以下两种形式。

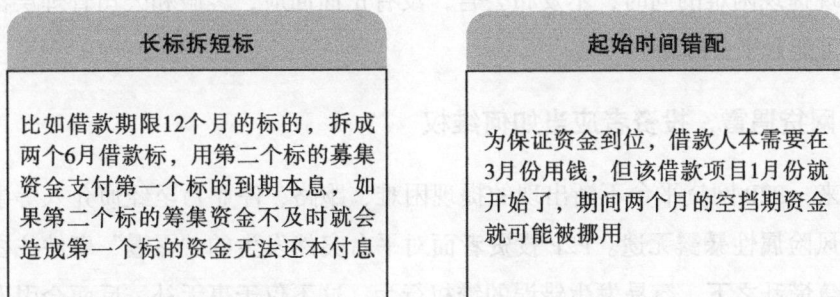

长标拆短标	起始时间错配
比如借款期限12个月的标的，拆成两个6月借款标，用第二个标的募集资金支付第一个标的到期本息，如果第二个标的筹集资金不及时就会造成第一个标的资金无法还本付息	为保证资金到位，借款人本需要在3月份用钱，但该借款项目1月份就开始了，期间两个月的空挡期资金就可能被挪用

（二）逾期坏账后无法“兜底”

很多P2P平台都会出现逾期金额或者坏账，但有的平台自身实力不够，无法“兜底”，就会出现提现困难。比如说风险准备金可用额度无法覆盖逾期金额，或者风险准备金的使用条例限制，该逾期标的投资人或者部分投资人无法获得本息（或本金）垫付。

此外，在P2P去“担保化”的大趋势下，不少P2P选择与担保公司合作，但并不代表真的有保障。有的P2P平台是假担保，自然没有担保公司来提供保障；如果以有限公司做担保企业，责任有限，并不是一定能覆盖平台逾期金额；如果担保公司仅承担代偿责任而非连带担保责任，则担保公司可以资金不足、破产等理由拒绝代偿。

（三）出现挤兑

在某些特定的情况下平台容易出现挤兑，比如个别标的逾期引起投资人恐慌，有大批“羊毛标”到期，“羊毛党”抽走资金等。如果平台自身实力较弱，平台活跃性较低，一旦发生挤兑，就很容易出现提现困难，甚至挤垮平台。

（四）平台运营成本过高

P2P平台为了吸引投资者，往往在运营时会采取一些偏于急功近利的方式，平台利润无法覆盖高额的运营成本，长此以往平台入不敷出，就容易出现提现困难。比如投放大量的广告、高薪挖人、发布高息秒标等。

（五）支付通道不畅

P2P平台与第三方支付合作后，如果第三方支付通道不畅，就会造成提现困难。比如第三方支付关闭部分接口或者和平台终止合作，这样投资人就没有了汇款途径，平台自然就会出现提现困难。

（六）非法集资

如果平台从事非法集资活动，则极易出现提现困难。比如平台自融，包括为关联项目融资，往往涉及金额较大，一旦自融项目还款不力，借款标势必发生问题，提现困难在所难免；如果平台集资诈骗，包括庞氏骗局，通过高息和拆东墙补西墙吸资，一旦雪球过大资金链断裂，自然就会出现提现困难。

（七）平台跑路

如果平台准备跑路，自然是要卷款潜逃，限制提现就可以卡住更多的资金。特别是当平台出现提现困难的同时，不发布公告，没有正面回应，客服和公司管理层都联系不上时就很可能是平台跑路。

八、网贷遇雷，投资者应当如何维权

近年来，P2P网贷平台不断出现的提现困难、跑路、停业乃至经侦介入等事件，让行业的高风险属性暴露无遗。P2P投资者面对平台突然发生的“雷爆”事件往往会猝不及防，着急慌乱之下，容易发生错误的维权行为，这不仅于事无补，反而会引发更加负面的效果。

那么，当投资者权利受到侵害时，应运用何种手段和途径维权呢？

（一）收集证据

平台跑路后，投资人（出借人）要收集的证据主要包括两个方面，如下图所示。

1 自身与平台关系证明	2 跑路平台的相关信息
● 充值提现记录 ● 银行凭证 ● 投资记录 ● 借贷合同 ● 网站服务协议 ● 投资协议等	● 网站截图 ● 公司证照 ● 法人资料 ● 经营资料 ● 管理团队 ● 公司虚假宣传截图

受害人的一致行动以及第三方的支持，包括执业律师的协助，是立案的关键所在。平台“雷爆”，投资人要及时报案，注意保留证据，配合警方证据收集工作，并提供各自的投资数额情况，另外还可以建立维权群推选维权代表，联系律师等进行后续工作跟进。

根据刑法规定，个人吸收公众存款30人以上可以立案，单位吸收公众存款150人以上可以立案，因此如果要以个人非法吸收公众存款去报案的话，报案人数要至少达到30人，所以在报案前，投资人应该和其他受害人达成一致，可以通过《授权委托书》委托代表人去报案即可。

需要提醒的是，投资人对于维权群的态度需要冷静。在遭遇问题平台后，有些投资人内心焦急，可能会病急乱投医，在维权群内其实也可能潜伏着一些骗子，利用投资人急切心理，以“代理维权，收费维权”等名头为幌子，再次骗取受害人的资金。

（二）抱团维权

投资者从报案到立案到侦查，再到审查阶段，直到审判阶段，以及最后到执行阶段……网贷维权之路确实艰辛，期间可能会出现各种突发状况。但是人间正道是沧桑，走公检法流程是拿回损失最靠谱的方式。面对问题平台，绝不是靠鲁莽闹事即可获得赔偿，拿回经济损失最终还得走正常法律流程。

遇到问题平台，投资者应尽快报警争取立案，并且尽可能多地为警方和检方提供线索和证据，而不是投资人单方面和平台进行长时间的谈判和妥协，平台往往会利用投资人的不统一、不团结而拖延时间，所以不能留给“犯罪分子”转移财产的时间和可能性，这才是最大程度上减少损失的有效途径。

第五章　大数据信贷风控

随着互联网的发展，互联网金融已成为当前最热门的话题，包括支付、理财、众筹、消费等功能在内的各类互联网金融产品和平台如雨后春笋般涌现。互联网金融是传统金融行业与互联网精神相结合的新兴领域，是对传统金融行业的有效补充，因此互联网金融的健康发展应遵循金融业的基本规律和内在要求，其核心仍是风险控制。

大数据风控即大数据信贷风险控制，是指通过运用大数据构建模型的方法对借款人进行风险控制和风险提示。本章主要介绍大数据风控与传统风控的区别、大数据风控的优势和劣势、大数据如何防控恶意欺诈，让读者对大数据风控有一个直观、立体的认识。

一、大数据风控与传统风控的区别

传统的风控手段中对信用数据的采集方式主要是通过用户自己提供，然后银行（或审批机构）再通过人工的方式去核实这些信息的真实性，最终再利用自己内部已建好的风险模型进行数据分析，从而达到对该申请人（或公司）的信用评级，再进而决定是否授信以及授信金额的大小。

大数据风控与传统风控的最大不同之处是对数据的采集方式以及基础数据的类型。目前国内对用户数据采集的渠道主要有央行征信中心（通过外部商业征信机构接入），银联的银行卡消费数据（银联智慧），学历认证，阿里的芝麻信用等其他第三方征信中心的数据。当然，很多消费金融贷款公司还会收集用户在京东、淘宝等的消费记录等。互联网金融公司通过与以上拥有数据源的机构做数据对接，再根据自己的风控模型，形成一套自己的风险评级体系。

迄今为止，大数据风控在互联网金融领域的经典案例非阿里小贷莫属，依托于阿里巴巴庞大的数据库，阿里小贷通过云计算来对用户数据进行分析处理，最终产生用户的信用数据。阿里数据库的数据种类之多、容量之大，使得阿里小贷能够通过现有数据来对用户违约概率进行较为精准的预测，迅速确定用户授信，真正实现信贷扁平化。

传统风控存在信息不对称、数据获取维度窄、人工采集成本高、效率低等缺点，而大数据风控则在一定程度上解决了这些不足。那么，二者究竟有何区别？我们可以通过下面两张不同的图表来进一步了解。

（一）传统风控流程

传统风控流程如下图所示。

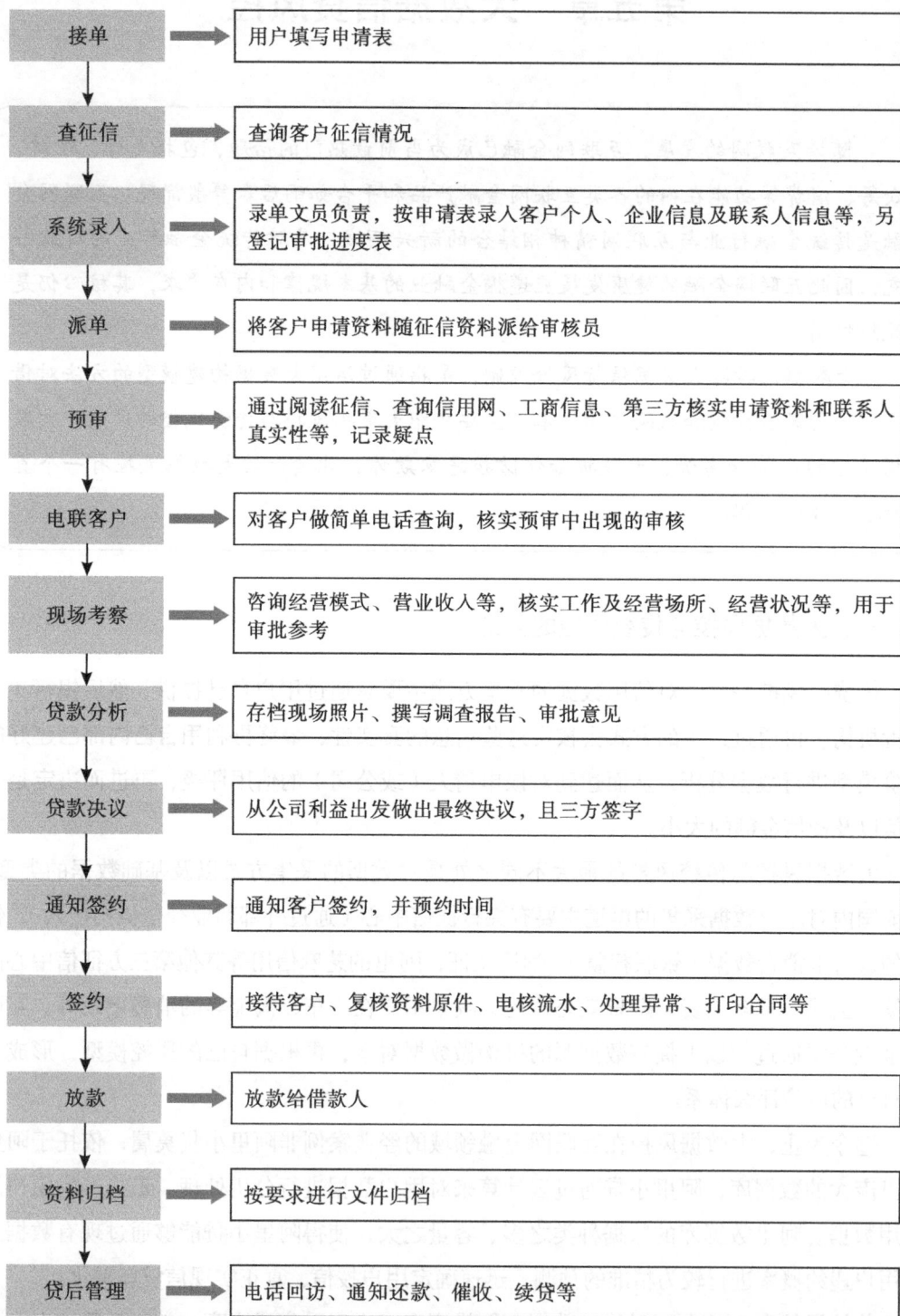

接单	用户填写申请表
查征信	查询客户征信情况
系统录入	录单文员负责，按申请表录入客户个人、企业信息及联系人信息等，另登记审批进度表
派单	将客户申请资料随征信资料派给审核员
预审	通过阅读征信、查询信用网、工商信息、第三方核实申请资料和联系人真实性等，记录疑点
电联客户	对客户做简单电话查询，核实预审中出现的审核
现场考察	咨询经营模式、营业收入等，核实工作及经营场所、经营状况等，用于审批参考
贷款分析	存档现场照片、撰写调查报告、审批意见
贷款决议	从公司利益出发做出最终决议，且三方签字
通知签约	通知客户签约，并预约时间
签约	接待客户、复核资料原件、电核流水、处理异常、打印合同等
放款	放款给借款人
资料归档	按要求进行文件归档
贷后管理	电话回访、通知还款、催收、续贷等

（二）大数据风控流程

大数据风控流程如下图所示。

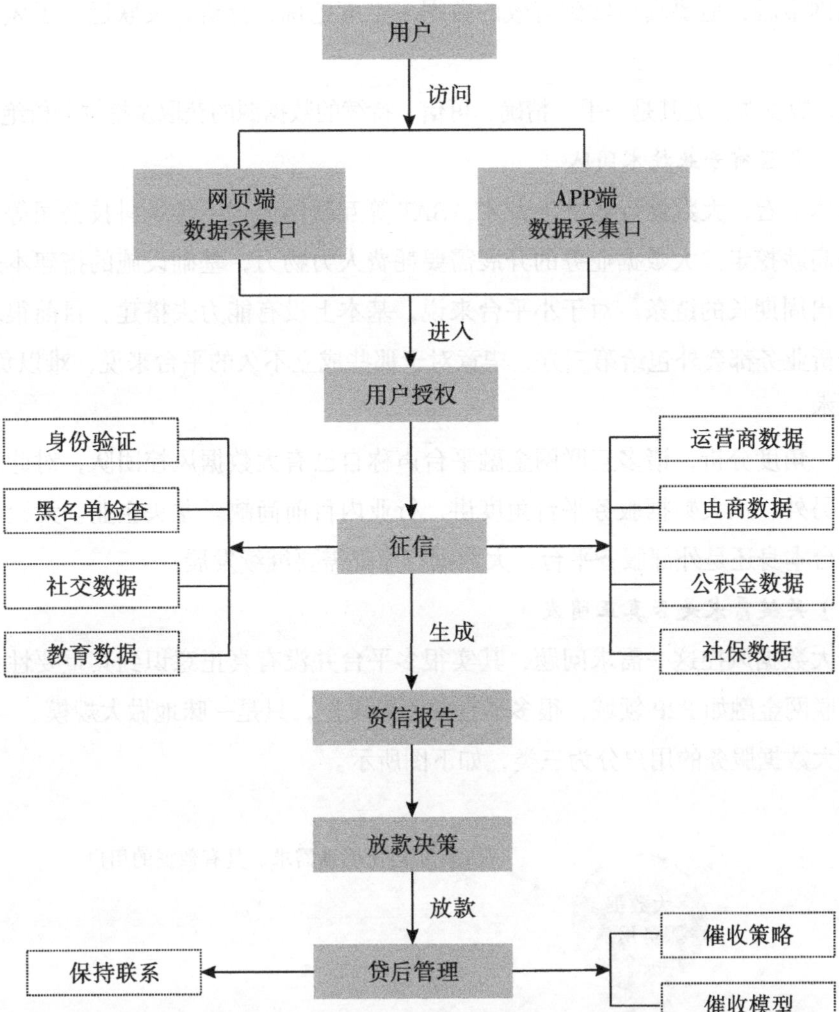

二、互联网金融公司开展大数据风控的前提

大数据变现最好的状态是有数据源，能够进行数据挖掘，同时有用户的相关需求。大数据运用于互联网金融是一个非常火热的趋势，在这一发展过程中，有几个问题需要厘清。

（一）是否有数据源

利用大数据开展风控的基础是有数据源，从互联网金融平台的角度讲，数据源一直是硬伤。互联网金融自发展之日起看中的就是传统金融服务的空白区，面对的是信用空白人群，同时，P2P 平台并没有接入央行的征信系统。

从企业的角度看，数据孤岛问题一直被行业疾呼。从物理上看，平台各自储存、各自维护数据，并不共享。从逻辑上看，平台不同，对数据的理解定义等可能会存在差异，共享数据可能会导致成本增加。从开展金融业务的核心数据上看，真正具有数据源、具有数据处理能力的大数据平台还只是少数。虽然有越来越多的平台宣称其能将大数据运用于互联网金融，但要真正做到有效的数据多维度挖掘、分析，关联运用于风控，绝非一日之功。

总之，数据源，尤其是一手、精确、可信、持续的数据源的获取及挖掘分析绝非易事。

（二）是否有专业技术团队

从整体上看，大数据行业缺乏人才，BAT 等互联网公司、传统科技公司等大数据人才往往被高薪挖走。大数据业务的开展需要耗费人力物力，基础设施的搭建本来就是投入多、产出周期长的链条。对于小平台来说，基本上没有能力去搭建。目前很多平台的大数据分析业务都会外包给第三方，毕竟对于那些成立不久的平台来说，难以负担技术、人才等成本。

从这一角度分析，诸多互联网金融平台声称自己有大数据风控团队，对此是要打个问号的。另外，从大数据服务平台角度讲，行业内目前尚缺乏龙头企业。无论是从互联网金融平台本身还是外部服务平台，大数据行业都需要继续发展。

（三）关键需求是否真正萌发

对于大数据风控这一需求问题，其实很多平台并没有真正意识到其重要性。有观点表示，互联网金融如 P2P 领域，很多平台并不懂风控，只是一味地做大规模。

目前大数据服务的用户分为三类，如下图所示。

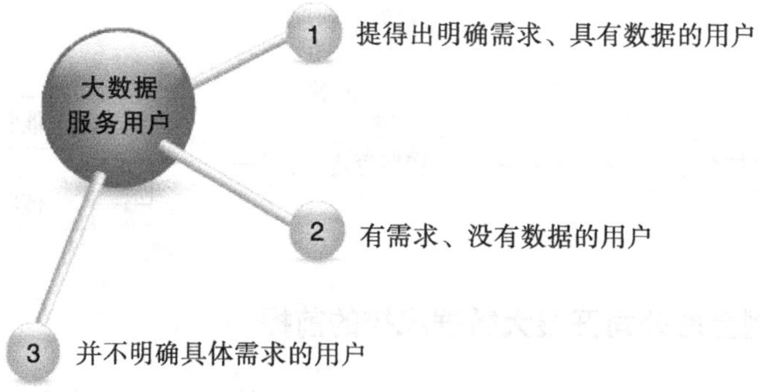

第一类用户在市场上非常少，后两类用户则占据市场的绝大部分。从互联网金融平台用户的特征看，互联网金融平台的需求具有多样化，不过，很多平台的侧重点在营销获客上，多数情况是利用大数据进行精准营销。

大数据风控的概念很火热，但不能被神化，对于互联网金融动辄以此为由，大肆宣传的情况，投资者自身也需要具备一定的判断力。数据服务更多的是金融业务开展中的效率提升，其作用并非是颠覆性的，而是对传统业务的改进与完善。

三、大数据在风险控制中的应用

谈到大数据在互联网金融风险控制当中的应用，目前来看，还不是特别普及。一是由于国内的金融体系还不完善，二是数据存在获取困难和不精准的问题。尽管大数据在互联网金融风险控制的应用当中存在很多难题，但也有不少业内人士对此做了大量尝试。

在不依赖央行征信系统的情况下，国内金融市场自发形成了各具特色的风险控制生态系统。大公司通过大数据挖掘，自建信用评级系统；小公司通过信息分享，借助第三方获得信用评级咨询服务。

（一）大数据风控的代表性企业

互联网金融企业的风控大致分为两种模式：一种是类似于阿里的风控模式，他们通过自身系统大量的电商交易以及支付信息数据建立了封闭系统的信用评级和风控模型；另外一种则是众多中小互联网金融公司通过贡献数据给一个中间征信机构，再分享征信信息。

具有代表性的与风控相关的大数据企业或产品详见下表。

风控相关大数据	代表企业或产品
电商类网站大数据	阿里、京东、苏宁
信用卡类网站大数据	我爱卡、银率网
社交类网站大数据	新浪微博、腾讯微信
小贷类网站大数据	人人贷、信用宝
支付类网站大数据	易宝支付、财付通
生活服务类网站大数据	平安一账通

阿里金融在大数据风控方面谋划已久，当很多行业人士还在云里雾里时，阿里已经建立了相对完善的大数据挖掘系统。阿里通过旗下电商平台阿里巴巴、淘宝、天猫、支付宝等积累的大量交易支付数据作为最基本的数据原料，再加上卖家自己提供的销售数据、银行流水、水电缴纳甚至结婚证等情况作为辅助数据原料。所有信息汇总后，将数值输入网络行为评分模型进行信用评级。

2013 年阿里巴巴以 5.86 亿美元购入新浪微博 18% 的股份，这是阿里获得社交大数据的关键一步，加上淘宝的水电煤缴费信息、信用卡还款信息、支付和交易信息，阿里金融已然成为大数据全能选手。

（二）阿里巴巴的大数据风控流程

金融服务在由粗放式管理向精细化管理转型的过程当中，大数据毫无疑问将会发挥重大的作用，但大部分的互联网金融企业目前体量尚小，用户规模和交易额都不大，因此在数据积累基础上要结合实际情况进行改进，及时修正和优化风控模型。

阿里巴巴作为大数据风控的代表性企业，在多年的探索当中形成了自己独特的风控流程，其特点如下。

特点一	通过阿里巴巴B2B、淘宝、天猫、支付宝等电子商务平台，收集客户积累的信用数据，利用在线视频全方位定性调查客户资信，再加上交易平台上的客户信息（客户评价度数据、货运数据、口碑评价等），并对后两类信息进行量化处理；同时引入海关、税务、电力等外部数据加以匹配，建立数据库模型
特点二	通过交叉检验技术辅以第三方验证确认客户信息的真实性，将客户在电子商务网络平台上的行为数据映射为企业和个人的信用评价，通过沙盘推演技术对地区客户进行评级分层，研发评分卡体系、微贷通用规则决策引擎、风险定量化分析等技术
特点三	在风险监管方面，阿里开发了网络人际爬虫系统，突破地理距离的限制，捕捉和整合相关人际关系信息，并通过逐条规则的设立及其关联性分析得到风险评估结论，结合结论与贷前评级系统进行交叉验证，构成风险控制的双保险。阿里小贷还凭借互联网技术监控贷款的流向：如果该客户是贷款用于扩展经营，阿里小贷将会对其广告投放、店铺装修和销售进行评估和监控

四、大数据风控的优势和劣势

大数据风控是一个广义词，是当下的热词，大数据风险控制就是利用数据分析模型进行风险评估，依据评估分数，预测还款人的还款能力、还款意愿以及欺诈风险。

大数据主要是指全量数据和用户行为数据，目前领先的数据风控或者大数据风控使用的还是小数据，使用的是围绕客户周围的信用数据，这些数据的特点是和用户的信用情况高度相关。

（一）大数据风控的优势

对比传统的风险控制，大数据风控在以下方面有明显的优势。

1. 覆盖面广、信息维度丰富、数据获取及时

个人信贷风险评估主要从身份识别、还款意愿、还款能力三方面进行评估，大数据征信相对于传统线下的采集和整合更加全面和准确，其信用评估结果更加科学，大数据征信与传统征信相比具有三方面的优势。

1 数据主要来源于互联网，互联网覆盖人群广泛，通过互联网获取数据，弥补了传统征信体系的不足，能够有效拓展业务

2 丰富了数据维度和种类，传统征信数据主要采集身份信息、信贷信息、非金融负债信息三类，以及部分公共信息；在大数据征信系统中，信用评估的来源更加广泛，社交网络与电子商务行为中产生的海量数据，都能给用户行为提供侧面支持

3 大数据挖掘获得的数据具有实时性、动态性，能够实时监测到信用主体的信用变化，企业可以及时拿出解决方案，避免不必要的风险

2. 注重强相关信息，忽略弱相关信息

通过大数据技术手段可以挖掘申请人多维度信息，包括姓名、性别、年龄、电话、身份证件、家庭住址、职业、学历、信贷记录、支出、消费偏好、兴趣爱好、社交行为等信息。但并不是所有数据都对个人信用评估都有参考价值，数据采集得越多，审核纬度越多，个人信用评估模型越失真。

按照对个人信用风险影响的大小可以将个人信息分为强相关信息和弱相关信息，个人的姓名、身份证、手机号属于用户身份识别的强相关信息，借款用户的信用卡账单、月消费金额、网络购物真实流水分析等是用户还款能力的强相关信息，用户的历史借款记录、逾期笔数、借贷意图等是个人还款意愿的强相关信息。

用户的其他信息，例如用户的身高、体重、姓名、星座等信息，很难从概率上分析出其对用户个人信用的影响，这些弱相关信息，对用户的信用消费能力影响很小，几乎可以忽略不计。

3. 丰富数据的广度和深度

传统风控模型已经不能适应复杂的现代风险管理环境，特别是在数据信息录入的广度和深度上。影响客户信用评分的信息较多，有很多并没有引入到风险评估流程，例如以下几个方面：

- 企业所处行业的竞争环境以及同业产品的竞争
- 企业产品的生命周期
- 企业的关联交易信息和司法信息
- 贷款个人的心理和性格
- 上下游产业经营情况
- 市场需求变化
- 客户对企业产品的评价

大数据风控可以提供全面的数据（数据的广度），强相关数据（数据的深度），实效性数据（数据的鲜活度）。这些数据颗粒度可以很小，同内部数据以及原有数据打通和整合之后，会影响风险评估结果，提升信用风险管理水平，客观地反映用户风险水平。

（二）大数据风控的劣势

在信用风险评估当中，最好的数据是金融数据，也就是人行征信系统里的数据，大数据风控只是一个补充，不能够完全替代传统的信贷风险管理。大数据风控可以从数据纬度和分析角度提升传统风控水平，可以让传统风控更加科学严谨，但并不是取代传统风控的模型和数据。大数据风控也有缺点，具体如下图所示。

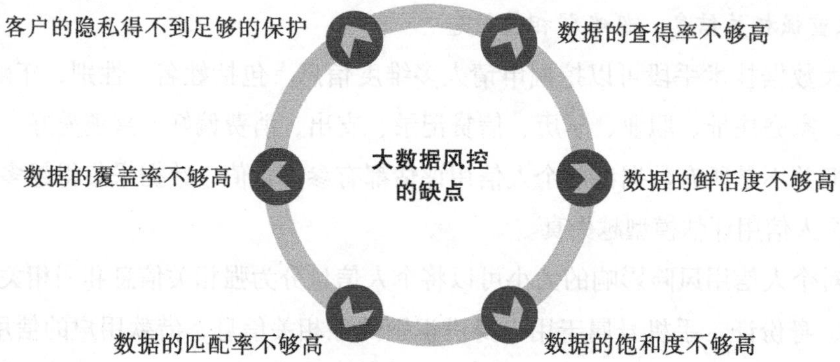

客户的隐私得不到足够的保护
数据的查得率不够高
数据的覆盖率不够高
大数据风控
的缺点
数据的鲜活度不够高
数据的匹配率不够高
数据的饱和度不够高

大数据风控分析可以说明问题，但是不能都代替人脑去做决定，当利用数据分析出结果后，风险管理决策还是需要用人脑来决定。

五、大数据如何防控恶意欺诈

P2P 行业除了传统的信用风险之外，面临的恶意欺诈风险已成为一大主要风险。有的 P2P 公司统计过，带给 P2P 公司的最大外部风险不是借款人的坏账，而是犯罪集团的恶意欺诈。网络犯罪正在成为 P2P 公司面临的主要威胁之一，恶意欺诈产生的损失甚至占到了一些 P2P 公司整体坏账的 60%。很多 P2P 公司已经将主要精力放在如何预防恶意欺诈上。

因此，防控恶意欺诈成了所有互联网金融公司的主要风险管理任务，P2P 公司可以通过以下几种方法来防控犯罪分子的恶意欺诈。

（一）建立黑名单机制

第一种是建立黑名单机制，从而拒绝一些恶意欺诈人获得贷款。但是道高一尺，魔高一丈，黑名单共享机制时效性越来越差，并且恶意欺诈的人频繁使用其他人信息进行欺诈，黑名单机制在一定程度上很难帮到金融企业预防欺诈。很多平台不太愿意共享自己的黑名单，因为黑名单在一定程度反映贷款平台风控管理水平，过多的黑名单会影响平台的声誉，甚至影响平台融资。另外黑名单覆盖率较低也是一个挑战，目前领先的反欺诈企业，其黑名单覆盖率也不超过 30%。

（二）建立数据共享机制

第二种是利用共享贷款数据机制，第三方企业或者大的 P2P 平台会建立防欺诈联盟，共享贷款平台的贷款记录。其他贷款平台可以依据申请人在其他平台的贷款记录来决定是否提供贷款，降低欺诈风险。这种方式效果比较好，但是对于最先受理恶意欺诈的贷款平台是无效的，原因是没有其他平台的贷款记录，无法识别出贷款者是否属于恶意欺诈。

（三）利用自身风控模型机制

第三种是借助于平台自己的风控模型，识别出恶意欺诈申请者。这种方式目前正在成为主流，互联网金融公司风控部门现在越来越多地采用信息验证、特征匹配、行为分析等方式来识别出贷款用户是否属于恶意欺诈用户。

当今的互联网金融公司在制作风控模型时，通常会加入以下参数。

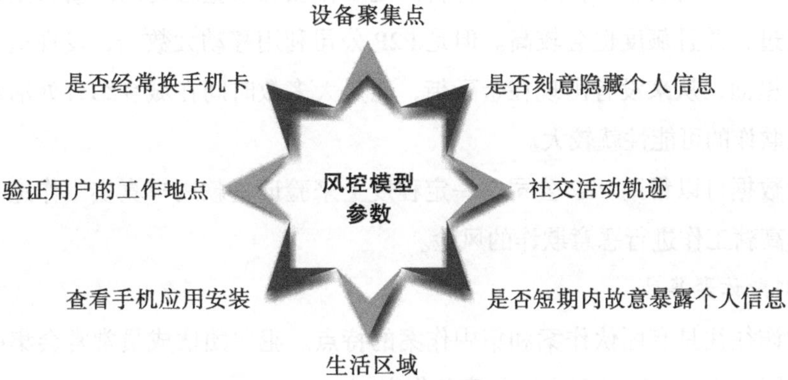

移动大数据可以帮助互联网金融公司防范恶意欺诈，例如，

（1）可以通过手机的位置信息来验证申请人的居住地和工作地；

（2）依据 App 安装列表来验证用户是否活跃在多家借款平台；

（3）依据数据识别用户是否在几天内不停更换手机卡；

（4）依据手机 App 装载和使用情况来辨识用户是否安装了很多恶意软件，例如密码破解器、伪装号码软件；

（5）客户是否仅仅使用贷款软件，没有安装常用软件。

（四）通过定位防范恶意欺诈

从技术上讲，定位移动设备的位置有三种方式：第一种是通过运营商的基站定位；第二种是通过手机 App 中的 GPS 位置信息定位；第三种是通过 Wi-Fi 定位。在移动设备位置信息商业应用中，三种定位方式都被应用，室内以 Wi-Fi 定位为主，室外以 GPS 定位为主。移动大数据可以通过以下技术手段防范欺诈风险。

1. 辨别用户居住地

互联网欺诈行为由于具有较高的隐蔽性，因此很难识别和侦测。P2P 贷款用户很大一部分来源于线上，因此恶意欺诈事件发生的风险远远大于线下借款用户。我国目前很多数据处于封闭状态，P2P 公司在客户真实信息验证方面面临较大的挑战。

移动大数据可以验证 P2P 客户的居住地点，例如某个客户在利用手机申请贷款时，填写自己居住地是北京，但是 P2P 企业依据其提供的手机设备信息，发现其过去三个月从来没有居住在北京，这个人提交的信息可能是假信息，发生恶意欺诈的风险较高。

移动设备的位置信息可以辨识出设备持有人的居住地点，帮助 P2P 公司验证贷款申请人的居住地。

2. 验证用户工作地点

借款用户的工作单位是用户还款能力的强相关信息，具有高薪工作的用户，其贷款信用违约率较低。这些客户成为很多贷款平台积极争取的客户，也是恶意欺诈团伙主要假冒的客户。

某个用户在申请贷款时，如果声称自己是工作在北京金融街的高薪人士，其贷款审批会很快通过，并且额度也会较高。但是 P2P 公司利用移动大数据，发现这个用户在过去的三个月里面，从来没有出现在金融街，而是大多数时间在城乡结合处活动，那么这个用户恶意欺诈的可能性就较大。

移动大数据可以帮助 P2P 公司在一定程度上来验证贷款用户真实工作地点，降低犯罪分子利用高薪工作进行恶意欺诈的风险。

3．识别欺诈聚集地

恶意欺诈往往具有团伙作案和集中作案的特点。犯罪团伙成员常常会集中在一个临时地点，雇用一些人，短时间内进行疯狂作案。

大部分情况下，多个贷款用户在同一个小区居住的概率较低，同时贷款的概率更低。如果 P2P 平台发现短短几天内，同一个地点附近出现了大量贷款请求，并且用户信息很相似，那么这些贷款请求的恶意欺诈可能性就较大。P2P 公司可以将这些异常行为定义为高风险事件，再利用其他信息进一步识别和验证，以降低恶意欺诈的风险。

六、国外大数据征信的发展情况

随着互联网金融的蓬勃发展，市场对新的征信风控技术的需求也愈加强烈。于是互联网巨头们早早地开始了大数据征信布局，这也使得人们相信：高效的大数据将进一步改变当前的金融环境。那么海外的大数据征信发展情况如何？

（一）ZestFinance——最热的大数据公司

目前美国最热门的大数据风控公司非 ZestFinance 莫属。该公司的技术来源于谷歌公司，目前正在为 15% 左右的全美贷款客户提供信用评估服务，并且也服务于很多传统金融企业。已经有累计超过 400 万美国人直接通过 ZestFinance 申请信用评分。

欧美传统银行的风控模型当中通常采用对所有人都适用的线性回归模型，其中包含性别、出生地等 20 个左右变量，对每个人都简单化处理；而以打分卡的形式评分 ZestFinance 采用的变量则多达 70000 个，采用的算法也不是线性回归模型，而是来自谷歌的大数据模型。

从模型数量而言，传统征信评分通常采用一个模型，而 ZestFinance 采用十个模型。十个模型从不同角度衡量申请人的分数，其中两个是进行身份验证防欺诈的，一个是预测提前还款概率的，其余都是评判还款意愿和能力的。最后会用一个决策模型将十个模型的结果整合在一起，得到最终的结果。

ZestFinance 公司发现模型越多，准确率越高。若有两个模型，对利润的提升分别是 16.9% 和 9.4%，那么第二个模型往往会被弃用。但如果把这两个模型放在一起使用，利润会提升 38.3%。每个模型平均半年就会诞生一个新版本，替代旧的版本。新版本通常会加入更多的变量和数据源。每个新版本模型都以开发者的名字命名，从而纪念付出劳动与智慧的工程师。

ZestFinance 模型中大部分信号都是通过机器学习找到的。例如，一个人在网上填表喜欢用大写还是小写就是一个信号。ZestFinance 模型发现，填表喜欢全部用大写字母的人违约率更高。在月收入经过验证的情况下（ZestFinance 有一些渠道可以大概获知一个人的收入状况），收入越高，违约率越低。然而，在月收入没有经过验证的情况下，自己填写月收入 7500 美元的人违约率是最低的，填写 7500 美元以上则数字越大违约率就越高。

（二）FICO——美国征信评分体系的制定者

FICO 评分体系是在美国被普遍应用的评分标准，由 FICO 公司于 1989 年发布。FICO 公司成立于 1956 年，专业从事商业分析和信用评估。随着时代的进步，现在的 FICO 公司已经成为了一家大型分析软件及工具开发商，客户遍布全世界，包括了摩根大通、戴尔、花旗、桑坦德、宝马等。FICO 评分体系是被最广泛运用于银行及授信机构的评分体系，其客户信息来源于三大征信调查机构：Experian，Equifax 以及 TransUnion。

FICO 评分通过 5 个方面的加权平均来衡量客户的信用评级，如下图所示。

FICO 公司开发过各种版本的评分标准，当前广泛被运用的是标准 8。其余版本如车贷 8、银行卡 9、标准 5 等版本使用了不同的算法，以针对更为细分的授信用途。FICO 标准 8 的评分范围为 300~850，越高的分数代表了越低的信用风险。

据统计，截至 2015 年 11 月，美国 FICO 标准 8 评分的平均数是 695，为近十年最高数值，并且有近 20% 的申请者有高于 800 的评分，可见大多数美国授信申请者的信用状况也正随着经济状况的恢复逐渐提升。

然而，全美国仍然有多达 3500 万人由于无征信相关文档的原因无法被传统征信体系赋予信用评分，于是人们迫不及待地开始探索新的征信模式。

（三）YODLEE——大数据征信的先行者

YODLEE 成立于 1999 年，通过提供大数据分析服务连接了 4500 万个人客户，以及富达投资、美国运通等美国前 7 大金融机构客户，也因此获得了多达 12500 个数据源头。YODLEE 通过整合大型金融机构的银行信息，为客户提供了一站式信息数据的查询与分析服务，并通过 FinApps 的形式为客户打造了一个移动理财平台。

用户可以在 FinApps 上同时登录多个银行账户，并轻松完成银行及金融机构间的转账、开户、还款等操作。用户还可以通过 FinApps 的记账功能获得自己的定期财务报告。事实上 YODLEE 针对个人客户的服务与当前支付宝所推行的集中式移动金融平台很相似。针对企业客户 YODLEE 则设计了零售银行平台、财富管理平台以及一般企业财务平台，帮助各类型企业提供集中式的金融与财务管理系统。

YODLEE 的商业模式就是通过为客户提供数据的形式获得客户更多的数据，更多的数据也将使得 YODLEE 能够开发出更为完整的数据分析服务，提供更多元的商业解决方案。截至 2015 年底，YODLEE 已经获得了 50 项专利，并覆盖了 80% 的市场份额。

（四）First Access——利用手机数据源征信

根据世界银行 2014 年的报告，全世界人口中有近 1/3 的人没有银行账户，因此对这些人来说，不仅银行征信资料是缺失的，甚至任何资金的记录都是空白的。但相比而言，拥有手机的人口则占到了全世界的 3/4，也就是说拥有手机的人比拥有银行账户的人口数量更多。

因此 First Access 就瞄准了非洲等发展中国家的市场，因为发展中国家的许多个体商户需要银行贷款的支持，但却由于没有任何银行数据，无任何信用记录可被用于贷款审查而难以获得贷款支持。First Access 则通过查看客户的手机通话记录与短信记录来对客户的信用状况进行评判。First Access 监控的并不是通话与短信的内容，而是通话的时间、时点、地理位置、频率、通话费用等数据，从而通过分析这些数据形成对客户的行为特征判定。

（五）Visual DNA——运用心理学分析征信

不同于大多数致力于统计学或者数学模型的大数据分析，来自于英国的 Visual DNA 则以心理学为切口，通过用户回答问卷的答案及网络行为记录形成一个心理学特征，从而根据用户的心理学特征赋予相应的信用评级。

Visual DNA 的设立目的和 First Access 相似，意在为没有传统征信数据的申请者提供可信的信用分析。需要申请贷款的用户通过完成一份问卷并同意 Visual DNA 访问其 Cookie 数据，从而综合分析用户的行为习惯，形成一个相对完整的行为学分析结果。

Visual DNA 的行为心理学模型来自于剑桥大学、哥伦比亚大学以及伦敦大学学院，模型遵循现代个性心理学创始人奥尔波特的开放性、尽责性、外倾性、宜人性、情绪不稳定性的人格五大特质，并根据三大世界级高校 30 多年的心理学研究成果，形成了与时俱进的行为学分析新方法。

值得注意的是，Visual DNA 正如其名，所有的问卷的选项设计均为图片，因为它们表示相比于文字，图片更能激发人的潜意识，从而形成更为真实的性格反馈。

第六章　股权众筹的风险防控

“众筹”翻译自英文“Crowd Funding”一词，意为大众筹资或群众筹资，是指用团购加预购的形式，向网友募集项目资金的模式。众筹利用互联网的传播性，让小企业、艺术家或个人对公众展示他们的创意，争取大家的关注和支持，进而获得所需要的资金援助。

股权众筹为融资困难的小微企业创造了新的融资渠道，是天使投资的有益补充，并且较低的投资门槛满足了一些资金不够充足却有投资愿望的投资人的诉求。

股权众筹随着互联网的普及和创业时代的到来而快速发展，与此同时，也出现了很多行业乱象。股权众筹行业内不规范、不合法的现象加剧了行业风险，这些乱象亟待治理。

一、认识股权众筹

众筹，顾名思义，即众人为某项事业筹集资金。众筹是互联网下的产物，通过互联网传播信息、募集小笔资金，可以大大降低交易成本；众筹也使投资人和资金需求方直接联系起来，省却了作为中间人的金融机构、投资机构。

（一）股权众筹的分类

从投资者的角度，以股权众筹是否提供担保为依据，可将股权众筹分为无担保的股权众筹和有担保的股权众筹两大类。前者是指投资人在进行众筹投资的过程中没有第三方公司提供相关权益问题的担保责任（目前国内基本上都是无担保股权众筹）；后者是指股权众筹项目在进行众筹的同时，有第三方公司提供相关权益的担保，这种担保是固定期限的担保责任。这种模式在我国尚未被多数平台接受。

（二）股权众筹的参与主体

在股权众筹运营当中，主要参与主体包括筹资人、出资人和众筹平台三个组成部分，部分平台还专门指定有托管人。

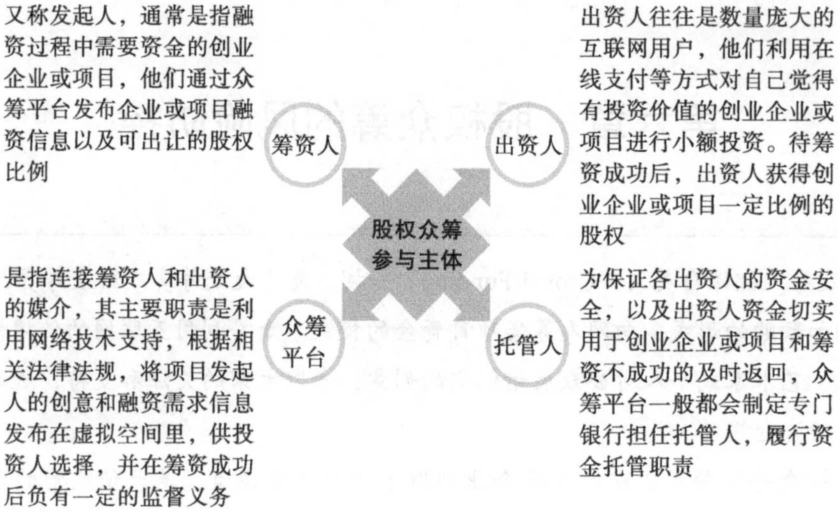
又称发起人，通常是指融资过程中需要资金的创业企业或项目，他们通过众筹平台发布企业或项目融资信息以及可出让的股权比例
筹资人
出资人
出资人往往是数量庞大的互联网用户，他们利用在线支付等方式对自己觉得有投资价值的创业企业或项目进行小额投资。待筹资成功后，出资人获得创业企业或项目一定比例的股权
股权众筹参与主体
是指连接筹资人和出资人的媒介，其主要职责是利用网络技术支持，根据相关法律法规，将项目发起人的创意和融资需求信息发布在虚拟空间里，供投资人选择，并在筹资成功后负有一定的监督义务
众筹平台
托管人
为保证各出资人的资金安全，以及出资人资金切实用于创业企业或项目和筹资不成功的及时返回，众筹平台一般都会制定专门银行担任托管人，履行资金托管职责

（三）股权众筹的运作流程

股权众筹一般运作流程大致如下图所示。

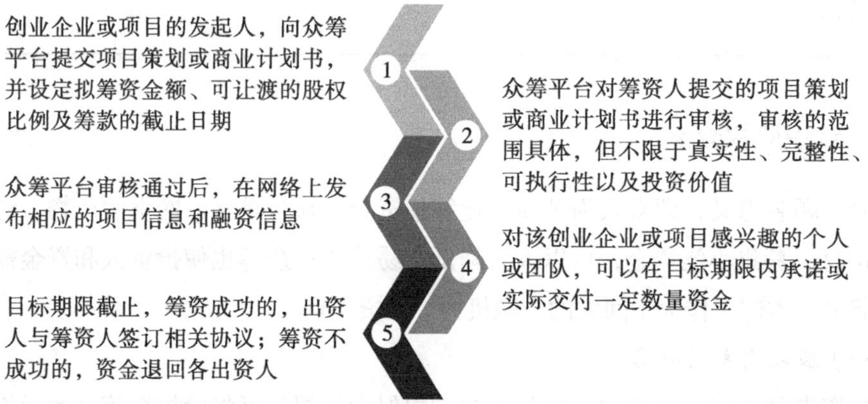
创业企业或项目的发起人，向众筹平台提交项目策划或商业计划书，并设定拟筹资金额、可让渡的股权比例及筹款的截止日期
1
众筹平台对筹资人提交的项目策划或商业计划书进行审核，审核的范围具体，但不限于真实性、完整性、可执行性以及投资价值
2
众筹平台审核通过后，在网络上发布相应的项目信息和融资信息
3
对该创业企业或项目感兴趣的个人或团队，可以在目标期限内承诺或实际交付一定数量资金
4
目标期限截止，筹资成功的，出资人与筹资人签订相关协议；筹资不成功的，资金退回各出资人
5

通过以上流程分析可以看出，与私募股权投资相比，股权众筹主要通过互联网完成“募资”环节，所以其又被称为“私募股权互联网化”。

二、股权众筹运营的不同模式

根据我国的法律、法规和政策，股权众筹从运营模式可分为凭证式、会籍式和天使式三大类。

（一）凭证式众筹

凭证式众筹主要是指在互联网通过购买凭证和股权捆绑的形式来进行募资，出资人付出资金取得相关凭证，该凭证又直接与创业企业或项目的股权挂钩，但投资者不成为股东。

2013 年 3 月，一植物护肤品牌“花草事”高调在淘宝网销售自己公司原始股：花草事品牌对公司未来 1 年的销售收入和品牌知名度进行估值并拆分为 2000 万股，每股作价 1.8 元，100 股起开始认购，计划通过网络私募 200 万股。股份以会员卡形式出售，每张会员卡面值人民币 180 元，每购买 1 张会员卡赠送股份 100 股，自然人每人最多认购 100 张。

在花草事之前，美微传媒也采用了大致相同的模式，都是出资人购买会员卡，公司附赠相应的原始股份。此举一度在业内引起了轩然大波。

然而这两个项目都有非法集资的嫌疑，随后都被相关部门叫停。所以说国内目前还没有专门做凭证式众筹的平台。

（二）会籍式众筹

会籍式众筹主要是指在互联网上通过熟人介绍，出资人付出资金，直接成为被投资企业的股东。国内最著名的例子当属 3W 咖啡。

2012 年，3W 咖啡通过微博招募原始股东，每个人 10 股，每股 6000 元，相当于一个人 6 万元。很多人并不是特别在意 6 万元钱，花点小钱成为一个咖啡馆的股东，可以结交更多人脉，进行业务交流。很快 3W 咖啡汇集了诸如沈南鹏、徐小平等数百位知名投资人、创业者、企业高管等，股东阵容堪称华丽。

3W 咖啡引爆了 2012 年中国众筹式创业咖啡的流行。没过多久，几乎每个规模城市都出现了众筹式咖啡厅。应当说，3W 咖啡是我国股权众筹软着陆的成功典范，具有一定的借鉴意义。但也应该看到，这种会籍式的咖啡厅，很少有出资人是奔着财务盈利的目的去的，更多股东在意的是其提供的人脉价值、投资机会和交流价值等。

（三）天使式众筹

与凭证式、会籍式众筹不同，天使式众筹更接近天使投资或 VC 的模式，出资人通过互联网寻找投资企业或项目，付出资金或直接或间接地成为该公司的股东，同时出资人往往伴有明确的财务回报要求。

以大家投网站为例，假设某个创业企业需要融资 100 万元，出让 20% 股份，在网站上发布相关信息后，A 做领投人，出资 5 万元，B、C、D、E、F 做跟投人，分别出资 20、10、3、50、12 万元。凑满融资额度后，所有出资人就按照各自出资比例占有创业公司 20% 股份，然后再转入线下办理有限合伙企业成立、投资协议签订、工商变更等手续，该项目融资计划至此就算顺利完成。

确切地说，天使式众筹应该是股权众筹模式的典型代表，它与现实生活中的天使投资、VC 除了募资环节通过互联网完成外，基本没多大区别。但是互联网给诸多潜在的出资人提供了投资机会，再加上对出资人几乎不设门槛，所以这种模式又有“全民天使”之称。

三、股权众筹的主要风险分析

伴随着互联网金融日新月异的发展，众筹作为主流模式之一，呈现出快速发展的格局。但随着行业的高速发展，风险也日益突出，特别是冠以“全民天使”之称的股权众筹，在发展过程中备受争议。了解当前股权众筹运营中的主要风险，并对其间蕴藏的法律风险进行分析具有重要意义。

（一）非法集资的风险

股权众筹模式的出现冲击了传统的“公募”与“私募”的划分界限，也使得“非法集资”风险成为股权众筹亟须防控的主要风险之一。

2010 年 12 月《最高人民法院关于审理非法集资刑事案件具体应用法律若干问题的解释》第一条规定如下。

违反国家金融管理法律规定，向社会公众（包括单位和个人）吸收资金的行为，同时具备下列四个条件的，除刑法另有规定的以外，应当认定为刑法第一百七十六条规定的“非法吸收公众存款或者变相吸收公众存款”：

（1）未经有关部门依法批准或者借用合法经营的形式吸收资金；

（2）通过媒体、推介会、传单、手机短信等途径向社会公开宣传；

（3）承诺在一定期限内以货币、实物、股权等方式还本付息或者给付回报；

（4）向社会公众即社会不特定对象吸收资金。

未向社会公开宣传，在亲友或者单位内部针对特定对象吸收资金的，不属于非法吸收或者变相吸收公众存款。

该司法解释同时要求在认定非法吸收公众存款行为时，上述四个要件必须同时具备，缺一不可。因此，股权众筹运营过程中对非法吸收公众存款风险的规避，应当主要围绕这四个要件展开。

首先，就前两个要件而言，基本上是无法规避的。股权众筹运营伊始，就是尚未经批准的；再者股权众筹最大特征就是通过互联网进行筹资，而当下互联网这一途径，一般都会被认为属于向社会公开宣传。所以，这两个要件是没有办法规避的。

其次，针对承诺固定回报要件，实践中有两种理解：一种观点是不能以股权作为回报，另一种观点则是可以给与股权，但不能对股权承诺固定回报。如果是后一种观点还好办，效仿私募股权基金募集资金时的做法，使用“预期收益率”的措辞可勉强过关；但如果是前一种观点，相应要复杂一些，可以采取线上转入线下采取有限合伙的方式，或者将若干出资人的股权让某一特定人代持。

再次，针对向社会不特定对象吸收资金这一要件，本来股权众筹就是面向不特定对象的，这一点必须要做以处理。实践中有的众筹平台设立投资人认证制度，给予投资人一定的门槛和数量限制，借此把不特定对象变成特定对象，典型有“大家投”；也有的平台先为创业企业或项目建立会员圈，然后在会员圈内筹资，借以规避不特定对象的禁止性规定。

就实物回报型众筹模式而言，尽管其声称性质为"预购+团购"，但事实上其与通常的预购或团购有重大区别。团购的标的大多已制造成形，实物回报型众筹涉及的项目在发布时通常未生产成品，其最后是否能必然按期生产并且及时交付给投资人，存在诸多变数。因此，一旦实物回报型众筹的项目发起人以非法占有为目的，虚报项目并发布欺骗性信息，骗取投资人数额较大资金，则会构成集资诈骗罪。

另外，不论是实物回报型众筹，还是股权回报型众筹，它们的平台在运营时，投资人的资金通常先注入平台所设账户，即便有些网站声称投资人注入的资金由第三方账户存管，但现实是第三方账户存管制度并不健全，此类账户并未受到监管机构的监督，而是多由众筹平台自身掌控，一旦众筹平台以非法占有为目的，虚构其获得批准从事吸收资金的资格，设置"资金池"汇聚资金，骗取投资人数额较大的资金后卷款跑路，则众筹平台实际控制人将面临涉嫌集资诈骗罪的风险。

金融市场中的集资行为若是缺乏必要的监管与引导，往往容易触发"羊群"效应，投资者的盲目性所造成的跟风效应也往往容易使得投资的人数与投资的规模都急剧膨胀，一旦风险发生便会酿成恶果。

因此，法律对该类筹资行为无论是在筹资人数上还是在筹资条件上都有严格的规定。股权众筹作为新兴的融资模式，以互联网作为融资平台，其涉及的人群之广、数额之大往往使其极容易触及法律禁止的"红线"。因此，单纯依靠平台自身运作方式的变通很难完全防范非法集资的风险，必须通过外部监管的加强才能保证股权众筹在法律的框架内稳定地运行。然而，要使外部监管能够有效地推进，首要环节便是要完善信息披露制度。平台要完善信息的披露制度必须要有相应的法律进行明确的规定，提出明确的要求。

（二）非法发行证券的风险

以互联网技术平台为依托的众筹，其主要行为模式就是向社会大众在介绍资金项目的基础上获得不特定社会对象的投资，因而股权类众筹很容易触及向社会不特定对象发行股票的法律红线。即便是众筹发起人采取向社会特定对象发行股票的模式开展众筹业务，投资人数往往也难以控制在法律所要求的人数内。

因为依照2010年12月13日最高人民法院《关于审理非法集资刑事案件具体应用法律若干问题的解释》的规定，向社会特定对象变相发行股票累计超过200人的，如果在股票的发行条件、程序、内容等事项方面，没有获得国务院证券管理部门的批准，也没有达到符合法律法规的要求的，该行为将涉嫌构成擅自发行股票罪。

我国《证券法》于1998年12月制定，历经3次修改，其中第十条规定如下。

公开发行证券，必须符合法律、行政法规规定的条件，并依法报经国务院证券监督管理机构或者国务院授权的部门核准；未经依法核准，任何单位和个人不得公开发行证券。

有下列情形之一的，为公开发行：

（1）向不特定对象发行证券的；

（2）向特定对象发行证券累计超过二百人的；

（3）法律、行政法规规定的其他发行行为。

非公开发行证券，不得采用广告、公开劝诱和变相公开方式。

首先必须提到的是，迄今为止，证券法并未对“证券”给出明确的定义，究竟有限责任的股权和股份有限公司的股份是否属于证券法规定的“证券”，业界仍有一定的争议，但前文提到的美微传媒被证监会叫停，显然主管部门更倾向于认定股权属于证券范畴。

针对《证券法》第十条有三个问题值得关注。

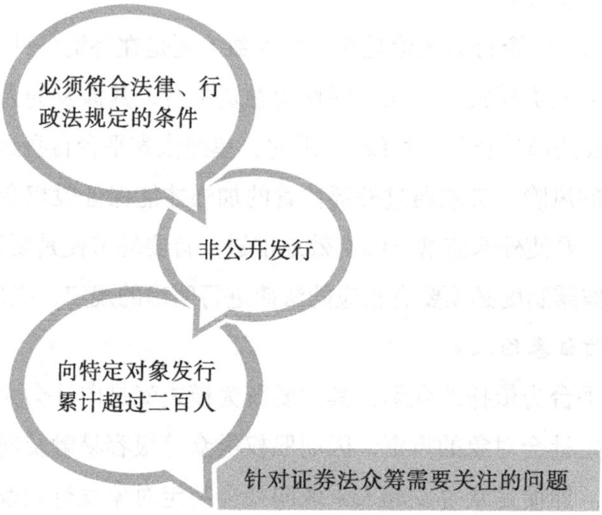

（1）必须符合法律、行政法规定的条件

公开发行一般对公司有一定的要求，如要求公司的组织形态一般是股份有限公司，必须具备健全且运行良好的组织机构，具有持续盈利能力，财务状况良好，最近三年内财务会计文件无虚假记载，无其他重大违法行为，以及满足国务院或者国务院证券监督管理机构规定的其他条件。

股权众筹项目显然通常都不具备这些条件，绝大多数众筹项目在众筹计划发布时公司都尚未注册成立，更别提具备好的财务记录了，所以显然不具备公开发行证券的条件，因此只能选择不公开发行了。

（2）非公开发行

众筹这种方式的本质是筹集大众资金，也就是说它面向的范围会比较广，与此同时，众筹又是一个新生事物，以互联网作为聚集人气的手段，如果法律对这些都进行强制性的规制，那么无疑会扼杀这个新兴的具备活力的创业模式。

是否符合面向特定对象的不公开发行，实践中判断时大致采用两个标准，如下图所示。

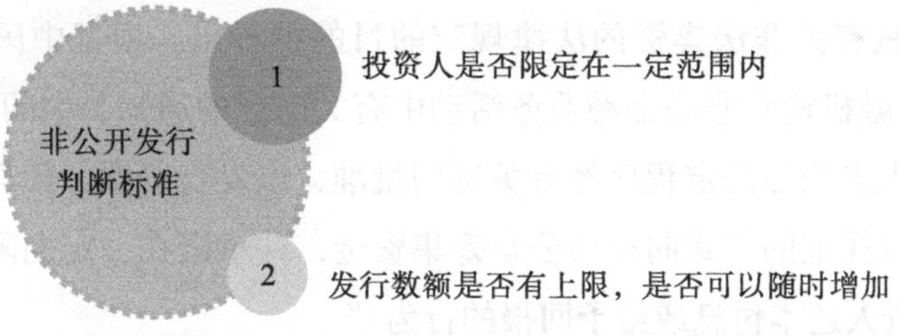
非公开发行
判断标准
1
投资人是否限定在一定范围内
2
发行数额是否有上限，是否可以随时增加

针对前一标准，投资人限定范围大小是否构成特定对象不好判断，但后一标准相对比较好把握，比如众筹计划募集的资金和股份是不是有限制的，是不是有一个特定的数额，如果没有限制随时都可以增加可能就存在问题。

（3）向特定对象发行累计超过二百人

不超过二百人，是数量上的禁止性规定，这个在实践中比较容易把控。但有一点是，这二百人的认定，是打通计算，还是仅看表面？如果是打通计算，也就说股权众筹最多只能向二百人筹资；如果是仅看表面，那么众筹平台在实践中就会有许多变通方式。

（三）非法经营的风险

事实上，不论是非法吸收公众存款的行为，还是擅自发行股票的行为，均是一种非法经营的行为：非法吸收公众存款的行为本质上是一种未经国家有关主管部门批准，非法从事资金支付结算业务的行为；擅自发行股票的行为本质上是一种未经国家有关主管部门批准，非法经营证券的行为。

虽然在互联网时代，作为互联网金融创新类型的众筹模式具有一定的虚拟性、隐蔽性及迷惑性，将其认定为非法吸收公众存款罪或擅自发行股票罪有一定的难度，但非法吸收公众存款罪、擅自发行股票罪与非法经营罪是法条竞合关系，即特殊罪名与普通罪名的关系，如果将众筹模式认定为特殊罪名有困难，则完全有可能将其认定为非法经营罪。更何况，非法经营罪中的“其他严重扰乱市场秩序的非法经营行为”作为兜底条款是一种概括性规定，本身就赋予了司法机关较大的自由裁量权。

（四）投资者审核的风险

投资者审核可能造成三类风险，如下图所示。

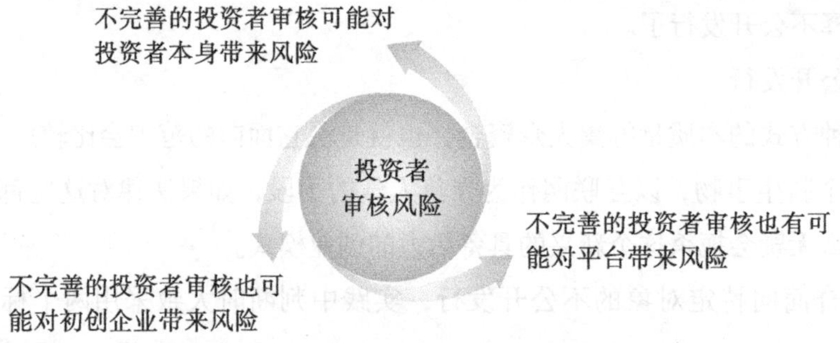
不完善的投资者审核可能对
投资者本身带来风险
投资者
审核风险
不完善的投资者审核也有可
能对平台带来风险
不完善的投资者审核也可
能对初创企业带来风险

（1）不完善的投资者审核可能对投资者本身带来风险

这一点可以从有关非法集资的法律规定的目的中看出。根据中国人民银行颁布的《关于取缔非法金融机构和非法金融业务活动中有关问题的通知》中的规定，“非法集资是指单位或者个人未依照法定程序经有关部门批准，以发行股票、债券、彩票、投资基金证券或其他债权凭证的方式向社会公众筹集资金，并承诺在一定期限内以货币、实物及其他方式向出资人还本付息或给予回报的行为。”

非法集资最大的特点在于向社会公众筹集资金。社会公众覆盖面广，这其中既包含有一定领域投资知识、经验和能力的个体和组织，更多的是没有任何金融风险意识和判断能力的个体，因此，我国法律规定只有拥有雄厚资本和公信力的上市公司才有公开募股的能力。股权众筹平台的服务对象主要是处于种子期的初创企业，对这些企业的投资风险更强于处于其他阶段的企业，为了保护投资者的利益，必须对其资质进行审核。

（2）不完善的投资者审核也可能对初创企业带来风险

如果允许任何人查阅初创企业的项目创意和构想、商业企划书和运营概况，就更有可能造成商业秘密的泄露，特别是影响了对作为初创企业发展资本的创意保护，从而变相地将初创企业扼杀于摇篮之中。因此，为了保护初创企业的利益，应当对投资者进行资质的审核。

（3）不完善的投资者审核也有可能对平台带来风险

只有完善的资质审核，才能使经验丰富的投资人和创业者不会因为担心信息的泄露望而却步。

（五）代持股的风险

部分股权融资平台的众筹项目以融资为目的，吸收公众投资者为有限责任公司的股东。但根据《公司法》第二十四条规定，“有限责任公司由五十个以下股东出资设立。”那么，众筹项目所吸收的公众股东人数就不得超过五十人。

如果超出，未注册成立的不能被注册为有限责任公司；已经注册成立的，超出部分的出资者不能被工商部门记录在股东名册中享受股东权利。

目前在中国，绝大部分对股权式众筹项目有兴趣的出资者只愿意提供少量的闲置资金来进行投资，故将股东人数限制在五十人以内，将导致无法募集足够数额款项进行公司运作的后果。因此，在现实情况中，许多众筹项目发起者为了能够募集足够资金成立有限责任公司，普遍采取对出资者建议采取代持股的方式来规避《公司法》关于股东人数的限制。

采用代持股的方式虽然在形式上不违反法律规定，但在立法精神上并不鼓励这种方式。当显名股东与隐名股东之间发生股东利益认定相关的争端时，由于显名股东是记录在股东名册上的股东，因此除非有充足的证据证明隐名股东的主张，一般会倾向于对显名股东的权益保护。所以这种代持股的方式可能会导致广大众筹项目出资者的权益受到侵害。

（六）非标准化风险

众筹在国内正处于刚刚兴起的阶段，发展不成熟，没有建立一个行业标准。目前，虽然各家众筹网站基本已建立起各自模式化的流程和标准，用于项目的申请和审核，但项目能否上线最终还是依某一团队的经验判断。项目的风险、金额设定、信用评级也基本取决于平台方，存在可操作的弹性空间。而不同团队能力良莠不齐，对风控、操作的把握也各异，因众筹平台经验不足导致失败、给出资者造成损失的事件也不少见。

（七）资金流的风险

股权众筹平台的主要作用在于利用互联网对富余资本在筹资者与投资者之间进行优化配置，以提高富余资本的利用效率，从而解决由于信息不对称所带来的资本资源浪费的问题。基于上述认知，股权众筹平台主要是发挥着中介的作用，以撮合投融资交易的实现。一旦股权众筹平台在中介过程中能够控制资金的利用与流动，则投资人的资金便存在为平台所挪用的可能，一旦资金遭受损失则难以弥补，这对投资者与筹资者而言，无疑都是利益的极大损失。

因此，出于对资金安全性的考虑，平台是不能经手或负责管理资金的，一般可选择托管给可信任的第三方平台或银行，由投资者与筹资者协商约定向托管方支付一定的管理费用。

（八）时间风险

募资的期限和及时性不同的股权众筹平台往往对项目募集期限的规定也不同。例如我国的天使汇、大家投平台会设定项目筹资的期限，以督促项目在限定的时间内完成筹资，否则便撤销项目，将已筹集的资金返还给相应的投资人。

美国的 Angelist、Kickstarter 等众筹平台一般不设定筹资期限，给筹资人以充足的筹资时间，也可以为投资人提供一些时间跨度较长的项目参考。

客观来说，设定特定的募资期限一定程度上能够降低投资者的投资风险，使得那些富含创新力并能迎合市场需求的项目脱颖而出，使得那些推广应用价值不高并不被投资者看好的项目淘汰退出，能够鼓励筹资人提高项目的质量，实现优质项目资源的不断更新。同时，规定相应的筹资期限，也能够极大地降低筹资者与投资者的时间成本，提高实现交易的效率。

（九）入资方式风险

有限合伙企业形式能否实现领投人与跟投人的利益平衡，我国《证券法》第十条中规定，未经核准的单位或个人向特定对象发行证券不得超过 200 人。

为了规避法律条文中的这一人数限制，一些股权众筹平台如“大家投”便采取有限合伙企业的形式参与到股权筹资的活动中。平台一般会对领投人和跟投人依据目标筹资额设定不同的投资最低限额，如“大家投”规定领投人的项目投资额不得低于 5 万元，跟投人不得低于 3 万元，这一限制确保了项目投资的人数控制最多可以控制在 40~50 人，不会突破合伙企业的人数限制。

投资人数确定后，再由平台以投资人的名义办理成立有限合伙企业，最后再以有限合伙企业的名义加入到项目的投资中，成为项目的股东。这一做法能够有效地规避法律法规中的人数限制，防止触及“非法集资”或违法犯罪的“红线”，但其会造成领投人与跟投人信息上的不对称，最终影响到跟投人的利益。

同时，这一入资方式在实践中的操作环节也过于复杂。在平台代为注册办理有限合伙企业的过程中，平台要求外地投资者将身份证原件邮寄给平台，仅就这一环节便给投资者带来极大的不便与风险，使这一入资方式不仅要面临领投人与跟投人利益平衡的问题，更要经受实践中难题的考验，从而使得这一过程中存在的风险不容忽视。

四、股权众筹与非法集资的区别

目前，存在最大法律风险的众筹模式是股权类众筹，最可能涉及的犯罪是非法集资犯罪中的擅自发行股份犯罪。该罪有两红线不能碰：一是公开（不限制人数，因为涉及不特定人），二是超过 200 人（虽然有些非上市公众公司股东超过 200 人，但是特殊原因造成，原则上不允许突破）。那么，股权众筹与非法集资有什么不同呢？

（一）定义区别

非法集资是指单位或者个人未依照法定程序经有关部门批准，以发行股票、债券、彩票、投资基金证券或者其他债权凭证的方式向社会公众筹集资金，并承诺在一定期限内以货币、实物以及其他方式向出资人还本付息或给予回报的行为。

股权众筹是指公司出让一定比例的股份，面向普通投资者，投资者通过出资入股公司，获得未来收益。这种基于互联网渠道而进行融资的模式被称作股权众筹。

（二）实质性区别

股权众筹与非法集资回报上存在实质性差别。判断两者实质的标准在于是否承诺规定的回报，非法集资通常都是以承诺一定期限还本付息为标准，且承诺的利息往往远高于银行的利息，而股权众筹是召集一批有共同兴趣和价值观的朋友一起投资创业，它没有承诺固定的回报，而是既享受股东权利也承担股东风险。因而从本质回报方式来看，两者有非常大的差别。

（三）对金融秩序影响的区别

非法集资严重干扰了金融市场秩序，而股权众筹进行的则是资本的经营，在一定程度上扩张了资本市场，而并非是扰乱。

只有当行为人非法吸收公众存款，用于货币资本的经营（如放贷时），才能认定为扰乱金融秩序，而股权众筹是投向一个实体项目，不是进行资本的经营，这与非法集资有很大差别。

（四）发行方式的区别

非法集资采用广告、公开劝诱和变相公开发行方式，股权众筹则是利用互联网最阳光、正能量的一面。股权众筹网站没有采用广告、公开劝诱和变相公开发行去把项目进行推介，项目信息是基于创业者对自身项目的认识而编写的，平台不做实质性判断，而只是经过对虚假性、合适性的判断后展示给投资人，中间并没有参与对其大量宣传、鼓吹或与项目方沆瀣一气的做法，这与非法集资的宣传做法是不同的。

（五）风险控制的区别

风险控制程度的不同也是非法集资与股权投资的一个重要区别。非法集资往往是由个人发起，聚集大量钱财，投向几个不为借款方所知的项目，并承诺收益。而在互联网时代，通过众筹网站把每个项目的信息公开，投资人可以通过互联网信息消除创业者与投资人之间信息不对称的差异，公开、透明、阳光，信息随时可查，创业者做到随时保持沟通联系，大大降低了其中的风险。

（六）法律保护的区别

股权众筹是以“领投人＋跟投人”的方式去投资项目，领投人在受到跟投人委托尽职尽责调查的情况下，出具报告，对跟投人负责，双方在平等自愿的情况下成立有限合伙企业去投资项目，信息均了解透彻、风险一致承担、收益分配清晰，完全是公开、透明的行为，受到法律保护。这与非法集资的不确定性、信息不对称性完全不同，非法集资是受到法律打击的。

五、股权众筹机构的风险防控

因此，股权众筹的从业机构作为互联网众筹的主导参与力量，其自身风险控制好坏直接决定了行业的风险程度。因此股权众筹从业机构应当加强风险防控措施，具体来说，要做好以下几方面工作。

（一）加强对从业人员的法律培训及警示教育

人们常讲“无知者无畏”，法制观念的淡薄和侥幸心理的存在往往是诱发某些从业人员触犯监管红线，引发风险事件的主因。因此，有针对性地对相关从业人员开展法律培训、进行警示教育，对于提高其守法意识、引导其依法从业，防范、杜绝其违法行为的发生均具有十分重要的意义。

（二）协助从业机构建立、完善相关风控制度

互联网众筹机构开展业务应当建立健全各项制度，包括“客户资金第三方存管制度”“信息披露、风险提示和合格投资者制度”“消费者权益保护制度”“网络与信息安全制度”“反洗钱和防范金融犯罪制度”等各项制度。

上述各项制度既是监管部门对从业机构的基本要求，也是提高从业机构抵御、防范风险能力的重要风控制度。因此，于情于理、于公于私，从业机构都应当积极建立、完善上述制度。在此过程中，律师可以为从业机构提供相应的法律协助和支持。

（三）起草、审核相关协议、文件

在具体的业务开展过程中，往往涉及大量的协议签署及文件发布活动。这些协议、文件既体现了从业机构的单位意志，也会对从业机构产生相应的法律拘束力。如果这些文件、协议中存在逾越或疑似逾越监管红线的内容，则势必会置从业机构于危险境地，甚至可能成为对从业机构及其从业人员追究刑事责任的理由和根据。

因此，从业机构有必要慎重对待其所签署的协议和发布的文件，必要时应当安排专业法律人士协助开展起草、审核工作，努力确保从业机构的业务活动合法、合规，严格控制法律风险。

（四）针对具体业务事宜开展专项法律分析

互联网金融鼓励创新，而创新在拓宽金融服务的业务范围、提高服务水平，带来新的利润增长点之外，也在一定程度上隐含着逾越监管的法律风险，很多时候，“创新”本身就意味着冒险。针对具体业务事宜开展相应的法律分析，就潜在的法律风险及业务自身的合规性、合法性进行适当的论证，不但有助于防范法律风险，更有利于互联网金融的业务创新。

（五）对特定风险事件及时开展危机应对工作

谁也不能完全排除特定风险事件的发生。在特定风险事件发生时，从业机构应当及时组建专业团队展开危机应对工作。工作内容包括但不限于以下三点。

1. 协助从业机构查明风险事件的相关事实，明确事件成因及责任主体，依法保全相关证据材料
2. 协助从业机构积极配合主管部门的调查工作
3. 作为从业机构的代理人或者辩护人，积极参与因风险事件引发的诉讼案件，依法提出减免从业机构法律责任的意见和主张，维护从业机构的合法权益，避免风险事件所造成的负面影响及危害后果的进一步扩大和加重

六、借股权众筹之名行违法犯罪之实的司法认定

近年来，互联网金融众筹行业成为互联网 + 领域中最重要的发展趋势。与此同时，一批违法经营金额较大、涉及面较广、社会危害严重的互联网金融案件陆续发生引发了社会各界疑虑。如何认定“借股权众筹之名行违法犯罪之实”成为维护金融安全的一项重要任务，一般来说，只要出现以下三种情形，即可认定是“借股权众筹之名行违法犯罪之实”的行为。

（一）借股权众筹之名行集资诈骗之实

行为人以非法占有为目的，通过虚设项目、伪造企业信息、自建虚假股权众筹平台等手段向公众开展“股权众筹”活动，骗取投资人资金然后跑路的行为完全符合集资诈骗罪的构成要件。其中，如果行为人为实施集资诈骗行为采取的是自建虚假平台的手段，根据《中华人民共和国刑法修正案（九）》[以下简称《刑法修正案（九）] 第 29 条的规定，那么其行为还可能构成“为违法犯罪设立网站、发布信息罪”。

股权众筹平台管理者若明知行为人实施集资诈骗行为仍为其包装上线，一方面构成集资诈骗罪的共犯，另一方面也符合《刑法修正案（九）》第 29 条关于“明知他人利用信息网络实施犯罪，为其犯罪提供互联网接入、服务器托管、网络存储、通信传输等技术支持，或者提供广告推广、支付结算等帮助”的规定，此时可在集资诈骗罪（共犯）与“利用信息网络为犯罪提供帮助罪”中依照处罚较重的规定处罚。

（二）借股权众筹之名行非法吸收公众存款罪之实

除实施集资诈骗犯罪外，行为人还可能借股权众筹之名行非法吸收公众存款罪之实，此时行为的主体既可以是融资者，也可以是股权众筹平台。若行为主体是融资者，则表现为融资者自称开展股权众筹活动，但实际上却向投资者允诺还本付息或者变相允诺还本付息、给付回报。例如，向投资者承诺项目在半年内必然盈利，若到第 7 个月仍未盈利分红则向投资者退还出资本息。该类行为的本质是行为人通过互联网以还本付息为回报底线向社会不特定对象集资。那么该种情形是否构成非法吸收公众存款罪？对此应当视具体情况作具体分析。

如果行为人的筹资行为是通过合法的第三方筹资平台进行的，并且确实将所筹资金用于发展实体经济，那么该行为模式实际上属于已被监管层绿灯放行的 P2P 融资模式，此时刑法不宜进行干预；如果行为人并非通过第三方筹资平台筹集资金，而是擅自融资，并且将其所融资金继续投放于金融市场，那么对行为人的行为应当以非法吸收公众存款罪定罪处罚。

股权众筹平台涉嫌非法吸收公众存款表现为在并无明确投资项目的情况下，事先归集投资者的资金，然后公开宣传吸引项目上线，再对项目进行投资，同时向投资者承诺由专业团队代为选择投资项目，风险为零，至少还本付息。该类行为的实质是将投资者

对项目的直接投资转变为投资者先投资平台，再由平台投资项目的间接投资，此时平台发挥的不再是单纯的中介职能，而是在从事资金自融，并且其还作出“零风险”、至少还本付息的承诺，完全符合非法吸收公众存款罪的构成要件。

（三）借股权众筹之名行洗钱犯罪之实

除前述非法集资犯罪外，借股权众筹之名行违法犯罪之实行为的其他表现形式还包括借股权众筹之名行洗钱犯罪之实的行为，其具体表现有以下两点。

1 融资者、股权众筹平台及第三方支付机构直接帮助上游犯罪行为人进行洗钱

毒品犯罪、黑社会性质的组织犯罪、恐怖活动犯罪、走私犯罪、贪污贿赂犯罪、破坏金融管理秩序犯罪、金融诈骗犯罪的行为人，直接将犯罪所得及其产生的收益，通过股权众筹平台投放于众筹项目获利或者通过收买融资者或股权众筹平台制造分红的假象从而将钱“洗白”。若融资者、股权众筹平台及第三方支付机构明知行为人实施上述行为而为其提供帮助或便利的，则构成洗钱罪

2 融资者、股权众筹平台及第三方支付机构为洗钱提供帮助或便利的行为

融资者、股权众筹平台及第三方支付机构明知投资人为上游犯罪人洗钱而提供帮助或便利的行为。洗钱罪上游犯罪的行为人，通过其他投资人实施上述行为，融资者、股权众筹平台及第三方支付机构明知投资人实施上述行为而为其提供帮助或便利的，与投资人构成洗钱罪的共犯

七、股权众筹如何保护出资人的利益

在股权众筹模式中，出资人的利益分别涉及以下几个方面。

（一）建立信任度

由于当下国内法律、法规及政策限制，在股权众筹运营过程中，出资人或采用有限合伙企业模式或采用股份代持模式进行相应的风险规避。但问题是在众筹平台上，出资人基本互相都不认识，有限合伙模式中起主导作用的是领投人，股份代持模式中代持人至关重要，数量众多的出资人如何建立对领投人或代持人的信任度很关键。

鉴于目前参与众筹的许多国内投资者并不具备专业的投资能力，也无法对项目的风险进行准确的评估，同时为解决信任度问题，股权众筹平台从国外借鉴的一个最通用模式即合投机制，由天使投资人对某个项目进行领投，再由普通投资者进行跟投，领投人代表跟投人对项目进行投后管理，出席董事会，获得一定的利益分成。

这里的领投人，往往都是业内较为著名的天使投资人。但该措施或许只能管得了一时，长期却很难发挥作用，这是因为众筹平台上项目过多，难以找到很多知名天使投资人，不知名的天使投资人又很难获得出资人信任。另外天使投资人往往会成为有限合伙企业的一般合伙人，一旦其参与众筹项目过多，精力难以兼顾。解决问题的核心还是出资人尽快成长起来。

（二）增强安全性

目前，从国内外众筹平台运行的状况看，尽管筹资人和出资人之间属于公司和股东的关系，但在筹资人与出资人之间，出资人显然处于信息弱势地位，其权益极易受到损害。

众筹平台一般会承诺在筹资人筹资失败后，确保资金返还给出资人，这一承诺是建立在第三方银行托管或者“投付宝”类似产品基础上。但众筹平台一般都不会规定当筹资人筹资成功但无法兑现对出资人的承诺时，对出资人是否会返还出资。当筹资人筹资成功却无法兑现对出资人承诺的回报时，既没有对筹资人的惩罚机制，也没有对出资人权益的救济机制，众筹平台对出资人也没有任何退款机制。

严格来说，既然是股权投资，就不应该要求有固定回报，否则就变成了“明股实债”。但筹资人至少应当在项目融资相关资料中向出资人揭示预期收益。一旦预期收益不能实现，实践中又会形成一定的纠纷。

（三）扩大知情权和监督权

出资人作为投资股东，在投资后有权利获得公司正确使用所筹资金的信息，也有权利获得公司运营状况的相关财务信息，这是股东权利的基本内涵。

虽然行业内规定众筹平台有对资金运用监管的义务，但因参与主体的分散性、空间的广泛性以及众筹平台自身条件的限制，在现实条件下难以完成对整个资金链运作的监管，即使明知筹资人未按承诺用途运用资金，也无法有效对其进行有效制止和风险防范。

该环节有点类似私募股权投资的投后管理阶段，出资人作为股东，了解所投公司的运营状况是其基本权利。行业内虽对众筹平台有类似规定，但实践中缺乏可操作性，只能寄望于不久出台的法规中对众筹平台有强制性要求，以及不履行义务的重度处罚。同时，对于公司或众筹平台发布或传递给出资人的相关信息，如果能明确要求有专业律师的认证则会更好。

（四）股权的转让或退出

众筹股东的退出机制主要通过回购和转让这两种方式，如采用回购方式，原则上公司自身不能进行回购，最好由公司的创始人或实际控制人进行回购；采用股权转让方式，原则上应当遵循公司法的相关规定。

上述提到的公司创始人回购或者直接股权转让，如果出资人直接持有公司股权，则相对简单，但实践中大多采用有限合伙企业或股份代持模式，出资人如要转让或退出，就涉及有限合伙份额的转让和代持份额的转让。关于这一点，最好能在投资前的有限合伙协议书或股份代持协议中加以明确约定。

在解决了由谁来接盘后，具体的受让价格又是一个难题。由于公司尚未上市，没有一个合理的定价，也很难有同行业的参考标准，所以建议在出资入股时就在协议里约定清楚，比如有的众筹项目在入股协议里约定发生这种情况时由所有股东给出一个评估价，取其中的平均值作为转让价，也有的约定以原始的出资价作为转让价。

八、国外股权众筹的法律监管

作为股权众筹发源地的美国，2012 年 4 月即颁布了《2012 年促进创业企业融资法》（即 JOBS 法案）。英国金融行为监管局（FCA）也于 2014 年 3 月 6 日发布了《关于网络众筹和通过其他方式发行不易变现证券的监管规则》。目前我国还没有专门针对股权众筹的法规。

（一）美国 JOBS 法案

JOBS 法案中关于股权众筹的主要内容有以下四项。

1. 股权众筹标准及投资人要求

JOBS 法案首先解除了创业企业不得以“一般劝诱或广告”方式非公开发行股票的限制，这使得股权众筹在法律上获得正式认可。

法案对股权众筹标准及投资人分别作出了规定。

> 对每一个项目而言，其融资规模在 12 个月内不能超过 100 万美元。
> 如果投资者年收入和净值均不超过 10 万美元，其出资规模不超过 2000 美元或该投资者 5% 年收入或净值（以较大者为准）；如果投资者年收入和净值达到或超过 10 万美元，其出资规模不超过该投资者 10% 年收入或净值，最多不超过 10 万美元。

2. 众筹平台注册登记义务

JOBS 法案明确免除了众筹平台登记成为证券经纪商或证券交易商的义务。也就是说，众筹平台需要在 SEC 登记，仍然在 SEC 的监管下，即使在一定条件下免除登记注册为经纪交易商，仍然需要众筹平台是一个注册的全国性交易证券协会的成员，或是接受 SEC 检查、执法。

3. 对众筹平台的内部人员限制

JOBS 法案严禁平台内部人员通过平台上的证券交易获利，主要包括以下两个方面。

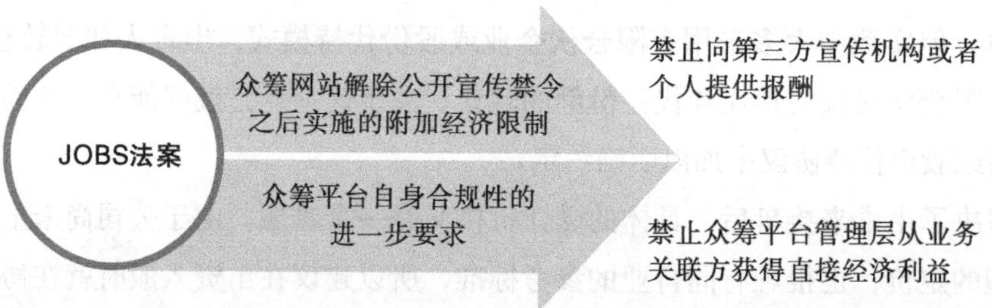

4. 众筹平台信息披露

众筹平台的信息强制披露义务包括两个方面，第一是对投资者的风险告知义务，第二是对交易行为本身的信息披露义务。

风险告知义务源于股权投资的高风险性，JOBS 法案要求必须对投资者给予足够的风险提示，包括按照证券交易委员会确定的适当规则，审核投资者信息；明确投资者已经了解所有投资存在损失的风险，并且投资者能够承担投资损失；通过回答问题，表明投资者了解初创企业、新兴企业以及小型证券发行机构的一般风险等级，了解投资无法立即变现的风险；按照证券交易委员会确定的适当规则，了解此外其他相关事项。

在交易信息披露义务方面，法案规定众筹平台应采取 SEC 的规定，降低交易欺诈风险，包括了解每个证券发行机构高管、董事以及拥有 20% 可流通股股东的个人背景，以及证券执法监管历史记录，同时在证券销售前 21 天内（或 SEC 规定的其他时间段内），向 SEC 和潜在投资者呈现证券发行机构规定的相关信息。

（二）英国《众筹监管规则》

对于股权众筹，FCA 已经有相应的监管规则，此次只是增加了一些新的规定，主要体现在以下三点。

1 投资者限制

投资者必须是高资产投资人，指年收入超过10万英镑或净资产超过25万英镑（不含常住房产、养老保险金），或者是经过FCA授权的机构认证的成熟投资者

2 投资额度限制

非成熟投资者（投资众筹项目2个以下的投资人），其投资额不超过其净资产（不含常住房产、养老保险金）的10%，成熟投资者不受此限制

3 投资咨询要求

非成熟投资者（投资众筹项目2个以下的投资人），其投资额不超过其净资产（不含常住房产、养老保险金）的10%，成熟投资者不受此限制

附 1：

中国证券业协会关于《私募股权众筹融资管理办法（试行）（征求意见稿）》的起草说明

为拓展中小微企业直接融资渠道，促进创新创业和互联网金融健康发展，提升资本市场服务实体经济的能力，保护投资者合法权益，防范金融风险，中国证券业协会（以下简称证券业协会）起草了《私募股权众筹融资管理办法（试行）（征求意见稿）》（以下简称《管理办法》）。现就有关情况说明如下。

一、起草背景

根据国际证监会组织对众筹融资的定义，众筹融资是指通过互联网平台，从大量的

个人或组织处获得较少的资金来满足项目、企业或个人资金需求的活动。众筹融资对于拓宽中小微企业直接融资渠道、支持实体经济发展、完善多层次资本市场体系建设具有重要意义，受到社会各界的高度关注。但由于缺乏必要的管理规范，众筹融资活动在快速发展过程中也积累了一些不容忽视的问题和风险：一是法律地位不明确，参与各方的合法权益得不到有效保障；二是业务边界模糊，容易演化为非法集资等违法犯罪活动；三是众筹平台良莠不齐，潜在的资金欺诈等风险不容忽视。为满足普通大众的投资需求，发展普惠金融，鼓励行业创新发展，落实李克强总理在近期国务院常务会议上有关部署进一步扶植小微企业，推动“大众创业、万众创新”的指示精神，证券业协会按照“鼓励创新，防范风险”的基本要求起草了《管理办法》，对股权众筹融资进行自律管理，以促进我国股权众筹行业健康发展。

二、《管理办法》的主要内容

（一）关于股权众筹融资的非公开发行性质

现行《证券法》明确规定，公开发行证券必须依法报经国务院证券监督管理部门或者国务院授权的部门核准，未经核准，任何单位与个人不得公开发行证券。通常情况下，选择股权众筹进行融资的中小微企业或发起人不符合现行公开发行核准的条件，因此在现行法律法规框架下，股权众筹融资只能采取非公开发行。鉴于此，《管理办法》明确规定股权众筹应当采取非公开发行方式，并通过一系列自律管理要求以满足《证券法》第10条对非公开发行的相关规定：一是投资者必须为特定对象，即经股权众筹平台核实的符合《管理办法》中规定条件的实名注册用户；二是投资者累计不得超过200人；三是股权众筹平台只能向实名注册用户推荐项目信息，股权众筹平台和融资者均不得进行公开宣传、推介或劝诱。

（二）关于股权众筹平台

《管理办法》将股权众筹平台界定为“通过互联网平台（互联网网站或其他类似电子媒介）为股权众筹投融资双方提供信息发布、需求对接、协助资金划转等相关服务的中介机构”。对于从事私募股权众筹业务的股权众筹融资平台（以下简称股权众筹平台），主要定位服务于中小微企业，众筹项目不限定投融资额度，充分体现风险自担，平台的准入条件较为宽松，实行事后备案管理。

在股权众筹平台的经营业务范围方面，为避免风险跨行业外溢，《管理办法》规定股权众筹平台不得兼营个人网络借贷（即P2P网络借贷）或网络小额贷款业务。

（三）关于投资者

鉴于股权众筹融资的非公开发行性质，投资者应当为不超过200人的特定对象。《管理办法》对合格投资者的具体标准设定主要参照了《私募投资基金监督管理暂行办法》相关要求，同时投资者范围增加了“金融资产不低于300万元人民币或最近三年个人年均收入不低于50万元人民币的个人”，一方面避免大众投资者承担与其风险承受能力不相匹配的投资风险，另一方面通过引入合格投资者尽可能满足中小微企业的合理融资需求。

（四）关于融资者

《管理办法》仅要求融资者为中小微企业，不对融资额度作出限制。《管理办法》规定了融资者在股权众筹融资活动中的职责，强调了适当程度的信息披露义务。根据众筹融资企业，尤其是中小微企业的经营特点，《管理办法》未对财务信息提出很高的披露要求，但要求其发布真实的融资计划书，并通过股权众筹平台向投资者如实披露企业的经营管理、财务、资金使用情况等关键信息，及时披露影响或可能影响投资者权益的重大信息。

（五）关于投资者保护

大众投资者投资经验少，抗风险能力弱，通常不允许直接或间接参与高风险投资。然而众筹融资的本质特征决定了大众投资者也是此类投融资活动的重要募资对象，为此，《管理办法》作了三个方面的制度安排：一是明确并非所有普通大众都可以参与股权众筹，要求涉众型平台必须充分了解，并有充分理由确定其具有必要的风险认知能力和风险承受能力；二是以平台为自律管理抓手，要求其有能力判定投资者识别风险和承担风险的能力，有能力承担可能出现的涉众风险，实现投资者资金和平台资金的有效隔离；三是要求融资者适当程度的信息披露。

（六）关于自律管理

证券业协会依照有关法律法规及本办法对股权众筹融资行业进行自律管理。股权众筹平台应当在证券业协会备案登记，并申请成为证券业协会会员。证券业协会委托中证资本市场监测中心有限责任公司对股权众筹融资业务备案和后续监测进行日常管理。《管理办法》明确列出各参与主体的禁止行为，划定业务"红线"，防止风险累积，鼓励行业创新和自由竞争。为了保护众筹融资参与各方的合法权益，《管理办法》对违反法律法规及本办法的行为规定了责令整改、警示、暂停执业等自律管理措施和纪律处分。

（七）关于证券经营机构开展股权众筹业务

作为传统直接融资中介，证券经营机构在企业融资服务方面具备一定经验和优势，因此，《管理办法》规定证券经营机构可以直接提供股权众筹融资服务，在相关业务开展后5个工作日内向证券业协会报备。

附2：

股权众筹融资管理办法（试行）（征求意见稿）

中国证券业协会2014年12月18日公布

第一章　总则

第一条【宗旨】为规范私募股权众筹融资业务，保护投资者合法权益，促进私募股权众筹行业健康发展，防范金融风险，根据《证券法》《公司法》《关于进一步促进资本市场健康发展的若干意见》（国发〔2014〕17号）等法律法规和部门规章，特制定本办法。

第二条【适用范围】本办法所称私募股权众筹融资是指融资者通过股权众筹融资互联网平台（以下简称股权众筹平台）以非公开发行方式进行的股权融资活动。

第三条【基本原则】私募股权众筹融资应当遵循诚实、守信、自愿、公平的原则，保护投资者合法权益，尊重融资者知识产权，不得损害国家利益和社会公共利益。

第四条【管理机制安排】中国证券业协会（以下简称证券业协会）依照有关法律法规及本办法对股权众筹融资行业进行自律管理。证券业协会委托中证资本市场监测中心有限责任公司（以下简称市场监测中心）对股权众筹融资业务备案和后续监测进行日常管理。

第二章　股权众筹平台

第五条【平台定义】股权众筹平台是指通过互联网平台（互联网网站或其他类似电子媒介）为股权众筹投融资双方提供信息发布、需求对接、协助资金划转等相关服务的中介机构。

第六条【备案登记】股权众筹平台应当在证券业协会备案登记，并申请成为证券业协会会员。

证券业协会为股权众筹平台办理备案登记不构成对股权众筹平台内控水平、持续合规情况的认可，不作为对客户资金安全的保证。

第七条【平台准入】股权众筹平台应当具备下列条件：

（一）在中华人民共和国境内依法设立的公司或合伙企业；

（二）净资产不低于500万元人民币；

（三）有与开展私募股权众筹融资相适应的专业人员，具有3年以上金融或者信息技术行业从业经历的高级管理人员不少于2人；

（四）有合法的互联网平台及其他技术设施；

（五）有完善的业务管理制度；

（六）证券业协会规定的其他条件。

第八条【平台职责】股权众筹平台应当履行下列职责：

（一）勤勉尽责，督促投融资双方依法合规开展众筹融资活动、履行约定义务；

（二）对投融资双方进行实名认证，对用户信息的真实性进行必要审核；

（三）对融资项目的合法性进行必要审核；

（四）采取措施防范欺诈行为，发现欺诈行为或其他损害投资者利益的情形，及时公告并终止相关众筹活动；

（五）对募集期资金设立专户管理，证券业协会另有规定的，从其规定；

（六）对投融资双方的信息、融资记录及投资者适当性管理等信息及其他相关资料进行妥善保管，保管期限不得少于10年；

（七）持续开展众筹融资知识普及和风险教育活动，并与投资者签订投资风险揭示书，确保投资者充分知悉投资风险；

（八）按照证券业协会的要求报送股权众筹融资业务信息；

（九）保守商业秘密和客户隐私，非因法定原因不得泄露融资者和投资者相关信息；

（十）配合相关部门开展反洗钱工作；

（十一）证券业协会规定的其他职责。

第九条【禁止行为】股权众筹平台不得有下列行为：

（一）通过本机构互联网平台为自身或关联方融资；

（二）对众筹项目提供对外担保或进行股权代持；

（三）提供股权或其他形式的有价证券的转让服务；

（四）利用平台自身优势获取投资机会或误导投资者；

（五）向非实名注册用户宣传或推介融资项目；

（六）从事证券承销、投资顾问、资产管理等证券经营机构业务，具有相关业务资格的证券经营机构除外；

（七）兼营个体网络借贷（即P2P网络借贷）或网络小额贷款业务；

（八）采用恶意诋毁、贬损同行等不正当竞争手段；

（九）法律法规和证券业协会规定禁止的其他行为。

第三章　融资者与投资者

第十条【实名注册】融资者和投资者应当为股权众筹平台核实的实名注册用户。

第十一条【融资者范围及职责】融资者应当为中小微企业或其发起人，并履行下列职责：

（一）向股权众筹平台提供真实、准确和完整的用户信息；

（二）保证融资项目真实、合法；

（三）发布真实、准确的融资信息；

（四）按约定向投资者如实报告影响或可能影响投资者权益的重大信息；

（五）证券业协会规定和融资协议约定的其他职责。

第十二条【发行方式及范围】融资者不得公开或采用变相公开方式发行证券，不得向不特定对象发行证券。融资完成后，融资者或融资者发起设立的融资企业的股东人数累计不得超过200人。法律法规另有规定的，从其规定。

第十三条【禁止行为】融资者不得有下列行为：

（一）欺诈发行；

（二）向投资者承诺投资本金不受损失或者承诺最低收益；

（三）同一时间通过两个或两个以上的股权众筹平台就同一融资项目进行融资，在股权众筹平台以外的公开场所发布融资信息；

（四）法律法规和证券业协会规定禁止的其他行为。

第十四条【投资者范围】私募股权众筹融资的投资者是指符合下列条件之一的单位或个人：

（一）《私募投资基金监督管理暂行办法》规定的合格投资者；

（二）投资单个融资项目的最低金额不低于100万元人民币的单位或个人；

（三）社会保障基金、企业年金等养老基金，慈善基金等社会公益基金，以及依法设立并在中国证券投资基金业协会备案的投资计划；

（四）净资产不低于1000万元人民币的单位；

（五）金融资产不低于300万元人民币或最近三年个人年均收入不低于50万元人民币的个人。上述个人除能提供相关财产、收入证明外，还应当能辨识、判断和承担相应投资风险；

本项所称金融资产包括银行存款、股票、债券、基金份额、资产管理计划、银行理财产品、信托计划、保险产品、期货权益等。

（六）证券业协会规定的其他投资者。

第十五条【投资者职责】投资者应当履行下列职责：

（一）向股权众筹平台提供真实、准确和完整的身份信息、财产、收入证明等信息；

（二）保证投资资金来源合法；

（三）主动了解众筹项目投资风险，并确认其具有相应的风险认知和承受能力；

（四）自行承担可能产生的投资损失；

（五）证券业协会规定和融资协议约定的其他职责。

第四章　备案登记

第十六条【备案文件】股权众筹平台应当在设立后5个工作日内向证券业协会申请备案，并报送下列文件：

（一）股权众筹平台备案申请表；

（二）营业执照复印件；

（三）最近一期经审计的财务报告或验资报告；

（四）互联网平台的ICP备案证明复印件；

（五）股权众筹平台的组织架构、人员配置及专业人员资质证明；

（六）股权众筹平台的业务管理制度；

（七）股权众筹平台关于投资者保护、资金监督、信息安全、防范欺诈和利益冲突、风险管理及投资者纠纷处理等内部控制制度；

（八）证券业协会要求的其他材料。

第十七条【相关文件要求】股权众筹平台应当保证申请备案所提供文件和信息的真实性、准确性和完整性。

第十八条【核查方式】证券业协会可以通过约谈股权众筹平台高级管理人员、专家评审、现场检查等方式对备案材料进行核查。

第十九条【备案受理】股权众筹平台提供的备案申请材料完备的，证券业协会收齐材料后受理。备案申请材料不完备或不符合规定的，股权众筹平台应当根据证券业协会的要求及时补正。

申请备案期间，备案事项发生重大变化的，股权众筹平台应当及时告知证券业协会并申请变更备案内容。

第二十条【备案确认】对于开展私募股权众筹业务的备案申请，经审查符合规定的，证券业协会自受理之日起20个工作日内予以备案确认。

第二十一条【备案注销】经备案后的股权众筹平台依法解散、被依法撤销或者被依法宣告破产的，证券业协会注销股权众筹平台备案。

第五章　信息报送

第二十二条【报送融资计划书】股权众筹平台应当在众筹项目自发布融资计划书之日起5个工作日内将融资计划书报市场监测中心备案。

第二十三条【年报备查】股权众筹平台应当于每年4月30日之前完成上一年度的年度报告及年报鉴证报告，原件留档备查。

第二十四条【信息报送范围】股权众筹平台发生下列情形的，应当在5个工作日内向证券业协会报告：

（一）备案事项发生变更；

（二）股权众筹平台不再提供私募股权众筹融资服务；

（三）股权众筹平台因经营不善等原因出现重大经营风险；

（四）股权众筹平台或高级管理人员存在重大违法违规行为；

（五）股权众筹平台因违规经营行为被起诉，包括：涉嫌违反境内外证券、保险、期货、商品、财务或投资相关法律法规等行为；

（六）股权众筹平台因商业欺诈行为被起诉，包括：错误保证、有误的报告、伪造、欺诈、错误处置资金和证券等行为；

（七）股权众筹平台内部人员违反境内外证券、保险、期货、商品、财务或投资相关法律法规行为。

（八）证券业协会规定的其他情形。

第六章　自律管理

第二十五条【备案管理信息系统】市场监测中心应当建立备案管理信息系统，记录包括但不限于融资者及其主要管理人员、股权众筹平台及其从业人员从事股权众筹融资活动的信息。备案管理信息系统应当加入中国证监会中央监管信息平台，股权众筹相关数据与中国证监会及其派出机构、证券业协会共享。

第二十六条【自律检查与惩戒】证券业协会对股权众筹平台开展自律检查，对违反自律规则的单位和个人实施惩戒措施，相关单位和个人应当予以配合。

第二十七条【自律管理措施与纪律处分】股权众筹平台及其从业人员违反本办法和相关自律规则的，证券业协会视情节轻重对其采取谈话提醒、警示、责令所在机构给予处理、责令整改等自律管理措施，以及行业内通报批评、公开谴责、暂停执业、取消会员资格等纪律处分，同时将采取自律管理措施或纪律处分的相关信息抄报中国证监会。涉嫌违法违规的，由证券业协会移交中国证监会及其他有权机构依法查处。

第七章　附则

第二十八条【证券经营机构开展众筹业务】证券经营机构开展私募股权众筹融资业务的，应当在业务开展后5个工作日内向证券业协会报备。

第二十九条 本办法自　　年　月　日起实施，由证券业协会负责解释和修订。

附3：

中国政府对股权众筹的整治

2016年，有关互联网金融专项整治行动的消息层出不穷。在大范围的互联网金融整治行动中，股权众筹也被列入了整治范围。由证监会牵头，协同地方政府及相关金融监管部门，联合制定的《股权众筹风险专项整治工作实施方案》已经出炉，方案中显示，将大力整治包括“虚假宣传”“欺诈发行股票等金融产品”“持牌金融机构与互联网企业违法违规开展业务”在内的八大重点问题。

八大重点问题

（1）互联网股权众筹融资平台（下称平台），违反规定，未经有关部门批准，在注册名称或经营范围中使用“股权众筹”等字样，以股权众筹名义从事股权融资业务的行为。

（2）平台以“股权众筹”名义募集私募股权投资基金。

（3）平台上的融资者未经批准，擅自公开或者变相公开发行股票。其中，向不特定对象或特定对象发行股票后股东累计超过200人，为公开发行，应依法报经证监会核准；而股东累计不超过200人的非公开发行，不得采用广告、公告、广播、电话、传真、信函、网络等公开方式变相公开发行，也不得通过手机APP、微信、QQ群、微信群等方式进行宣传推介。

（4）平台通过虚构或夸大平台实力、融资项目信息和回报等方法，进行虚假宣传，误导投资者。

（5）平台上的融资者欺诈发行股票等金融产品。

（6）平台及其工作人员挪用或占用投资者资金。

（7）平台和房地产开发企业、房地产中介机构以“股权众筹”名义从事非法集资活动。

（8）证券公司、基金公司和期货公司等持牌金融机构与互联网企业合作，违法违规开展业务。

根据方案，股权众筹专项整治将分为摸底排查、清理整顿、督查和评估、验收和总结四个时间段，时间进度与《互联网金融风险专项整治工作实施方案》要求统一。其中，摸底排查于2016年7月底前完成，清理整顿、督查和评估于2016年11月底前完成，验收和总结工作2017年1月底前完成。

整治的目标

此次股权众筹专项整治行动旨在达到以下四个目标。

（1）通过全覆盖的集中排查，全面掌握互联网股权众筹融资现状。对排查中发现并确认的问题，依法依规责令整改；对有关机构和个人逾期不改或整改不力的，予以严肃处理。

（2）集中力量查处一批涉及互联网股权融资的非法金融活动案件，依法严肃处理涉案机构和人员，对典型案件予以曝光，对不法分子起到威慑作用。

（3）加大有关政策法规的宣传解读，使投资者和互联网股权众筹融资从业机构及人员了解和掌握有关规定，增强依法经营，审慎投资的意识。

（4）进一步健全法规制度，网上监管长效机制，为互联网股权融资健康发展创造有利条件。

第七章　移动支付的风险防范

网络信息技术在金融领域的广泛应用极大地推动了传统金融产业的创新与变革，移动支付就是网络信息技术与金融产业融合的重要成果。移动支付是用户通过手机等移动终端对消费的商品或服务进行支付的一种方式，与传统支付方式相比，移动支付具有“随时、随地、随身”、产业链长、行业跨度大、社会影响面广等特点。

在我国，目前移动支付在技术标准、运行模式、风险控制等方面还存在诸多风险制约因素，亟须研究相应的风险防范措施，以促进移动支付行业的健康发展。

一、认识移动支付

移动支付也被称为手机支付，是指能够让消费者可以利用手机、平板电脑等移动终端对所消费的产品或者服务进行账户支付的一种方式。个人或者单位通过互联网设备、移动设备或者近距离传感设备以间接或者直接的方式向金融机构发送支付指令，从而产生资金转移行为或者货币支付行为。

（一）移动支付的形式

移动支付将金融机构、移动运营商、互联网与终端设备相连接，为用户提供货币支付、货币转移、缴费等多项金融业务。移动支付包括远程支付与近场支付两种形式，如下图所示。

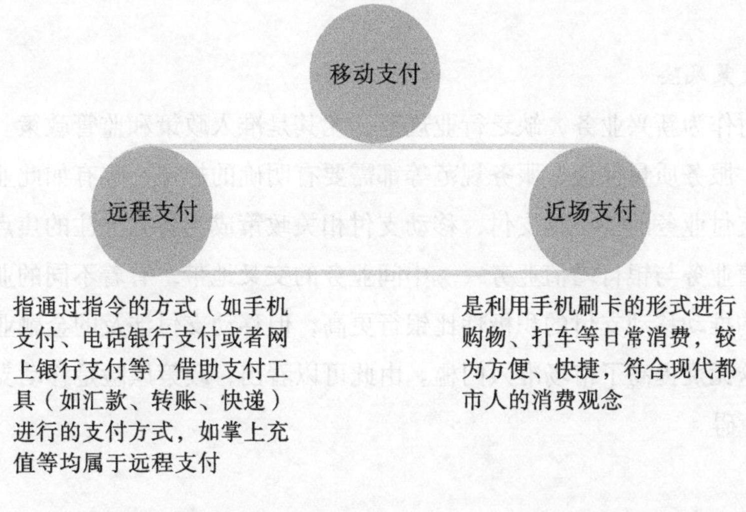
移动支付
远程支付
近场支付
指通过指令的方式（如手机支付、电话银行支付或者网上银行支付等）借助支付工具（如汇款、转账、快递）进行的支付方式，如掌上充值等均属于远程支付
是利用手机刷卡的形式进行购物、打车等日常消费，较为方便、快捷，符合现代都市人的消费观念

移动支付不论采取哪一种形式，都与互联网金融有着密切的联系。

（二）移动支付的产业链构成

移动支付产业链主要由移动运营商、银行、移动设备提供商、移动支付服务提供商、商家以及用户构成，产业链中的每一个角色都有着清晰的定位，详见下表。

移动支付产业链	角色定位
移动运营商	连接金融机构、服务提供商、商家以及用户的重要通道，主要功能为移动支付搭建通信渠道，搭建移动支付平台
银行	掌握巨大的用户资源，并拥有强大的资金支持，通过手机号码与银行卡绑定，为移动支付平台建立一整套完善的支付体系
移动设备提供商	为移动支付平台提供设备服务，满足用户实现移动支付的终端要求，解决移动支付过程中的业务问题
移动支付服务提供商	移动运营商与银行之间沟通的桥梁，充当第三方独立支付方，具备协调与整合能力，为用户提供市场反应效果良好且适合的移动支付服务
商家	在移动支付中通过便捷的移动支付终端，减少支付的复杂流程，提升客户满意度，从而扩大移动支付的适用范围，具备从属性
用户	移动支付服务的最终使用者，其对移动支付的爱好与接受程度均是决定未来移动支付发展的重要因素

二、移动支付的风险分析

移动支付的风险主要集中在政策风险、技术风险、金融法律风险、信誉风险四个方面。

（一）政策风险

移动支付作为新兴业务，缺乏行业规范，尤其是准入政策和监管政策。行业中涉及的资源共享、服务质量保证、服务规范等都需要有明确的规定，唯有如此业务才能健康发展。移动支付业务的核心是支付，移动支付相关政策成为各方关注的焦点。移动支付处于电信增值业务与银行增值业务——中间业务的交叉地带，有着不同的业务类型。国内非银行机构推动移动支付的积极性比银行更高，但移动支付涉及的金融业务必须接受金融监管，这无疑提高了市场准入门槛。由此可以看出，政策风险是移动支付业务发展无法回避的障碍。

（二）技术风险

移动支付技术风险主要是支付的技术安全风险和技术开展风险。技术安全风险包括两方面：一是数据传输的安全性风险；二是用户信息的安全性风险。

数据传输的安全性风险是客户对移动支付最为关注的问题，用户信息的安全性风险同样值得关注。短信支付密码被破译、实时短信无法保证、身份识别是移动支付面临的主要技术难题。手机仅仅作为通信工具时，密码保护并不重要，但作为支付工具时，丢失手机、密码被攻破、病毒木马等问题都会给用户造成重大损失。

（三）金融法律风险

移动支付中容易引发的金融法律风险主要包括沉淀资金的法律风险和洗钱的法律风险。

1 沉淀资金的风险

由于在移动支付过程中存在用户将资金存入账户中和资金支付间存在时间差而产生的在途资金等沉淀资金，这些沉淀资金的收益及能否对其进行挪用等将会产生一系列的问题。尤其是有的机构擅自挪用资金而有可能产生的一系列的后果等将有可能引发金融法律风险

2 洗钱的风险

移动支付这一新兴的支付方式由于其方便快捷也很有可能被一些不法分子利用进行不当收益的漂白活动，因而反洗钱也是移动支付可能引发的一种金融风险

（四）信誉风险

开展移动支付，可靠的服务平台至关重要。金融机构要能够持续提供安全、准确、及时的移动金融服务，通信运营商服务质量也要有保障。如果客户在移动支付过程中遇到严重的通信网络故障以及银行信息系统的不完善而造成客户资金的流失，将会造成客户对移动支付的不信任，引发信誉风险。

三、移动支付技术面临的安全风险

移动支付的整个系统主要包括客户端、网络通信、应用服务端三大部分，因此系统可能面临的安全风险主要也体现在这三个环节。

（一）客户端风险

1．客户端应用程序自身的风险

由于智能手机尤其是Android手机的生态环境较为开放，权限控制灵活，应用分发渠道众多，而Android应用又是基于java语言开发的，具有易反编译、易修改等特点，所以Android应用自身可能面临诸多风险（如下图所示）。

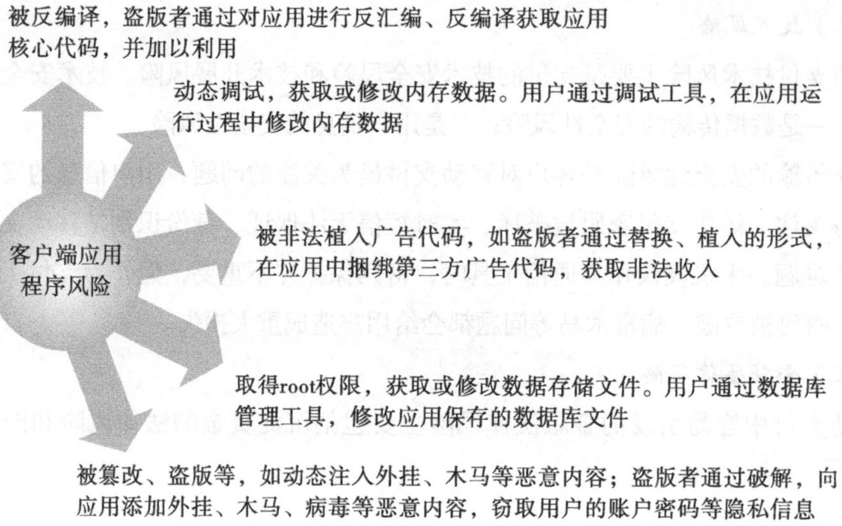

被反编译，盗版者通过对应用进行反汇编、反编译获取应用核心代码，并加以利用
动态调试，获取或修改内存数据。用户通过调试工具，在应用运行过程中修改内存数据
客户端应用程序风险
被非法植入广告代码，如盗版者通过替换、植入的形式，在应用中捆绑第三方广告代码，获取非法收入
取得root权限，获取或修改数据存储文件。用户通过数据库管理工具，修改应用保存的数据库文件
被篡改、盗版等，如动态注入外挂、木马等恶意内容；盗版者通过破解，向应用添加外挂、木马、病毒等恶意内容，窃取用户的账户密码等隐私信息

2. 基于仿冒应用的钓鱼欺骗风险

不法分子仿造正版应用软件，诱骗用户安装，进而窃取用户输入的账号、密码、身份证号、交易内容等敏感信息。

3. 基于短信、网站欺诈的钓鱼欺骗风险

不法分子通过伪造或者仿冒银行专用短信号码，向客户发送类似于程序升级、客户某些设置过期需要修改之类的短信，诱导客户前往钓鱼网站输入登录名、密码、卡密码、动态设备密码等信息，然后同步使用客户的账号、密码来登录应用，从而非法获利。

4. 界面劫持风险

病毒或者木马程序在后台检测到客户启动金融类APP时，弹出一层透明的界面遮罩到其操作界面上层，当客户输入用户名密码时，以为是在金融机构发行的正版APP界面上输入，实际上则是被非法软件截获。

5. 暴力登录尝试风险

暴力登录的初级版本是利用攻击程序或者脚本，固定登录用户名，自动化尝试可能的密码组合，直到正确为止。但一般的应用都限制了登录密码连续输错的次数，当密码连续输错超过一定次数后，密码会被临时锁定。后来，暴力攻击演化出了一种新方式：固定一个常用密码，枚举所有可能的用户名，直到成功。

6. 外联风险

开放是互联网的一大特性。很多移动金融应用为了充分整合外部资源，以APP集成或以Web接入的方式引进了不少第三方应用或者服务。当第三方应用出现安全漏洞时，对于集成它的移动金融应用及客户来说，也会带来直接风险，如信息泄露、资金转移等。

（二）网络通信的安全风险

1．通信信道的风险

从移动终端发出请求，经过运营商网络或互联网，到达防火墙，在这样的一个过程中，信息在多个不同的组织和节点中传输，如接入点、ISP的路由器、交换机、骨干网络等，如果采用普通的HTTP协议，当不怀好意的用户侵入这其中任何一个节点时，都有可能窃取、修改传输的数据。

2．https嗅探劫持

为保证网络通信信道安全，业界通用的做法是采用标准的https协议。但是，国内某机构网络安全中心在日常终端安全审计中发现，在Android平台中使用https通信的APP绝大多数都没有安全地使用Google提供的API，直接导致https通信中的敏感信息泄漏甚至远程代码执行。

究其原因，开发者在使用代码开发测试自己产品的https功能时，会因无法通过Google API的https证书合法性而发生多种类型的https异常。为解决上述异常，开发者通常会采用覆盖Google默认的证书检查机制的方式，为信息泄露埋下隐患。黑客可通过流量劫持，截获https握手时下发的证书，替换为伪造的假证书。随后，全部的https数据都在监控之下，可随意篡改数据包的内容。

（三）应用服务端的安全风险

移动支付应用服务端的安全风险主要表现在以下三个方面。

1 DDoS攻击的风险

虽然很多移动支付APP采用了安全的加密信道，也采用了网络防火墙技术，但是当攻击者利用分布式服务器，结合自动化程序或者脚本，频繁地向APP的服务端发起请求时，可能会造成系统资源被大量占用，从而导致服务端响应变慢甚至瘫痪

2 Session重放攻击的风险

黑客通过监听与截获，将用户从客户端发给服务端的请求重新发送一遍，从而试图重复被监听者之前进行过的操作，如转账、查看关键信息等

3 SQL注入的风险

当应用程序对于输入值合法性判断得不够完备时，同时，服务端逻辑以用户或者外部的输入直接动态构造SQL查询的命令，将可能改变SQL查询语句本来的语义，从而导致执行任意的SQL命令，泄露或者篡改SQL数据库的敏感数据

四、移动支付技术安全风险的应对措施

对于上述列举的各类问题或攻击，互联网金融机构如果能采取针对性的技术措施，是完全可以进行有效防范，大大降低风险的。

（一）客户端程序安全加固

针对移动金融客户端（尤其是Android应用）所面临的风险，如被破解、盗版、篡改、动态调试、修改本地文件等，已有许多专业的安全公司具备了对移动应用进行安全加固的技术，通俗的说法就是“加壳”，通过对应用程序本身进行加密保护，来大幅增加上述一系列攻击行为的难度，从而有效降低风险。建议金融机构借鉴研究相关“加壳”技术或者与专业安全机构合作，在移动APP发布前，进行有效的安全加固。

（二）钓鱼应用和钓鱼网站的防护

针对钓鱼类的风险，在运营层面上，互联网金融机构要通过多种渠道加强客户的宣传教育，广泛告知客户下载客户端应用的正规方式，防止客户下载山寨版应用；提示客户谨慎进入不确信的网站，并不要将自己的个人信息（各类密码、动态码等）随意泄露，以免造成不必要的损失。

在技术层面上，互联网金融机构可以考虑和专业的第三方安全公司合作，一方面，引入应用检测机制，当用户安装非官方应用时，警告客户不要安装甚至阻止安装；另一方面，对各分发渠道、论坛、网站等进行检索、分析，尝试自动发现山寨应用、钓鱼应用的来源，并会同工信部门、公安部门采取必要措施。同时，应用层面还要加强对用户身份认证的能力，如手机号绑定、终端绑定、USB Key硬件证书等，加大钓鱼成功的难度。

（三）应用“清场”机制

对于界面劫持之类的风险，当应用检测到自身被遮罩或者切换到后台时，建议给客户以警告提示。更进一步，应用在启动时或者进行关键性交易前，可以考虑引入“清场”机制，清除在后台运行的可疑程序。

（四）防自动化登录

“撞库”或者暴力登录类攻击，其本质是利用自动化程序进行频繁尝试，所以互联网金融机构的应对措施就是加大自动化尝试的难度。例如，设置密码键盘、复杂的图形验证码，用户名与终端绑定等。

（五）https安全

网络通信层的信息安全，基于SSL的https协议一般就能满足安全传输要求。但是，正如上面所列举到的，在Android平台使用https通信时，如果没有安全地使用google提供的API，同样会存在信息泄露的风险。所以，在产品研发环节，一定要严格按照安全标准和规范来进行开发。

（六）网络入侵检测和应用监控

针对应用服务端可能面临的DDoS攻击，一方面互联网金融机构可以在网络层尝试进行入侵检测和控制，如借助防火墙的访问控制，做到以下五点，如下图所示。

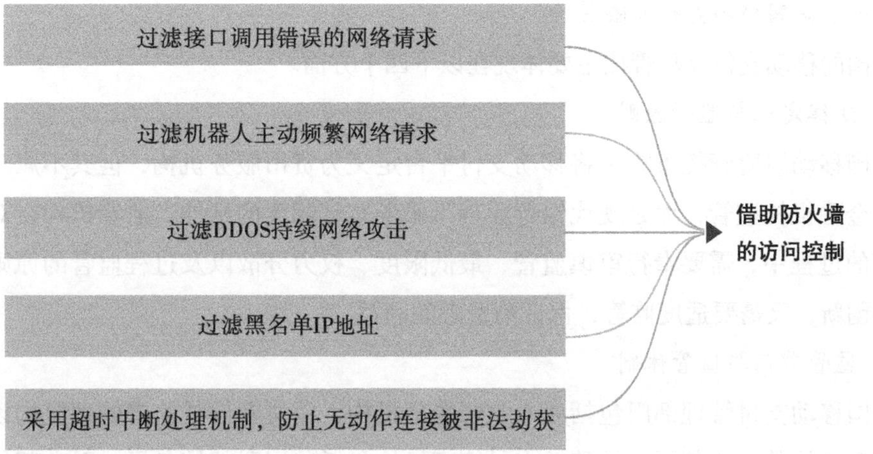

另一方面，应用层也可以增加监控和检测机制，当识别到某一用户名短时间内频繁登录系统，或者同一用户多笔业务操作间隔明显低于正常情况时，也可以采取适当的限制措施。

（七）对外接应用的审核、安全检测及应急切断

为了防范外联风险，在业务和运营上，互联网金融机构一定要制定严格的外部应用接入规范，增加规范审核、安全检测等机制，同时，要建立有效的应急机制，一旦接入的外部应用出现安全漏洞，要及时对入口进行临时限制或屏蔽，并同步做好客户的引导支持。

（八）其他传统风险的防护

对于 session 重放、SQL 注入以及其他等传统互联网应用同样面临的风险，成熟的解决方案有很多，这一方面要求互联网金融机构的开发人员严格按照开发标准和安全规范来执行，如输入输出合法性检查、SQL 编程规范等；另一方面要求开发人员在进行系统设计时，充分考虑各环节风险的应对措施，如防 session 重放的随机数机制、基于安全信道的一次一密加密机制等。

随着新技术、新手段的不断发展，各种新的风险也会不断出现，系统安全的加强是无止境的。尤其是在移动金融迅速发展、影响力越来越大的背景下，移动金融应用的整体信息安全要求也越来越高、越来越重要，互联网金融机构只有从制度、技术、业务、运营、维护等多个层面、多个环节加强重视，共同努力，防微杜渐，才能保障移动互联网时代的金融安全，为移动金融的健康发展保驾护航。

五、国外移动支付的监管

国外一些国家移动支付业务的发展比我国要早，其对风险的防范能力和监管能力也比较强，有一些有益的经验值得我国借鉴。

（一）美国移动支付风险管控

美国的移动支付风险管控主要体现在以下四个方面。

1. 法律定位与监管原则

美国移动风险管控策略中将移动支付平台定义为货币服务机构，但其不属于银行或者其他金融机构监管，而是现代银行业货币服务监督制度的延伸。监管机构在对移动支付监管的过程中，需要奉行审慎监管、最低限度、权力分散以及过程监管的原则，既需要鼓励创新，又需要适度监管，保证消费者的利益。

2. 监管部门与监管体制

美国移动支付管理部门包括商业监督管理机构、消费者信贷监督管理机构以及金融监督管理机构等。联邦层面的移动支付管理机构包括美国联邦储备局、财政部货币监理署与联邦存款保险公司等多个监督管理机构。

其中，移动支付机构的监管部门是美国联邦存款保险公司，该机构的用户滞留金需要存在银行设立的无息账户中，这些银行则是联邦存款保险公司的被保险人，联邦存款保险公司可以通过存款延伸保险实现用户以及移动支付机构的监管。而其他监管部门则可以通过双线的监督管理体制对移动支付机构进行监管，从而实现权力分散和相互制约的目的。

3. 监督立法与监管依据

在监管立法方面，美国现有法律中很少有针对监管所设置的条例，因此随着移动互联网的进步，立法方面也逐渐进行了补充与完善。例如，《金融服务现代法》就是针对电子商务实施的监管立法，该法律禁止联邦政府与各级政府对电子商务实施歧视性税收以及多重征税的政策，将移动支付机构界定为非银行金融机构，实行功能性监管等。

4. 监管措施与监管手段

美国对移动支付方式从法律风险、市场风险、资金风险以及技术风险方面实施风险管控，并要求移动支付的后台对业务逻辑与用户行为进行安全风险监控，而不是将风险转嫁给用户。

（二）英国移动支付风险管控

随着移动支付的用户与支付场景逐渐普及，移动支付安全的可靠性与反洗钱问题逐渐成为移动支付需要解决的重点。英国的传统金融风险管理业务已经基本完善，而移动支付业务的安全性问题是现在很多英国银行需要重点解决的难题。

英国的移动支付风险管控主要体现在以下两个方面。

1 移动支付的安全风险管控问题

英国银行对消费者会定期进行安全意识教育，从而促进金融机构的服务发展，并尽一切可能减少黑客入侵客户移动支付的可能。如果在客户使用期间出现了诈骗系统而银行未能及时检测，那么银行则需要承担全部责任，从而减少客户的风险损失

2 移动支付的商户风险管控

英国银行长期关注于银行联名卡，并将其作为用户消费的关键首选。但是，随着移动支付手段的不断提升，越来越多的商户希望移动银行成为消费者消费的主要渠道，并以此享受到更多的服务。英国银行也针对其进行了信息应用程序的加强，为商户与用户提供多元化的风险分析渠道，保证商户与用户的资金安全

（三）德国移动支付风险管控

德国的移动支付风险管控主要体现在以下两个方面。

1 移动支付的响应风险管控

德国银行在进行移动支付过程中认为，消费者通过手机或者电脑渠道进行电子消费，就已经享受到了实时服务，体验到了现代科技的便捷性，因此这也是德国银行移动支付响应能力提升的表现，因此需要重点防范风险的效率，减少风险发生的可能

2 移动支付的渠道风险管控

德国银行认为，现如今国内外各类移动支付软件层出不穷，金融机构、第三方机构和运营商都需要为移动支付打造一个全方位的安全环境，为移动支付营造一个良好的发展空间，身体力行为用户的消费源泉保驾护航

（四）澳大利亚移动支付风险管控

澳大利亚的移动支付风险管控主要体现在以下两个方面。

1. 移动支付管理具备健全的操作环境

澳大利亚政府设立了资讯通信发展管理局，该管理局不仅可以针对移动支付的环境进行完善，更可以令第三方机构、金融机构与移动运营商之间达成相互操作的协议。在澳大利亚资讯通信发展管理局的管理下，用户进行移动消费更加便捷，多种不同的支付形式也满足了公民的日常生活，有益于移动支付多元化的发展。

2. 澳大利亚健全的移动支付法规标准

澳大利亚在移动支付方面具备健全的法律法规，并将传统的互联网支付模式进行有效改善，政府也会对移动支付模式进行监管。澳大利亚针对第三方移动支付运营商的监管机制较为成熟，有着明确的法律法规，虽然由于货币一体化起步较晚，监管制度也处于不断变换的过程中，但是却依旧保持着明确的监管制度，将具体的法律流程进行了有效的贯彻，总体而言，风险管控较为成熟。

（五）日本移动支付风险管控

日本的移动支付风险管控主要体现在以下两个方面。

1 风险管控战略定位合理

移动支付不同于传统的支付方式，它为日本用户提供了一个全新的支付渠道，便捷、省时，作为未来的支付方向，日本政府投入大量资金对移动支付管理部门进行管理，从多元化的角度对移动支付风险提供保障措施

2 对金融机构进行风险管控

日本政府为了用户资金的安全针对本国的移动运营商与信用卡公司进行了控股，令每项业务的推出都需要政府的参与，以此保证用户的资金安全

六、移动支付风险防范建议

我国移动支付行业的发展目前存在着多重风险，分析当前的风险因素，建议相关监管部门从以下几个方面来完善移动支付发展环境，强化移动支付的风险控制。

（一）尽快完善相关法律、法规

我国的移动支付起步晚，相关法律法规和制度体系建设都不完善。为了使移动支付健康发展，央行、工信、公安等相关部门要结合我国移动支付发展的情况，进一步明确移动支付的准入监管政策，积极支持移动运营商接入公安部公民身份信息核查系统，促进账户实名制的落实，实现风险预防端口前移。

同时，应针对性地出台相关法律法规，制定移动支付服务市场准入和退出制度。同时，加大对网络犯罪行为的打击，并且制定专门的法律，为依法严惩犯罪分子提供必要的法律保障，确保移动支付业务的健康发展。

此外，消费者权益保护部门应参照发达国家的经验，结合移动支付虚拟性、交易环节较多等特点，修订完善《消费者权益保护法》，建立健全移动支付交易消费者权益保护机制。

（二）加快协同监管体系建设

移动支付作为一种新型的支付方式，其市场参与者涵盖了商业银行、电信运营商、移动内容提供商、运营支持服务的技术供应商等。发达国家的移动支付一般都具有明确的监管部门和清晰的职责分工。韩国对电子支付的监管侧重准入管理，要求所有从事支付业务的机构都要取得准入许可，接受金融监管委员会的监管；日本的信用卡、预付费卡以及移动支付业务均属经济产业省管辖。

在我国金融行业分业监管的格局下，移动支付急需建立协同监管机制，促进产业融合发展。首先，要按法定职权，梳理移动支付产业各监管当局的监管职责和分工；其次，尽快协调制定专门的移动支付管理办法，为移动支付业务持续健康发展构建完整的管理

框架；最后，在日常监管中积极探索建立由人民银行主导，银监会、工信部配合的移动支付联席工作会议机制，研究移动支付监管的最新问题和主要风险点，协调出台联合产业政策，形成监管合力。

（三）加强产业协作

我国的移动支付参与主体基本处于“单打独斗”的状态。2012 年，在移动支付标准颁布后，跨行业的合作虽然有所展开，但合作的范围较窄，融合的程度也十分有限。三大电信运营商通过分别寻求金融系统合作伙伴，研发推出 NFC 产品，增加自身客户黏性，开始新一轮的排他性竞争。

中国银联和三大电信运营商均建立了各自的可信服务管理。商业银行的手机钱包、第三方支付机构的支付产品、各机构拓展的行业应用等关联的银行卡账户一般都局限于自身或合作银行，这不仅会影响客户的使用体验，阻碍联网通用、共同发展，也制约了业务的发展壮大，造成重复建设和社会资源的浪费。

从国外经验来看，韩国电信运营商 SKT 与信用卡公司通力合作，降低移动业务费率，同时信用卡公司将收单收益返还给消费者和商户，推动移动支付的普及，共享市场发展成果，这一做法无疑对我国移动支付产业各方协作共赢有着积极的借鉴意义。

1. 协调各方利益，加强合作共赢

监管部门和行业联盟要协调参与各方的利益，加强产业链各环节间的协作配合，促进跨行业融合，积极推动产业合作试点，倡导合作共赢的移动支付发展模式。

中国支付清算协会已于 2012 年底成立移动支付专业委员会，并发布了移动支付行业的自律公约，要在此基础上扩大移动支付联盟参与者的范围，提高行业联盟的影响力，探索建立合理的近场支付商业模式，协调利益分配机制，加快近场支付商圈建设，整合各方商户资源，共同推动移动支付受理商户成片、成街、成圈，逐步优化移动支付客户体验，引导参与各方找准自己的市场定位，联合开发交通、教育、水电煤气领域的近场支付业务，真正实现便民惠民的目标。

2. 积极培育开放共享的竞争环境

首先，要通过政策规范、业务监管等方式鼓励支付业务创新。我国移动支付尚处于起步阶段，要以市场为导向，充分调动移动支付参与者的积极性，鼓励各家机构在大力营销适合基础设施完善地区的高端技术解决方案的同时，也要积极在金融网点缺乏、服务供给不足的农村地区推广低成本移动支付商业模式，实现百花齐放。

其次，要合理设置移动支付服务市场的准入门槛，允许多方参与主体提供服务，参与市场竞争；要保障产业资源共享，预防和防止垄断，保障移动网络通道开放共享。

（四）加强安全保障体系建设

移动支付的安全不仅涉及智能终端安全、通信安全、支付平台安全等技术安全，也涉及资金安全。我国移动支付面临的技术安全威胁正在不断增加，移动支付的安全形势不容乐观，这主要表现在三个方面，如下图所示。

1 **移动网络的安全形势严峻**
通过网络植入手机中的恶意软件、木马程序很有可能篡改、泄露客户信息资料，导致资金损失

2 **移动数据传输的保密性问题突出**
利用钓鱼网站、密码短信拦截、交易确认信息拦截、中间数据窃取等方式，盗取客户资金的案例频现，支付机构资金诈骗事件屡有发生

3 **个人信息保护机制尚不健全**
个人手机号码、账号等敏感信息的保护体制不完善，垃圾短信和欺诈短信泛滥，以手机为载体的诈骗形式层出不穷

因此，在加强安全保障体系的建设方面，可以从以下两方面入手。

1．加快国家级可信服务管理平台建设

可信服务管理平台（TSM）是一个可实现基于安全模块的各类应用发行、管理等功能的开放服务平台。TSM 平台采用机构注册方式，保障应用的发行方和相关检测机构符合技术安全资质，通过对支付应用的生命周期管理，规范应用发行，确保应用符合标准、安全可信、联网通用，通过数字证书与密钥管理，实现移动支付应用的安全身份认证。

要构建、开放、平等、共赢的国家级可信服务管理平台，还需要各监管部门的协调和指导，加快出台平台整合的政策，加大对跨部门平台建设的扶持力度，实现各地方和机构 TSM 系统的互联互通、各平台资源的整合优化和业务统一监管，使各参与方深入合作，为广大客户提供跨行业一站式的安全可信的服务体验。

2．加强安全单元的应用和载体管理

安全单元（SE）是负责交易关键数据安全存储和运算、支持多应用动态管理和运行安全的部件。承载 SE 的介质被称为安全载体。移动支付标准明确的安全载体有 SIM 卡、SD 卡、内置 SE 的全终端、双界面 SIM 卡。加强这些应用和载体管理的主要需做好以下两个方面的工作。

1 **加强安全应用功能的有效管理**

加强移动支付密钥管理系统和证书认证体系的建设，完善密钥发放和认证、检测等相关配套产业链体系，规范SE安全应用功能的使用，提高移动支付交易的安全性

2 **积极拓展SE的多应用管理功能**

SE的多应用功能能够在SE发行后，动态加载新的应用供用户使用，支持多应用共存，确保不同应用间互不影响，安全运行，有效解决诸如移动支付应用中的一卡多账户问题

（五）健全移动支付律法体系

发达国家的移动支付监管均设有专门的法律法规保护消费者的权益。欧盟的《电子货币机构指令》要求提供电子支付服务需要普通银行执照或申请ELMI执照；韩国出台了专门针对直接参与电子商务的公司的《电子商务消费者保护法》，规定不同金融业务间要进行会计分离，并实行最低安全标准，同时也规定支付公司必须承担消费者金融损失的相应责任，保障交易安全及消费者的权利。美国制定了《电子资金划拨法》，美联储颁布了E规则，规范电子支付业务。此外，美国的金融支付服务还受到金融隐私、反洗钱等法律的约束。

我国移动支付立法首先应厘清电子支付各主体的权、责、利，突出对消费者资金安全、个人信息、知情权和损失赔偿方面的保护，更好地维护金融消费者的合法权益。其次应细化对防范移动支付犯罪、洗钱等的规定。

移动支付在客户身份识别、资金转移、反洗钱监测等方面都有其突出的特点，例如在一个业务流程中就同时面临银行机构、支付机构和电信运营商等多名反洗钱义务主体，只有进一步研究和细化以上主体在客户身份识别、可疑交易、大额交易报告和客户身份信息保存等方面的反洗钱职能分工和责任认定，才能对移动支付进行有效的反洗钱监测，打击利用移动支付进行非法资金交易的行为。

（六）加强移动支付服务和监管

移动支付的发展在创新支付方式的同时，对中央银行支付清算服务提出了新的要求，也对中央银行支付体系监督管理提出了新的挑战。中国人民银行具有金融服务的法律职责，处于支付清算体系的核心地位。中央银行应针对移动支付的特点及发展趋势，根据市场需求，建立跨行移动支付平台，促进移动支付业务的安全、高效处理。同时，密切关注移动支付的发展，逐步将其纳入支付系统的日常监管范围，防范支付风险，促进移动支付的健康发展。

第八章 互联网票据的风险及防范

票据理财是指商业银行将已贴现的各类票据，以约定的利率转让给基金、信托中介，信托中介经过包装设计后，出售给投资者。简单地说，就是银行将客户的资金用于投资各类票据的理财产品。

互联网票据作为互联网金融的一部分，主要是借助互联网技术、移动通信技术提供商业汇票服务的一种业务模式。它与银行理财产品相比，因具备更高的收益，因此受到很多投资者的追捧。但近年来，互联网票据理财市场也是风险事件频发，投资者要想做好互联网票据投资理财，不仅需要关注产品收益率本身，更重要的是学会掌握辨识风险的技能。

本章介绍了当前互联网票据理财的主要业务模式，分析了互联网票据理财业务所存在的风险，并有针对性地提出了相关风险的防范建议。最后，本章还提出了完善互联网票据理财的相关立法和监管建议。

一、互联网票据平台的作用

互联网票据作为互联网金融的一部分，主要是指借助互联网技术、移动通信技术提供商业汇票服务的一种业务模式，它的发展对实体经济和票据业务都有着积极的作用。

（一）有效缓解小微企业融资难的问题

互联网票据的生长点在于小额票据，而其持有者往往是小微企业，小微企业融资需求大、贴现难度高，难以通过银行获得融资。

据统计，目前国内票据市场流通的票据中，20%左右为面额低于500万元的小额票据，小额票据的市场规模达到了约9万亿元，然而持有小额承兑汇票的企业，往往只能将汇票质押给民间中介，并付出高昂的贴息，有时候贴息率甚至达到20%。

互联网票据的出现，不仅大大降低了小额票据贴现的成本，而且使得流程更为快捷，有效地破解了传统小额票据贴现过程中遇到的成本及技术瓶颈，盘活了市场上沉淀的小额票据存量，拓宽了中小微企业的融资渠道。

（二）为个人投资者提供新的理财渠道

目前票据市场的主要参与者均是机构，包括了企业、银行、财务公司、信托、基金等，个人无法经营票据业务，但通过互联网建立的票据交易平台使得票据中介业务多了一个交易方即个人投资者。票据容易平台可以与传统中介公司形成竞争关系，既体现了互联网金融的普惠性，也促进了实体经济融资成本的下降。

（三）更广泛地满足实体经济融资需求

票据业务本身直接对接实体经济，虽然目前由于收益率原因，互联网票据主要集中于小票，为中小企业服务，但当票据利率整体上扬时，互联网票据亦可以通过集结小众资金来服务于大中型企业，从而更为广泛地满足实体经济融资需求。

（四）促进票据市场规范发展

互联网平台本身不具有票据从业资质以及审验票据和托管、托收票据的能力，如果和银行、正规票据专营机构合作，并借助自身的信息优势，可以规避民间票据中介一些不合规的影响，从而遏制现存的大部分票据乱象。

（五）促进均衡利率的发现

随着利率市场化的推进，以及互联网信息对称、竞争公开，互联网票据能够客观地反映市场供求双方的价格偏好，有利于寻找票据市场的均衡利率，维护市场的稳定。

二、互联网票据理财的主要业务模式

互联网票据理财近年来发展较为迅速，形成了票据质押融资模式、票据收益权转让模式和衍生业务模式这三大业务模式。

（一）票据质押融资模式

票据质押融资模式以投资者作为出借人、以持票人作为借款人构建债权债务关系。融资企业把持有的票据质押给互联网票据理财平台指定的合作银行，由该银行作为质权代理人持有及托管票据，投资人通过互联网票据理财平台把资金出借给融资企业；企业按期还款后解押票据，借款人违约情形下互联网票据理财平台有权通过质权代理人（合作银行）向承兑银行进行托收，托收回款用于兑付投资人本金收益。

（二）票据收益权转让模式

票据收益权转让模式将票据作为基础资产所衍生的一切及任何现金流入收益创设收益权，并将该等收益权整体或者经拆分后向投资者进行转让。

具体而言，前述收益权作为一种具备或有债权性质的合同权利，一般包括票据经持票人提示付款所产生的资金收益、票据经贴现或其他处置 / 出售所产生的资金收益、票据被拒付后对背书人、出票人以及票据的其他债务人（如有）行使追索权后取得相关票款的权利等。

该模式的特点是，投资者与融资方仅具有一种或有的债权债务关系，融资方对于投资者的还款义务仅受限于票据是否产生现金流入收益。若因票据自身固有风险导致未产生现金流入收益的，融资方不会以自身信用介入并因此成为债务人。部分平台之所以采取票据收益权转让模式而非票据转让的模式，在法律上的考虑是为了规避票据在法律上无法分割转让及为省却票据背书的麻烦。但另一方面，该模式与票据质押融资模式相比，其弱点在于，如果票据收益权所对应的现金流不足以覆盖本金及收益，则平台及投资者不能向融资方进行追索。

（三）衍生业务模式

目前，市场上出现了一些衍生的互联网票据理财模式，包括委托贸易付款及信用证循环回款模式等。这也是在票据质押融资模式基础上衍生出来的。

委托贸易付款模式，是指平台事先就要与借款人确认不再赎回票据，相当于买断票据，然后另找一个有贸易支付需求的购货商，在收取一定费用的情况下代其以票据进行支付，相当于以一张票据进行了两次交易。

而在信用证循环回款模式中，融资企业把票据质押给平台，平台委托银行或第三方托管，投资人通过平台将资金借给融资企业；平台与融资企业约定，在项目存续期间，平台有处置票据的权利，但项目到期票据必须归位，解押后并由融资企业赎回。项目存续期间，平台把票据出质给银行，银行结合平台线下的代理进口业务开具信用证，信用证在境外银行贴现后转化为现金，再结合平台线下的代理出口业务实现资金回流境内。整个信用证境内外汇款的过程，进出口企业需要给平台线下业务交付中介费用。

这两种模式的产生均有平台为创造较高理财收益以吸引投资者的原因，也有自身赚取超额收益的需求。虽都具有一定操作性，但都蕴藏着一定法律和合规性风险。

三、互联网票据理财的风险

虽然各类互联网票据理财以“理财”名义出现，但其在法律上与商业银行理财存在着明显差异。商业银行理财在当前银监会监管规章范畴下，界定为建立在委托代理关系基础之上的银行服务。而互联网票据理财虽称为理财，但从法律性质上看，各类平台均非委托代理，也非受托管理，更非信托，它在法律性质上与普通 P2P 网贷平台一样，平台在互联网票据理财业务当中仅承担居间人的角色，因此是一种居间法律关系。

平台作为居间人的法律主体，在开展互联网票据理财业务时，应关注相关风险，并采取适当的风险防范措施。

（一）质押票据的造假风险

质押票据造假的风险是互联网票据理财产品中的一个基础性风险，由于投资者无法也无能力直接审查纸质汇票，平台在交易过程中承担了主要的票据真伪审核工作。如果出现假票或者票据瑕疵（如票据要素不全、签章瑕疵、背书不连续等），将直接导致投资风险。

在这种情况下，平台虽然为居间人，但由于其组织的投资标的物（在票据收益权模式下）或融资押品（在质押融资模式下）出现了造假或重大瑕疵，其民事法律责任也是非常明显的，即便在有关平台协议中将伪造、变造、克隆票据风险转嫁给了投资者，这种转嫁也未必成立，因为平台没有尽到审核责任。

（二）票据质押的法律风险

票据质押的法律风险主要表现在三个方面，如下图所示。

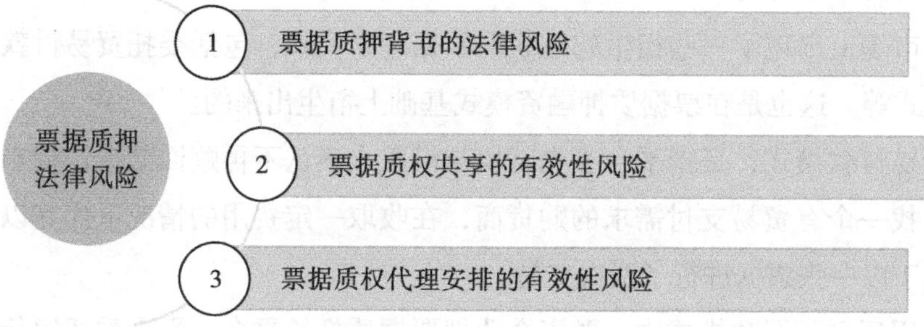

1．票据质押背书的法律风险

依据票据行为的“文义性”及“要式性”特征，票面记载“质押”字样及质押人的签章，是影响票据质押效力的重要因素。在一些互联网票据理财产品操作中，出质人交付票据给平台时，为简化操作或是希望再次以票据进行融资等原因不做背书，则容易触发这一风险。

就票据的质押而言，《中华人民共和国票据法》（以下简称《票据法》）和《中华人民共和国物权法》（以下简称《物权法》）的规定并不一致，从《票据法》及司法解释的规定看，票据进行设质背书是构成票据质押的要件，但根据《物权法》规定看，票据质押自交付质权人时设立，因此设质背书对票据质押效力的影响目前仍存在一定争议，但从谨慎起见的角度出发，一般在业务设计中将票据背书作为一个必备环节。如果不进行票据背书，带来的不利影响至少是不产生对抗效力，即不得对抗善意第三方。

2．票据质权共享的有效性风险

互联网票据理财的投资者众多，因此质押融资模式下具体到某张质押票据，必然形成多个债权人共享质权的情况，但从《物权法》《票据法》的规定来看，并无票据共享质权的相关规定，法律依据不明确。同时从金融实践的角度来看，有关交易所质押式回购业务等业务中已有债券共享质权的安排，可资参考。但该种安排由于缺乏明确法律依据，不能完全排除在发生纠纷时被当事方质疑突破“物权法定”原则的可能性。

3．票据质权代理安排的有效性风险

为了解决多个质权人无法实现实际交付占有的问题，在互联网票据理财中，往往由一家商业银行作为质权代理人与融资方签订质押合同，该银行的代理权在投资者签订的投资平台协议中予以事先授权确定，同时该银行一般还会提供票据保管、托收等服务。该种质权代理机制在《物权法》及《票据法》中也无规定，理论上也可能出现争议。在商业实践的银团贷款业务中，代理人代理各银团成员行签订抵质押合同并办理抵质押登记已形成惯例，并得到监管规则认可，可资借鉴。但由于法律依据的不明确，票据质押上该安排还是有可能引发争议。

（三）票据收益权转让的风险

票据收益权转让的风险主要表现在两个方面，如下图所示。

1. 票据收益权转让有效性的风险

为了规避票据背书转让的障碍（票据不得分割背书转让）及票据转让所需的贸易背景，采取票据收益权转让模式可以解决这一问题。

但是票据收益权能否作为与票据本身相分离的一种独立的权利，其转让效力等尚存在争议，由于票据法的文义性、要式性的特点，该种模式得不到《票据法》的支持，只能通过民法和合同法的原则解决，其有效性有待司法实践检验。

2. 票据权益的获得无真实贸易背景的风险

《票据法》第十条规定“票据的签发、取得和转让，应当遵循诚实信用的原则，具有真实的交易关系和债权债务关系。”中国人民银行《支付结算办法》第二十二条也有类似规定，只是将前法条中“应当”改为“必须”，而这里的“交易关系和债权债务关系”在长期的监管实务中往往被理解为“真实的贸易背景”。

在互联网票据业务中，票据质押融资模式不涉及票据的流转，而在票据收益权转让模式中，有可能被监管机构认为实质上实现了票据的转让，但这种转让并无真实的贸易背景从而涉嫌违规。在司法实践中，极端情况下甚至还可能被认定为非法经营罪。

（四）挂失止付和公示催告的法律风险

在互联网理财业务中，平台或票据保管服务方如果未关注票据挂失及法院公示催告信息而接受质押或受让票据收益权的，则权利可能失去法律保护，该种挂失和公示催告甚至不排除是融资方与第三方恶意串通发起的。要想维护权利，则需在公示催告期间向法院出示票据主张权利，但登载于报纸上的公示催告信息较难为公众获知。

（五）信息披露不充分的风险

互联网票据理财产品普遍存在信息披露不充分的问题，表现在投资者对操作流程、借款人信息和投资标的票据的信息了解程度不够等方面。这种现象之所以存在，往往是出于融资方的信息保密和平台合作机构保护客户资料的考虑。尽管一般的互联网票据平台会对信息披露不充分的行为做出免责声明，但当出现兑付危机时，平台的免责声明效力往往会遭遇挑战，平台往往要承担较大的兑付风险。

四、互联网票据法律风险的防范

互联网票据理财在蓬勃发展的同时，它所带来的风险也不容忽视。虽然很多互联网票据理财平台都声称“其产品唯一的风险为银行倒闭”，然而由于互联网金融的虚拟性和创新性以及票据业务自身的特性，使得互联网票据存在着一些自身特有的法律风险，如何防范这些风险，将决定着整个行业的发展与兴衰。

（一）明确票据的审验机制和责任

为防范虚假票据或瑕疵票据造成的损失，互联网平台应与相关商业银行进行合作，委托商业银行提供票据保管、审验和托收服务，尽量保障票据的真实性和票据要素的完整性，并在合同中约定商业银行审验、保管中的权利义务及违约责任。在实务中，督促合作商业银行通过大额支付系统、中国票据网、传真、实地等方式查询验票，以确保票据的真实性。在查询过程中如承兑行反馈“有他行查询”的情况，则存在“克隆票”的风险，有必要采取进一步措施（如实地查询等）核实票据真实性。

此外，也可与相关保险公司进行合作，如果出现票据伪造或票据瑕疵导致拒付的，由保险公司承担保险赔付责任，从而通过保险安排来覆盖这一风险。

（二）完善票据质押手续

在互联网票据理财业务中，应完善票据质押手续，至少由出质人进行“半背书”，即在背书栏盖具印鉴，“质押”字样及被背书人名称可由票据质押代理行必要时补记。

此外，应在有关质押协议中清楚披露代理关系，并在投资者与平台签署的投资协议中有授权条款相衔接。质押合同中明确约定质权代理银行的相关权利义务，包括约定质押人将票据交付给银行，即可视为对各质押权人（各投资者）履行了交付义务，并约定质权代理人处分票据的权限。

（三）杜绝利用票据重复融资

利用票据重复融资的行为既存在法律风险，易诱发法律纠纷；又存在监管合规风险，可能被监管机构认定违规，从而遭监管叫停甚至处罚，因此，规范的平台应杜绝利用票据重复融资。

（四）引入第三方托管 / 存管机制

互联网票据理财不仅应将票据由第三方合作银行保管，同时，也应引入具有托管资质的商业银行进行资金托管 / 存管，保障资金的安全性，以避免非法集资违法问题和产生平台自融的违规问题。

（五）防范恶意挂失和公示催告的风险

应在平台与受托银行之间相关协议中明确约定服务银行应在接受质押票据（或受让票据收益权）之前向承兑银行进行查询，确认票据未被申请挂失或被法院止付并处于公示催告期间，以防范相应法律风险。另外，应优选投资票据，建议参照银行贴现票据准入条件，要求提供贸易合同和相关的增值税发票，投资票据来源具有真实的贸易背景，产生纠纷的可能性相对较小，同时尽量挑选背书环节少的票据。

（六）完善信息披露制度

平台应将票据理财主要交易模式、相关合作机构、融资方重要信息、投资标的（或质押）票据重要信息予以适当披露，并提示产品中的主要风险，保障投资者的知情权，只有做到充分的信息披露和风险提示，才能真正履行平台作为信息中介的义务，也才能真正促成"投资者自负"。

五、互联网票据相关立法及监管建议

尽管平台和相关方可以采取必要的风险控制措施，但互联网票据理财部分问题的彻底解决，还有赖于相关法律和监管制度的完善。

（一）修订相关法律法规，为融资性票据留下一定空间

《票据法》第十条关于票据贸易背景要求的规定曾被法学界广泛批评破坏了票据的"无因性"。近年来，票据不仅作为贸易结算的功能，而且作为融资性工具的功能日趋体现，在票据市场中，融资性票据事实上占据了非常大的市场份额，因此，有必要给融资性票据一个合法的地位，并保障票据交易流转的安全性。无论是金融界，还是法学界均有相关人士提出调整建议。如果修订《票据法》，可以考虑进一步淡化票据贸易背景的要求，删除第十条规定，即便保留，也建议明确仅作为管理性规范而不作为效力性规范。

在此基础上，国务院对《票据管理实施办法》及人民银行对《支付结算办法》等法规和规章也应当进行相应修订，对支付结算类票据与融资性票据作出有区分的监管规定，并本着"实质重于形式"的原则，对互联网票据理财业务和商业银行票据贴现业务采取相对统一的标准，司法机构对于互联网票据业务也应从宽认定，尽量避免进行非法经营罪的认定和适用。

（二）完善相关监管政策，将互联网票据理财纳入 P2P 网贷统一监管

互联网票据业务模式与普通的 P2P 网贷业务存在一些差异，但从业务实质上，都是通过互联网端对端地实现了融资，从法律性质上，也属于信贷居间法律关系。因此，互联网票据业务宜适用 P2P 网贷业务规则统一监管。

2015 年 7 月 18 日，中国人民银行等十部委联合对外发布了《关于促进互联网金融健康发展的指导意见》，明确了 P2P 业务由银监会监管，并提出了 P2P 监管原则性要求。在此之前的 2015 年 1 月，银监会成立了普惠金融部，并且开始制定 P2P 行业的监管规则，建议将互联网票据理财纳入 P2P 统一监管范围。

当然，基于互联网票据理财产品与一般 P2P 产品之间的区别，可考虑在监管规则中增加针对互联网票据理财产品的特别规则，并加强日常业务监管，对于平台自融、假标、虚假托管、重复融资、非法集资等问题进行严厉处罚。

（三）通过司法解释明确代理质押、共享质权的法律效力

建议最高人民法院在将来出台的物权法司法解释中，对于新兴金融形态中较为广泛存在的代理抵押 / 质押，以及多个债权人基于多份债权共享抵押权 / 质押权的法律效力予以确认，以提供该种操作模式的法律依据。

（四）完善票据挂失止付监管规则，统一票据公示催告平台

针对当前票据挂失止付及公示催告的不规范以及损害债权现象，建议一方面，由中国人民银行在相关监管规章中完善票据挂失止付规则，对于拟质押及贴现的票据，需向承兑银行进行查询及电文告知质押 / 贴现事宜，对于已被告知质押及贴现的票据，不得接受挂失止付。对于发送的公示催告通知，承兑银行有义务告知已做查询的质押 / 贴现银行，以便后者提出异议并及时主张权利。另一方面，建议最高人民法院统一指定电子票据公示催告平台，所有公示催告的公告均需在该平台登载，各银行可以自身系统与该电子平台连接，在办理相关业务时可进行系统自动识别筛选，以实现公示催告信息的及时获知及采取权利申报等措施，切实保障相关方正当权益。

第九章　互联网保险风险控制

互联网时代，各行各业都不同程度地受到信息技术的影响，保险业也不例外。在“大数据”“互联网金融”的大背景下，传统的营销模式已不能完全适应保险业的发展，互联网保险便应运而生，并迅速发展起来。保险行业在高速发展的同时，各种风险也逐步显现，如何控制行业风险、维护行业健康发展、防范欺诈事件，成为了监管者、从业者、消费者共同关心的话题。

一、互联网保险的发展现状及作用

互联网保险是指实现保险信息咨询、保险计划书设计、投保、交费、核保、承保、保单信息查询、保全变更、续期交费、理赔和给付等保险全过程的网络化。有别于传统的保险代理人营销模式，互联网保险是一种新兴的以互联网为媒介的保险营销模式，是保险公司以互联网和电子商务技术为工具来支持保险销售的经济行为。

随着信息技术与金融行业的不断结合，互联网给保险行业带来了革命性影响，传统的保险营销渠道和模式因为互联网发生了深刻改变，互联网保险成为了保险业发展中一个重要的创新。

（一）我国互联网保险的发展现状

根据中国保险行业协会 2015 年年初发布的《互联网保险行业发展报告》，针对经营互联网保险业务的公司分类，人身险公司有 44 家，财产险公司有 16 家，总体占全行业 133 家产寿险公司的 45%。包括中国人保财险、泰康人寿、平安人寿、太平洋保险、天安财险等在内的多家险企已率先在线上跑马圈地，中国保险公司与互联网的深度融合已全面到来。

在经历 2014 年的业务扩张后，2015 年互联网保险整体保费规模达 2234 亿元，同比增长 160.1%。互联网保险的渗透率在 2013 年、2014 年、2015 年分别为 1.7%、4.2%、9.2%，呈现出非常强劲的上升势头。

互联网保险业的快速发展也得到了资本的热捧。根据《2016 互联网保险行业研究报告》的统计，截至 2015 年年底，互联网保险公司共发生 23 起融资事件，融资总金额超过 70 亿元人民币。其中，融资额达到百万级规模的有 10 起，达到千万级规模的有 8 起，达到亿级及以上规模的有 5 起。共有 8 家互联网保险公司获得第二轮及以上的投资。

（二）互联网保险的作用

相比其他互联网金融业态，互联网保险主要有以下作用。

1. 互联网保险为互联网经济提供了风险保障

互联网保险不仅是通过互联网销售保险产品，更重要的是通过保险产品和服务创新，为互联网经济提供风险保障。互联网保险挖掘和满足了新的保险需求，充分发挥了保险在互联网经济中损失补偿和风险保障的功能作用。

例如，针对淘宝卖家开发的履约保证保险“参聚险”和“众乐宝”，淘宝卖家以保证金保险的方式替代向淘宝缴纳的资金担保，最高交1500元保费，可释放50万元保证金。上述险种自开办以来，累计释放小微企业资金45亿元，缓解了中小卖家的资金压力，激发了互联网经济的发展活力。

2. 互联网拓宽了保险行业的发展空间

互联网及移动互联技术的应用，使传统业态下不可为的事情变成了现实。基于淘宝网络购物开发的退货运费险，每单保费低至几毛钱。在传统保险经营模式下，几毛钱连保单成本都难以覆盖。但在互联网时代成为了可能，几毛钱享受十几元的风险保障，弥补了买家的运费损失，填补了物流保障方面的空白。2013年淘宝“双11”购物节，退货运费险单日成交超1.5亿单，保费收入近9000万元，创造了保险业单日同一险种成交笔数的世界纪录。

3. 互联网提高了保险行业风险定价和风险管理能力

基于互联网的大数据应用可以支持保险业细分风险，提供更精准的保险定价，提高行业风险识别和风险管理能力。

例如，车联网的应用有可能从根本上改变汽车保险的游戏规则。保险公司可以通过在汽车上加载车联网设备，将收集的驾驶人的驾驶行为信息纳入车险定价，实现“随车随人”定价。这将颠覆传统车险定价模式。

又如，健康管理与可穿戴设备密切相关。保险行业通过可穿戴设备收集客户健康数据，指导客户优化生活习惯，并建立健康保险产品费率厘定的新模型。再如，保险公司未来可以利用气象大数据，将自然灾害的风险定价细分到“田间地头”，为农业保险提供更精准的定价服务。

4. 互联网优化了保险行业的销售模式

互联网新技术的应用，可以从根本上改变传统保险依靠人海战术、效率低下的现象。基于互联网技术，保险公司销售人员可以准确预测消费者的需求，实现精准的“场景营销”。

例如，基于消费者订购机票行为，可以向其推送航空意外险、旅游意外险等产品。这种由客户需求触发销售和服务的模式，能够有效避免销售扰民、强制推销等问题。

5. 互联网提升了保险行业的客户服务水平

随着互联网技术的发展，消费者可以突破时空限制，在线获得承保、理赔全流程方便、快捷的专业服务，优化了保险消费者的用户体验。

例如，购买航班延误险或风力指数海水养殖保险后，因航班延误或台风灾害造成损失后，无需提供气象证明，客户甚至不需要提出理赔申请，保险公司就可根据大数据信息，及时支付赔款到被保险人账户，简化了传统保险查勘理赔的繁冗流程，提高了服务效率。

综上所述，虽然保险与互联网的融合刚刚起步，尚未形成完整的保险业态，但是，保险与互联网的融合是大势所趋，是对传统保险的有益补充，具有广阔的发展前景。

二、互联网保险的风险

互联网给予了消费者越来越多的选择，人们可以自行搜索、审查和购买保险产品，而不必再去依赖中介机构提供的服务。基于提升客户体验的互联网保险发展空间巨大，但也带来了一系列风险和问题，一些新型风险可能与传统风险产生叠加效应，给互联网保险带来潜在的风险和问题。

（一）信息披露不充分的风险

互联网保险业务主要是通过消费者自主交易完成，与传统交易方式相比，缺乏面对面的交流沟通。而网络销售强调吸引眼球、夸张演示的营销方式，与保险产品严谨审慎、明示风险的销售要求存在较大差异。全面、充分的信息披露和风险提示就显得尤为重要。目前，部分第三方平台销售保险产品，存在信息披露不完整不充分、弱化保险产品性质、混同一般理财产品、片面夸大收益率、缺少风险提示等问题，损害了消费者权益。

（二）产品开发不规范的风险

互联网的发展催生了一批博人眼球的“奇葩险”：雾霾险、摇号险、脱光险……所幸，保监会及时叫停了这些产品的销售。监管层对“奇葩险”的质疑主要集中在以下几个方面。

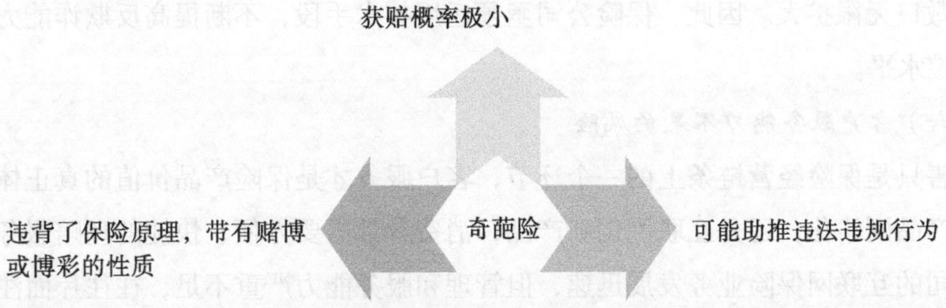
费率厘定不合理，投保人获赔概率极小
违背了保险原理，带有赌博或博彩的性质
奇葩险
可能助推违法违规行为

保险不是博彩，两者有明确的界限，这些博眼球的“创新产品”显然违背了保险的宗旨，只会给行业的长远发展带来“雾霾”。

创新是一个行业发展的不竭动力，互联网保险公司应该遵循“不影响行业发展声誉的有用的创新”原则，积极创新，但不随意创新，在创新的同时应注重防范风险，不搞噱头，维护好行业声誉。

（三）信息安全的风险

信息系统是互联网保险的技术基础。目前，支撑互联网保险的大数据、云计算等新技术发展还不成熟，安全机制尚不完善，安全管理水平有待提升。互联网保险的业务数据和客户个人信息全部电子化，信息安全若得不到有效保障，将有可能酿成业务数据和客户信息灭失、泄露的重大风险，这对互联网保险行业的长远发展很不利。

此外，网上支付的安全可靠性也涉及投保人的利益和参保意愿，因此，网络安全风险的防范更是重中之重，互联网保险公司应做好长远风险管控计划，并切实付诸于行动。

（四）创新业务的风险

互联网金融的兴起，丰富了金融产品层次，也产生了新的风险管理需求。保险公司对这类创新型业务的合规性判断、产品开发、风险识别和风险定价能力还有待提升。

例如 2014 年年初，某保险公司曾专门为银行拟发行的虚拟信用卡开发了个人信用卡消费信用保证保险，后被紧急叫停。又如，P2P 平台去担保化趋势已渐明朗，已有部分保险公司开始尝试与 P2P 合作，提供信用保证保险服务。近期，P2P 平台接连曝出风险事件。在我国征信体系建设尚不成熟、没有足够数据和经验积累的前提下，保险公司如何甄别、评估和控制上述风险，如何科学厘定产品费率，值得关注研究。

（五）恶意骗保的风险

互联网保险非面对面交易的特点，使保险公司无法直接观察和了解投保人或保险标的的风险水平，相应对公司风险管控能力提出了更高要求。目前，一些不法分子通过互联网投保后诈骗保险金等违法犯罪行为时有发生。

一些保险公司纷纷推出了自己的 APP 平台，投保人一旦发生交通事故，可以用拍照或视频的方式，将事故现场信息传输到保险公司后台，保险公司审核确认后立刻赔付，全程一般在 5 分钟左右时间完成。应该说，这种做法极大地简化了理赔程序，缩短了理赔时间，方便了消费者。但是，如果修理厂、4S 店有组织地批量造假，将使得保险公司的风险敞口无限扩大。因此，保险公司亟须运用技术手段，不断提高反欺诈能力，提升风险管控水平。

（六）客户服务能力不足的风险

销售只是保险经营链条上的一个环节，客户服务才是保险产品价值的真正体现。无论传统产品网络化，还是互联网创新产品，消费者都需要方便、快捷的理赔服务。很多保险公司的互联网保险业务发展迅速，但管理和服务能力严重不足，往往片面注重销售前端网络化，但后台运营管理却仍是传统思维。这种前端和后台不配套的做法，使得消费者买保险时容易，要求赔付保费时难，容易引发不满和投诉。

（七）风险评估和管理不到位的风险

保险本质上是风险转移的安排，应该有可量化的数据支撑。但是，目前很多产品的创新，缺少基本的费率厘定、成本测算等程序。同时，保险讲究的是大数法则，如果一款产品不能具备一定规模，赔付水平就会极不稳定，风险管理也就无从谈起。

除了以上所列举的风险外，互联网保险还面临其他传统风险和衍生出来的新型风险，如设备风险、服务风险、营销风险、逆向选择、道德风险和法律风险等。管控好这些风险，以防出现系统性风险，保险创新、风险管理和体系监管多管齐下，在声誉建设中变革创新，在规范下谋求发展，才能够充分利用互联网保险促进保险产业转型与升级，使之成为保险业增长的新引擎。

三、互联网保险的监管建议

互联网保险的风险如果解决不好，就会影响客户的体验和互联网保险行业的生存发展。因此，监管部门应推出一套行之有效的风险管理系统，为行业健康发展打下良好基础。由于互联网保险符合信息化时代的保险行业发展趋势，因此，监管层应坚持发展与规范并重的原则，积极引导互联网保险健康规范发展。

（一）鼓励创新

互联网保险是新生事物，目前仍处于发展起步阶段，尚未形成稳定的金融业态，同时，对互联网保险发展规律和风险特征的认识也有待加强，因此，建议以开放包容的态度，支持和鼓励创新，为互联网保险发展预留空间。

（二）适度监管

坚持底线思维，在守住风险底线的前提下，坚持线上与线下监管一致性原则，注重法律法规间的统筹衔接，以防范系统性风险和解决突出问题为重点，不断完善相关监管措施。

（三）切实保护消费者权益

互联网保险对消费者保护提出了更高的要求，因此，建议重点加强产品开发、信息披露、信息安全、落地服务以及第三方平台等方面的监管，增强互联网保险业务的透明度，切实保护好消费者权益，推进互联网保险健康规范发展。

四、消费者防范互联网保险诈骗的方法

近年来，伴随着互联网保险业的发展，保险诈骗现象也呈上升趋势，严重损害了消费者的利益。消费者在购买互联网保险时，应当掌握一些小技巧，防范诈骗风险。

（一）要仔细核对保费收款账户是否为保险公司

保险公司所开设的企业账户有“××保险公司”等字样，若发现收款账户与签发保单的保险机构不一致，尤其是收款账户名称为销售人员或其他个人时，坚决不能划转保

费。此外，保险消费者要注意不要将大额现金保费直接交给销售人员，委托其代交保费。

（二）核查保单真实性

投保后消费者可以通过拨打保险公司全国统一的客户服务电话、登录保险公司官方网站或前往保险公司所属营业场所柜面，查询保单的真实性和准确性。

（三）不要盲目相信高收益率和高额回扣

消费者要仔细核验销售机构和人员的资质及保险产品特征，认真阅读并理解合同中保险责任、除外责任、收益及领取方式等重要内容，防止诱导诈骗。

（四）遇骗及时报案

消费者若遭遇保险诈骗，应及时向保险监管部门举报或向公安机关报案，坚决维护自身合法权益。

五、大数据对保险行业风险控制的作用

大数据对于保险行业降低成本、提高效率具有多方面的益处，在风险防控方面，对保险行业也有着重要作用。

（一）大数据对风险评估的作用

在大数据时代，风险评估已经不仅仅局限于公司的历史数据、行业的历史数据，无论是风险特征的描述还是数据资源的获取都更加便利。

在占据财产险市场 70% 以上份额的车险领域，保险公司可以获取三个层级数据来支撑风险评估。

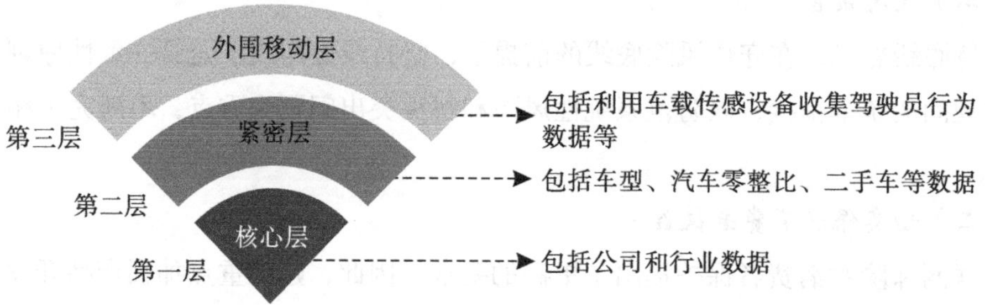

同时，对于保险公司的精算师来讲，更多、更广的数据获取，可以更精确地识别个体对象的潜在风险，建立更加有效的数据模型，不断改善和提高精算的精准程度，以帮助判断和评估风险以及风险准备金。

（二）大数据对反理赔欺诈的作用

在确保数据资源的情况下，通过完整的、多样化的数据（数据包括但不限于公司内部保单及理赔历史记录、行业数据、征信记录、公共社交网络数据、犯罪记录等），辅之以有效的算法和模型，来识别理赔中可能的欺诈模式、理赔人潜在的欺诈行为以及可能存在的欺诈链条，是未来反理赔欺诈的主要方向。

附 1：

互联网保险风险事件——夸克联盟涉嫌非法经营保险被保监会点名

针对部分互联网公司基于网络平台推出“夸克联盟”等互助计划，保监会有关部门负责人于 2016 年 5 月 3 日以答记者问形式作出回应称，这些互联网公司不具备保险经营资质或保险中介经营资质，互助计划也非保险产品。相关互助计划没有基于保险精算进行风险定价和费率厘定，没有科学提取责任准备金，同时也没有政府部门的严格监管，在财务稳定性和赔偿给付能力方面没有充分保证。

以下为回应全文。

问： 近日，部分媒体就“夸克联盟”等互助计划进行了报道，请问保监会对此有何态度？

答： 去年以来，部分互联网公司基于网络平台推出“夸克联盟”等互助计划，主要集中在意外互助和重大疾病互助领域，近期又涉及所谓车辆风险。其推出的互助计划大都采取收取小额费用，发生互助事件后再均摊互助资金的模式，互助额度存在不确定性。需要强调的是，这些互联网公司不具备保险经营资质或保险中介经营资质，互助计划也非保险产品。相关互助计划没有基于保险精算进行风险定价和费率厘定，没有科学提取责任准备金，同时也没有政府部门的严格监管，在财务稳定性和赔偿给付能力方面没有充分保证。

近期，我们注意到，有的互助计划假借保险名义进行宣传，以所谓“超低价保障”和产品创新为噱头开展营销，将两者进行不客观的比较和挂钩；有的网站将互助计划和保险产品混搭销售，极力混淆两者之间的区别，具有相当的迷惑性和隐蔽性，容易使消费者误以为互助计划是保险产品或所谓“互联网＋保险”的新型产品。这些做法既扰乱了正常的金融市场秩序，也可能使消费者权益受到严重损害。特别值得警惕的是，有的机构或个人打着“互助计划”的幌子在微博、微信等互联网平台恶意骗取公众钱款，极易给消费者造成经济损失。

针对互助计划与保险的差异及可能存在的风险，前期我会已经发布风险提示。在此，我们再次提醒广大消费者注意：互助计划的经营主体不具备保险经营资质，部分经营主体的持续经营能力和财务稳定状况存在隐患，消费者可能面临资金安全难以保证、承诺保障无法兑现、个人隐私泄露、纠纷争议难以解决等风险。

与此同时，依照《中华人民共和国保险法》有关规定，我们重申，任何主体未经保监会批准不得以任何形式经营或变相经营保险业务。在开展相关业务活动和宣传的过程中，不得使用保险术语，承诺责任保障，或与保险产品进行对比挂钩；不得宣称互助计划及资金管理受到政府监管、具备保险经营资质；不得非法建立资金池。

我会将深入贯彻落实国务院关于开展互联网金融风险专项整治工作的决策部署，依法打击非法经营保险业务等违法违规活动。同时，我会要求各保险机构加强排查整改，不得与未取得保险经营资质的互联网公司开展业务合作或提供增信支持。

附 2：

互联网保险风险事件——中国首例互联网保险诈骗判决案例

一起“互联网保险”诈骗案于 2015 年 1 月在浙江省湖州市吴兴区人民法院宣判。被华泰财险起诉的“职业骗保师”以保险诈骗罪被判处有期徒刑 6 年零 6 个月。据介绍，这是国内“互联网保险”领域的首例欺诈判决案例。“职业骗保师”通过在淘宝虚假购物，并投保华泰财险的退货运费险，随后申请运费险理赔，共计骗取保险赔款 20 余万元。

华泰财险与淘宝合作推出的“退货运费险”，被保险业界成为“第一款互联网保险产品”。嵌入在购物流程中的该运费险，成为华泰财险旗下最具影响力的险种。据统计，仅就 2013 年“双十一”当天，该险种成交笔数就达到 1.5 亿笔。

近年来，互联网保险迅速发展。其以场景化嵌入、手续简便、覆盖广、成本低的特点获得了越来越多消费者的青睐，保险企业纷纷布局撒“网”。不过，在尝到业务甜头的同时，险企也不得不面对“互联网模式”带来的全新挑战，其中以反欺诈最为严峻。互联网保险手续简便的优点，正是保险公司反欺诈和风险控制面临的不利因素。

据华泰财险有关人士介绍，此次互联网保险诈骗判决案例所涉及的产品，是华泰财险与淘宝合作推出，有“中国第一款真正意义上的互联网保险”之称的“网络购物退货运费损失保险”。一审判决书显示，被告人通过虚假购物投保并申请运费险理赔，共计骗取保险赔款 20 余万元，最终以保险诈骗罪被判处有期徒刑 6 年零 6 个月，并处罚金。

退货运费险因其嵌入式的投保特点，客户提供的有效信息有限，随着业务的飞速发展，恶意诈骗行为日益严重，甚至出现了流水化作业的职业骗保团伙。不过，华泰财险通过大数据分析和反欺诈核心模型等手段，并在淘宝网和监管部门的支持下，陆续发现多个涉嫌保险诈骗的团伙。在公安、司法机关的高度重视和全力侦破、审理下，终于取得了首个反欺诈成果。

附 3：

互联网保险业务监管暂行办法（全文）

中国保监会关于印发《互联网保险业务监管暂行办法》的通知

保监发〔2015〕69 号

各保监局、中国保险行业协会、各保险集团（控股）公司、各保险公司、各保险专业中介机构：

为规范互联网保险业务经营行为，保护保险消费者合法权益，促进互联网保险业务健康发展，我会制定了《互联网保险业务监管暂行办法》，现印发给你们，请遵照执行。

保险机构已经开展的互联网保险业务与本办法不符的，应按照有关规定认真整改；

本办法实施后仍不能符合要求的，应立即停止相关互联网保险业务的开展。

中国保监会

2015 年 7 月 22 日

互联网保险业务监管暂行办法

为规范互联网保险经营行为，保护保险消费者合法权益，促进互联网保险业务健康发展，根据《中华人民共和国保险法》等法律、行政法规，特制定本办法。

第一章　总则

第一条 本办法所称互联网保险业务，是指保险机构依托互联网和移动通信等技术，通过自营网络平台、第三方网络平台等订立保险合同、提供保险服务的业务。

本办法所称保险机构，是指经保险监督管理机构批准设立，并依法登记注册的保险公司和保险专业中介机构。保险专业中介机构是指经营区域不限于注册地所在省、自治区、直辖市的保险专业代理公司、保险经纪公司和保险公估机构。

本办法所称自营网络平台，是指保险机构依法设立的网络平台。

本办法所称第三方网络平台，是指除自营网络平台外，在互联网保险业务活动中，为保险消费者和保险机构提供网络技术支持辅助服务的网络平台。

第二条 保险机构开展互联网保险业务，应遵守法律、行政法规以及本办法的有关规定，不得损害保险消费者合法权益和社会公共利益。

保险机构应科学评估自身风险管控能力、客户服务能力，合理确定适合互联网经营的保险产品及其销售范围，不能确保客户服务质量和风险管控的，应及时予以调整。

保险机构应保证互联网保险消费者享有不低于其他业务渠道的投保和理赔等保险服务，保障保险交易信息和消费者信息安全。

第三条 互联网保险业务的销售、承保、理赔、退保、投诉处理及客户服务等保险经营行为，应由保险机构管理和负责。

第三方网络平台经营开展上述保险业务的，应取得保险业务经营资格。

第二章　经营条件与经营区域

第四条 互联网保险业务应由保险机构总公司建立统一集中的业务平台和处理流程，实行集中运营、统一管理。

除本办法第一条规定的保险公司和保险专业中介机构外，其他机构或个人不得经营互联网保险业务。保险机构的从业人员不得以个人名义开展互联网保险业务。

第五条 保险机构开展互联网保险业务的自营网络平台，应具备下列条件：

（一）具有支持互联网保险业务运营的信息管理系统，实现与保险机构核心业务系统的无缝实时对接，并确保与保险机构内部其他应用系统的有效隔离，避免信息安全风险在保险机构内外部传递与蔓延。

（二）具有完善的防火墙、入侵检测、数据加密以及灾难恢复等互联网信息安全管理体系；

（三）具有互联网行业主管部门颁发的许可证或者在互联网行业主管部门完成网站备案，且网站接入地在中华人民共和国境内；

（四）具有专门的互联网保险业务管理部门，并配备相应的专业人员；

（五）具有健全的互联网保险业务管理制度和操作规程；

（六）互联网保险业务销售人员应符合保监会有关规定；

（七）中国保监会规定的其他条件。

第六条 保险机构通过第三方网络平台开展互联网保险业务的，第三方网络平台应具备下列条件：

（一）具有互联网行业主管部门颁发的许可证或者在互联网行业主管部门完成网站备案，且网站接入地在中华人民共和国境内；

（二）具有安全可靠的互联网运营系统和信息安全管理体系，实现与保险机构应用系统的有效隔离，避免信息安全风险在保险机构内外部传递与蔓延；

（三）能够完整、准确、及时向保险机构提供开展保险业务所需的投保人、被保险人、受益人的个人身份信息、联系信息、账户信息以及投保操作轨迹等信息；

（四）最近两年未受到互联网行业主管部门、工商行政管理部门等政府部门的重大行政处罚，未被中国保监会列入保险行业禁止合作清单；

（五）中国保监会规定的其他条件。

第三方网络平台不符合上述条件的，保险机构不得与其合作开展互联网保险业务。

第七条 保险公司在具有相应内控管理能力且能满足客户服务需求的情况下，可将下列险种的互联网保险业务经营区域扩展至未设立分公司的省、自治区、直辖市：

（一）人身意外伤害保险、定期寿险和普通型终身寿险；

（二）投保人或被保险人为个人的家庭财产保险、责任保险、信用保险和保证保险；

（三）能够独立、完整地通过互联网实现销售、承保和理赔全流程服务的财产保险业务；

（四）中国保监会规定的其他险种。

中国保监会可以根据实际情况，调整并公布上述可在未设立分公司的省、自治区、直辖市经营的险种范围。

对投保人、被保险人、受益人或保险标的所在的省、自治区、直辖市，保险公司没有设立分公司的，保险机构应在销售时就其可能存在的服务不到位、时效差等问题做出明确提示，要求投保人确认，并留存确认记录。

保险专业中介机构开展互联网保险业务的业务范围和经营区域，应与提供相应承保服务的保险公司保持一致。

第三章 信息披露

第八条 保险机构开展互联网保险业务，不得进行不实陈述、片面或夸大宣传过往业绩、违规承诺收益或者承担损失等误导性描述。

保险机构应在开展互联网保险业务的相关网络平台的显著位置，以清晰易懂的语言列明保险产品及服务等信息，需列明的信息包括下列内容：

（一）保险产品的承保公司、销售主体及承保公司设有分公司的省、自治区、直辖市清单；

（二）保险合同订立的形式，采用电子保险单的，应予以明确说明；

（三）保险费的支付方式，以及保险单证、保险费发票等凭证的配送方式、收费标准；

（四）投保咨询方式、保单查询方式及客户投诉渠道；

（五）投保、承保、理赔、保全、退保的办理流程及保险赔款、退保金、保险金的支付方式；

（六）针对投保人（被保险人或者受益人）的个人信息、投保交易信息和交易安全的保障措施；

（七）中国保监会规定的其他内容。

其中，互联网保险产品的销售页面上应包含下列内容：

（一）保险产品名称（条款名称和宣传名称）及批复文号、备案编号或报备文件编号；

（二）保险条款、费率（或保险条款、费率的链接），其中应突出提示和说明免除保险公司责任的条款，并以适当的方式突出提示理赔要求、保险合同中的犹豫期、费用扣除、退保损失、保险单现金价值等重点内容；

（三）销售人身保险新型产品的，应按照《人身保险新型产品信息披露管理办法》的有关要求进行信息披露和利益演示，严禁片面使用"预期收益率"等描述产品利益的宣传语句；

（四）保险产品为分红险、投连险、万能险等新型产品的，须以不小于产品名称字号的黑体字标注收益不确定性；

（五）投保人的如实告知义务，以及违反义务的后果；

（六）保险产品销售区域范围；

（七）其他直接影响消费者利益和购买决策的事项。

网络平台上公布的保险产品相关信息，应由保险公司统一制作和授权发布，并确保信息内容合法、真实、准确、完整。

第九条 开展互联网保险业务的保险机构，应在其官方网站建立互联网保险信息披露专栏，需披露的信息包括下列内容：

（一）经营互联网保险业务的网站名称、网址，如为第三方网络平台，还要披露业务合作范围；

（二）互联网保险产品信息，包括保险产品名称、条款费率（或链接）及批复文号、备案编号、报备文件编号或条款编码；

（三）已设立分公司名称、办公地址、电话号码等；

（四）客户服务及消费者投诉方式；

（五）中国保监会规定的其他内容。

保险专业中介机构开展互联网保险业务的，应披露的信息还应包括中国保监会颁发的业务许可证、营业执照登载的信息或营业执照的电子链接标识、保险公司的授权范围及内容。

第四章　经营规则

第十条 保险机构应将保险监管规定及有关要求告知合作单位，并留存告知记录。保险机构与第三方网络平台应签署合作协议，明确约定双方权利义务，确保分工清晰、责任明确。因第三方网络平台原因导致保险消费者或者保险机构合法权益受到损害的，第三方网络平台应承担赔偿责任。

第十一条 第三方网络平台应在醒目位置披露合作保险机构信息及第三方网络平台备案信息，并提示保险业务由保险机构提供。

第三方网络平台应于收到投保申请后 24 小时内向保险机构完整、准确地提供承保所需的资料信息，包括投保人（被保险人、受益人）的姓名、证件类型、证件号码、联系方式、账户等资料。除法律法规规定的情形外，保险机构及第三方网络平台不得将相关信息泄露给任何机构和个人。

第三方网络平台为保险机构提供宣传服务的，宣传内容应经保险公司审核，以确保宣传内容符合有关监管规定。保险公司对宣传内容的真实性、准确性和合规性承担相应责任。

第十二条 保险公司应加强对互联网保险产品的管理，选择适合互联网特性的保险产品开展经营，并应用互联网技术、数据分析技术等开发适应互联网经济需求的新产品，不得违反社会公德、保险基本原理及相关监管规定。

第十三条 投保人交付的保险费应直接转账支付至保险机构的保费收入专用账户，第三方网络平台不得代收保险费并进行转支付。保费收入专用账户包括保险机构依法在第三方支付平台开设的专用账户。

第十四条 保险机构及第三方网络平台以赠送保险、或与保险直接相关物品和服务的形式开展促销活动的，应符合中国保监会有关规定。不得以现金或同类方式向投保人返还所交保费。

第十五条 保险机构应完整记录和保存互联网保险业务的交易信息，确保能够完整、准确地还原相关交易流程和细节。交易信息应至少包括：产品宣传和销售文本、销售和服务日志、投保人操作轨迹等。第三方网络平台应协助和支持保险机构依法取得上述信息。

第十六条 保险公司应加强互联网保险业务的服务管理，建立支持咨询、投保、退保、理赔、查询和投诉的在线服务体系，探索以短信、即时通信工具等多种方式开展客户回访，简化服务流程，创新服务方式，确保客户服务的高效和便捷。

对因需要实地核保、查勘和调查等因素而影响向消费者提供快速和便捷保险服务的险种，保险机构应立即暂停相关保险产品的销售，并采取有效措施进行整改，整改后仍不能解决的，应终止相关保险产品的销售。

第十七条 保险机构应加强业务数据的安全管理，采取防火墙隔离、数据备份、故障恢复等技术手段，确保与互联网保险业务有关交易数据和信息的安全、真实、准确、完整。

保险机构应防范假冒网站、APP应用等针对互联网保险的违法犯罪活动，检查网页上对外链接的可靠性，开辟专门渠道接受公众举报，发现问题后应立即采取防范措施，并及时向保监会报告。

第十八条 保险机构应加强客户信息管理，确保客户资料信息真实有效，保证信息采集、处理及使用的安全性和合法性。

对开展互联网保险业务过程中收集的客户信息，保险机构应严格保密，不得泄露，未经客户同意，不得将客户信息用于所提供服务之外的目的。

第十九条 保险公司应制定应急处置预案，妥善应对因突发事件、不可抗力等原因导致的互联网保险业务经营中断。

保险机构互联网保险业务经营中断的，应在自营网络平台或第三方网络平台的主页显著位置进行及时公布，并说明原因及后续处理方式。

第二十条 保险机构应建立健全客户身份识别制度，加强对大额交易和可疑交易的监控和报告，严格遵守反洗钱有关规定。

保险机构应要求投保人原则上使用本人账户支付保险费，退保时保险费应退还至原交费账户，赔款资金应支付到投保人本人、被保险人账户或受益人账户。对保险期间超过一年的人身保险业务，保险机构应核对投保人账户信息的真实性，确保付款人、收款人为投保人本人。

保险机构应建立健全互联网保险反欺诈制度，加强对互联网保险欺诈的监控和报告，第三方网络平台应协助保险机构开展反欺诈监控和调查。

第二十一条 保险公司向保险专业中介机构及第三方网络平台支付相关费用时，应当由总公司统一结算、统一授权转账支付。

保险公司应按照合作协议约定的费用种类和标准，向保险专业中介机构支付中介费用或向第三方网络平台支付信息技术费用等，不得直接或间接给予合作协议约定以外的其他利益。

第二十二条 中国保监会及其派出机构依据法律法规及相关监管规定，对保险机构和第三方网络平台的互联网保险经营行为进行日常监管和现场检查，保险机构和第三方网络平台应予配合。

第二十三条 中国保险行业协会依据法律法规及中国保监会的有关规定，对互联网保险业务进行自律管理。

中国保险行业协会应在官方网站建立互联网保险信息披露专栏，对开展互联网保险业务的保险机构及其合作的第三方网络平台等信息进行披露，便于社会公众查询和监督。中国保监会官方网站同时对相关信息进行披露。

第五章 监督管理

第二十四条 开展互联网保险业务的保险机构具有以下情形之一的，中国保监会可以责令整改；情节严重的，依法予以行政处罚：

（一）擅自授权分支机构开办互联网保险业务的；

（二）与不符合本办法规定的第三方网络平台合作的；

（三）发生交易数据丢失或客户信息泄露，造成不良后果的；

（四）未按照本办法规定披露信息或做出提示，进行误导宣传的；

（五）违反本办法关于经营区域、费用支付等有关规定的；

（六）不具备本办法规定的开展互联网保险业务条件的；

（七）违反中国保监会规定的其他行为。

第二十五条 开展互联网保险业务的第三方网络平台具有以下情形之一的，中国保监会可以要求其改正；拒不改正的，中国保监会可以责令有关保险机构立即终止与其合作，将其列入行业禁止合作清单，并在全行业通报：

（一）擅自与不符合本办法规定的机构或个人合作开展互联网保险业务；

（二）未经保险公司同意擅自开展宣传，造成不良后果的；

（三）违反本办法关于信息披露、费用支付等规定的；

（四）未按照本办法规定向保险机构提供或协助保险机构依法取得承保所需信息资料的；

（五）不具备本办法规定的开展互联网保险业务条件的；

（六）不配合保险监管部门开展监督检查工作的；

（七）违反中国保监会规定的其他行为。

第二十六条 中国保监会统筹负责互联网保险业务的监管，各保监局负责辖区内互联网保险业务的日常监测与监管，并可根据中国保监会授权对有关保险机构开展监督检查。

保险机构或其从业人员违反本办法，中国保监会及其派出机构可以通过监管谈话、监管函等措施，责令限期整改；拒不整改、未按要求整改，或构成《保险法》等法律、行政法规规定的违法行为的，依法进行处罚。

第六章　附则

第二十七条 专业互联网保险公司的经营范围和经营区域，中国保监会另有规定的，适用其规定。

再保险业务不适用本办法。

第二十八条 对保险机构通过即时通信工具、应用软件、社交平台等途径销售保险产品的管理，参照适用本办法。

保险公司、保险集团（控股）公司下属非保险类子公司依法设立的网络平台，参照第三方网络平台管理。

第二十九条 本办法由中国保监会负责解释和修订。

第三十条 本办法自2015年10月1日起施行，施行期限为3年。《保险代理、经纪公司互联网保险业务监管办法（试行）》（保监发〔2011〕53号）同时废止。

附4：

保监会就《互联网保险业务监管暂行办法》的答问

2015-7-27

2015年7月22日，中国保监会出台了《关于印发〈互联网保险业务监管暂行办法〉的通知》（以下简称"《办法》"），自2015年10月1日起实施。保监会相关部门负责人就有关问题答记者问。

一、出台《办法》的背景是什么？

答：随着信息技术的快速发展与广泛普及，互联网及移动互联已成为保险机构销售和服务的新兴渠道。近年来，我国互联网保险呈现加速发展态势，为保险业注入了活力，但也存在销售行为触及监管边界、服务体系滞后和风险管控不足等风险和问题，亟需进一步规范。

同时，近期人民银行会同有关部门下发了《关于促进互联网金融健康发展的指导意见》，指出互联网金融按照"依法监管、适度监管、分类监管、协同监管、创新监管"的原则监管。

为规范互联网保险经营行为，促进互联网保险健康规范发展，保护保险消费者合法权益，我会制定了《互联网保险业务监管暂行办法》。

二、《办法》遵循的主要原则是什么？

答：一是促进互联网保险业务健康发展。《办法》坚持发展与规范并重，支持和鼓励互联网保险创新，开展适度监管，促进互联网保险业务健康发展。

二是切实保护互联网保险消费者权益。《办法》结合互联网保险自主交易的特点，坚持保护消费者合法权益这一基本原则，强化信息披露、客户服务，重点保护保险消费者的知情权、选择权以及个人信息安全等。

三是线上与线下监管标准一致。互联网保险没有改变保险的根本属性，互联网保险业务监管应与传统保险业务监管具有一致性。因此，《办法》坚持现有监管方向和原则的前提下，根据互联网保险的特性，对现有监管规则进行了适当延伸和细化。

四是强化市场退出管理。根据“放开前端、管住后端”的监管思路，《办法》主要是通过明确列明禁止性行为的方式，强化保险机构和第三方网络平台的市场退出管理，为互联网保险业务的发展营造良好的市场环境。

三、《办法》的主要结构和内容是什么？

答：《办法》共六章、30条，主要就参与互联网保险业务的经营主体、经营条件、经营区域、信息披露、监督管理等方面，明确了基本的经营规范和监管要求。内容包括以下方面。

1．总则。主要明确了互联网保险业务、保险机构、自营网络平台、第三方网络平台等概念的界定，以及保险机构经营互联网保险业务的基本原则要求。

2．经营条件与经营区域。主要规定了保险机构经营互联网保险业务的集中管理要求，自营网络平台和第三方网络平台的经营条件，以及可扩展经营区域的险种范围等。

3．信息披露。主要明确了保险产品、保险机构以及行业协会分别在信息披露方面的具体内容和要求。

4．经营规则。主要规定了参与互联网保险业务相关机构的职责定位、产品管理、保费收取、交易记录、客户服务、信息安全、异常处理、反洗钱以及相关费用结算与支付方面的具体监管要求。

5．监督管理。主要规定了保险机构、第三方网络平台的禁止性行为及退出管理要求，明确了保监会、保监局的监管职责分工与监管方式。

6．附则。主要明确了对专业互联网保险公司、再保险业务、通过即时通信工具等方式销售保险产品、保险集团公司依法设立的网络平台的管理要求，以及《办法》的解释权、修订权及施行时间等。

四、《办法》的适用对象有哪些？

答：《办法》适用的对象为保险机构和第三方网络平台。保险机构是指保险公司、全国性的保险专业中介机构。第三方网络平台是指除保险机构的自营网络平台外，在互联网保险业务活动中，为保险消费者和保险机构提供网络技术支持辅助服务的网络平台。

保险公司或保险集团下属的非保险类子公司或其他子公司、保险资产管理公司、区域性保险专业中介机构、保险兼业代理机构等，都不能经营互联网保险业务。

五、《办法》对互联网保险产品的监管要求是如何规定的？

答：《办法》未对互联网保险产品做出特殊规定。尽管互联网保险产品种类繁多，创新产品层出不穷，但与传统保险产品并没有本质上差别。因此，《办法》未提出单独报备“互联网专用产品”要求，而是采取与线下产品一致的监管要求，由保险公司根据自身管控水平、信息化水平及产品特点，自主选择符合互联网特性的产品开展经营。保险监管机构主要通过事中监控和事后监督等措施，实施退出管理以加强对互联网保险产品的监管。

六、《办法》放开了哪些险种的经营区域限制？

答：基于互联网方便、快捷、跨地域的特点，《办法》有条件地放开部分险种的经营区域限制，如：对人身意外伤害保险、定期寿险和普通型终身寿险；投保人或被保险人为个人的家庭财产保险、责任保险、信用保险和保证保险；能够独立、完整地通过互联网实现销售、承保和理赔全流程服务的财产保险业务等。

除《办法》列明的险种外，其他险种不得跨区域经营。同时，《办法》也提出要求，保险公司必须向消费者明示没有设立分支机构的地区，以保证消费者的知情权。

针对不能保证异地经营售后理赔服务、导致出现较多投诉的保险机构，监管部门将及时采取措施停止其相关险种的经营。

七、《办法》对信息安全有具体规范吗？

答：针对互联网信息安全风险高的特点，《办法》要求保险机构加强信息安全管理，确保网络保险交易数据及信息安全。同时，《办法》还加大了对保险机构不严格履行信息披露和安全管理职责的惩戒力度。如，对因内部管理不力造成销售误导、信息丢失或泄露等严重事故的保险机构，保险监管机构可以及时责令停止相关产品的销售，以确保保险机构切实履行信息披露和安全管理义务，更好地保护消费者利益。

八、《办法》如何对第三方网络平台进行管理？

答：在互联网保险业务发展过程中，部分第三方网络平台对保险业务不熟悉，合规风控意识薄弱，出现了违规承诺收益、产品信息披露不合规等违法违规现象，引发了社会广泛争议，甚至是对保险业的负面评价和质疑。因此，《办法》明确了第三方网络平台的业务边界，强化了其参与互联网保险业务的行为约束：一是明确职责定位。第三方网络平台可以为保险机构开展互联网业务提供辅助支持。若第三方网络平台参与了互联网业务的销售、承保、理赔等关键环节，则必须取得相应的保险业务经营资格。二是强化合规管控。《办法》明确了第三方网络平台的业务规则，并要求保险机构加强对第三方网络平台等合作单位的管控责任，切实履行将保险监管要求告知第三方网络平台的义务。三是实施监督管理。《办法》明确规定第三方网络平台有配合保险监管部门日常监管和现场检查的义务，若有违反，保险监管部门可以责令保险机构终止与其合作。

九、保险机构与第三方平台的职责如何划分？

答：互联网保险业务的销售、承保、理赔、退保、投诉处理及客户服务等保险经营行为，应由保险机构管理和负责。第三方网络平台如经营开展上述保险业务的，则应取得代理、经纪等保险业务经营资格。

十、保险机构的分支机构能不能从事互联网保险业务？

答：保险机构的总公司要对互联网保险业务负总责，实行集中运营、统一管理，不能以分公司的名义对外经营互联网保险业务。但是，在总公司统一管理和调配下，分公司可以承担出单、理赔、客户服务等落地工作。

十一、《办法》对于信息披露有哪些具体要求，如何防范销售误导？

答：互联网保险业务主要是通过消费者自主交易的方式完成，与传统交易方式相比，缺乏面对面的交流沟通。因此，《办法》对经营主体履行信息披露和告知义务的内容和方式，做了较为详尽、具体和明确的要求。

第一，要求在相关网络平台的“显著位置”，列明一系列必要信息。如：承保的保险公司和客户投诉渠道等等。保险机构不能刻意隐瞒上述信息，也不能用各种手段诱导消费者忽略这些信息，要能够让消费者注意到、非常方便地找到这些信息，确保消费者能够作出客观、理性的判断。

第二，要求在保险产品的“销售页面”上，列明充分的提示或警示信息，防止销售误导。如，要求经营主体突出提示和说明免除保险公司责任的条款，并以适当的方式突出提示理赔要求、保险合同中的犹豫期、费用扣除、退保损失、保险单现金价值等重点内容；要求经营主体应向消费者提示其经营区域，以及由消费者对重要保险条款进行确认等关键内容，以最大限度保障消费者的知情权和自主选择权。

第三，这些信息必须由保险公司统一制作、授权发布，一旦出现问题，保险公司需要承担责任。

十二、消费者如何了解经营互联网保险业务的保险机构和保险产品等相关信息？

答：消费者可以通过保险机构的官方网站，查询其经营互联网保险业务的网站名称及网址、互联网保险产品、客户服务及消费者投诉方式等具体信息。

第十章　网上银行面临的主要风险及安全防护措施

随着现代信息技术的不断发展，互联网在社会经济中的作用日益明显。为了满足信息化时代下客户对银行服务升级的需求，降低金融服务成本，提高服务效率，网上银行应运而生。

网上银行的出现打破了传统银行的经营模式和经营理念，突破了传统银行对金融服务场所的依赖，以其自身的优越性在全世界得到了快速发展，并展示出了深厚的发展潜力。

一、认识网上银行

网上银行（Internet Banking）亦称网络银行或电子银行，是依托互联网的发展而兴起的一种新型银行服务手段。网上银行借助互联网遍布全球的优势以及无间断运行、信息传送快捷的时间优势，突破了传统银行的局限性，为用户了提供全方位、全天候、便捷、实时的全新现代化服务。

（一）网上银行提供的服务

网上银行不仅仅是传统银行产品简单地从柜台到网上的转移，其服务方式和内涵发生了一定的变化，产生了全新的业务品种，主要包括以下几种。

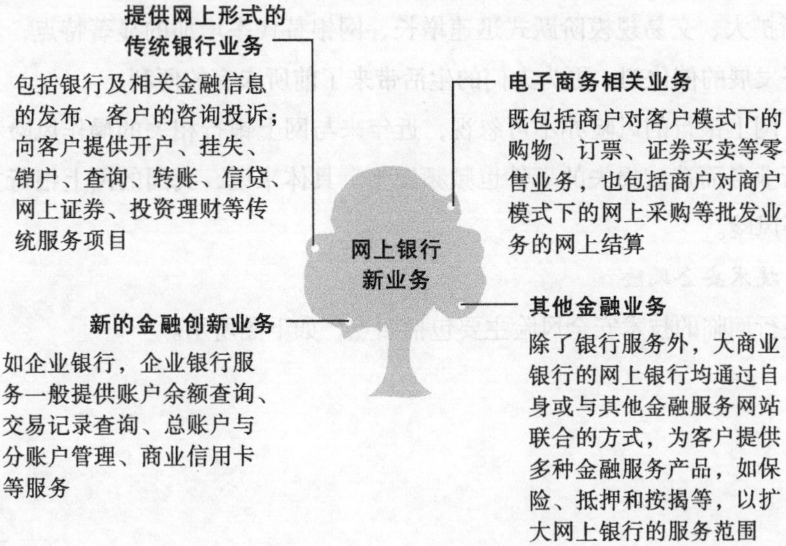

提供网上形式的传统银行业务
包括银行及相关金融信息的发布、客户的咨询投诉；向客户提供开户、挂失、销户、查询、转账、信贷、网上证券、投资理财等传统服务项目
电子商务相关业务
既包括商户对客户模式下的购物、订票、证券买卖等零售业务，也包括商户对商户模式下的网上采购等批发业务的网上结算
网上银行新业务
新的金融创新业务
如企业银行，企业银行服务一般提供账户余额查询、交易记录查询、总账户与分账户管理、商业信用卡等服务
其他金融业务
除了银行服务外，大商业银行的网上银行均通过自身或与其他金融服务网站联合的方式，为客户提供多种金融服务产品，如保险、抵押和按揭等，以扩大网上银行的服务范围

（二）网上银行的特点

网上银行是现代科技与金融行业相结合的产物，它依靠自身独特的优势，改变了人们的日常生活。网上银行主要有以下几个特点。

1 网上银行具有更大的开放性

网络技术在现代社会中的发展越来越快，计算机和智能手机对于人类而言已经不可或缺，由于互联网的全球性，世界似乎变得越来越小，客户可以在网上办理各种金融业务

2 网上银行可以跨越时空

由于网上银行使用计算机网络作为依托，因此客户在办理网上金融业务时就可以不受时间、地点的限制，随时随地完成业务操作。所以网上银行将会使客户在办理金融业务时更加快捷方便

3 网上银行的交易成本低

在信息发达的互联网时代，客户仅仅需要动动鼠标或者动动手机就可以完成以前必须去银行办理的业务，省去了去银行的时间成本和交通成本

4 身份认证的便捷性

对于网上银行而言，客户的身份确认会更加简单快捷，因为客户都是通过密码来实现网上交易的，所以只需要输入正确的密码就可以完成身份确认，省去了在银行柜台办理业务时确认身份所花费的时间，极大节省了客户的时间

二、网上银行面临的主要风险

随着信息化与传统银行业的完美融合，近年来网上银行的发展突飞猛进，呈现出用户规模不断扩大、交易规模阶跃式迅速增长、网银替代率增加的显著特点，不仅成为推动国民经济发展的催化剂，更为人们的生活带来了前所未有的便利。

然而，网上银行的风险亦不可忽视，近年来与网上银行相关的操作风险和客户因办理网上银行业务而造成损失的事件也频频发生。具体来说，我国的网上银行主要面临以下几种主要风险。

（一）技术安全风险

网上银行面临的技术安全风险主要包括四点，如下图所示。

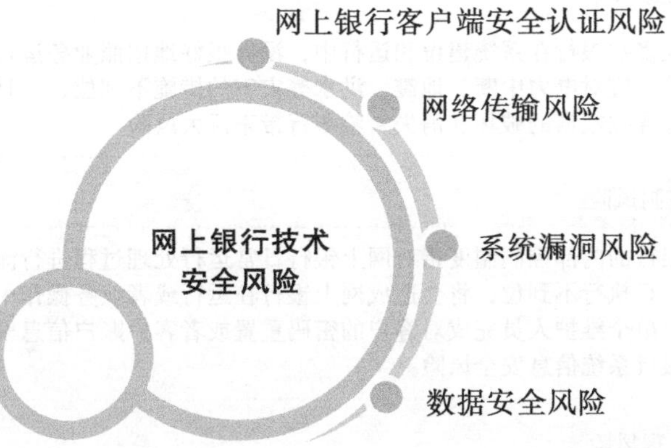

1. 网上银行客户端安全认证风险

网银客户端使用证件号码、用户名和密码登录，一旦用户计算机感染病毒、木马或者被黑客攻击，如果没有进行安全认证，网上银行用户所做的所有操作，都会被发送至控制用户计算机的服务器后端，严重影响网银客户端用户的银行账号和密码安全。假冒银行网站而出现钓鱼网站，就是将用户的所有操作通过键盘记录或者屏幕录制等方式，将用户账号和密码信息传输至窃取人指定的服务器中，危及用户资金安全。

2. 网络传输风险

网上银行业务通过网络在银行和用户之间进行数据传输，在数据传输过程中要求进行加密处理，如果网络传输系统和环境被攻破，或者加密算法被黑客攻击，将使网上银行客户的资金、账号、密码在网络传输中如同明文传输，造成客户信息泄露，严重影响网上银行用户信息安全。

3. 系统漏洞风险

网上银行应用系统和数据库在技术上依然存在一些系统漏洞和隐患，这些漏洞往往会被黑客、计算机病毒所利用，对网上银行系统造成很大的信息安全风险。

4. 数据安全风险

网上银行的数据要求绝对安全和保密。用户基本信息、用户支付信息、业务处理信息、数据交换信息等的丢失、泄露和篡改都会使商业银行产生不可估量的损失。如何确保数据输入和传输的完整性、安全性和可靠性、如何防止对数据的非法篡改、如何实现对数据非法操作的监控与控制是网上银行系统需要解决的问题。

（二）管理安全风险

网上银行面临的管理安全风险主要包括以下三点。

1 系统应急风险

目前大多数银行在系统建设和运行中，没有很好地按照业务运行应急计划进行演练，应对电力中断、地震、洪水等灾害的措施不到位，一旦发生这类灾害，会导致数据的破坏和消失，给银行带来巨大风险

2 内部控制风险

网上银行的内部控制制度指对网上银行日常运行处理过程进行流程或制度规范，一旦执行不到位，将会造成网上银行在运行或者业务操作中出现问题，比如由单个维护人员完成对客户的密码重置或者客户账户信息调整等，造成网上银行系统信息安全风险

3 外包管理风险

网上银行在快速发展过程中，由于银行相关人才不足，在系统开发、运行维护过程中，很多是通过购买第三方外包服务的方式提供网上银行技术支持。如果由于网上银行外包服务管理不到位，将给银行带来数据泄露的风险

（三）链接服务风险

链接服务风险主要是指网上银行链接不到足够的其他电子商务网站，银行无法为客户在网上消费提供支付服务，造成客户转移注册，并最终导致银行收益损失的可能。在客户决定着网上银行能否生存的情况下，客户在网上消费到哪里，所注册的网上银行就应跟踪链接到哪里。

为此，网上银行一方面要向社会公众做好宣传与营销，提高自己品牌的知名度；另一方面要做好与其他著名商务网站的链接，让他们提示客户在进行消费时优先链接到自己的网址，使用本行提供的交易支付工具。如果网上银行链接不到足够的电子商城或其他知名网站，就会出现客户流失现象，并最终影响到银行的经济收益。

（四）法律风险

法律风险是指由于有关网上交易法律法规的不健全而使网上银行陷入法律纠纷的风险。同传统银行相比，网上银行有两个十分突出的特性：一是它传递信息包括契约采用的是电子化方式；二是它模糊了国与国之间的自然疆界，其业务和客户随着互联网的延伸可达世界的每个角落。这就向传统的基于自然疆界和纸制合约基础上的法律法规提出了挑战。法律风险在我国网上银行发展过程中的表现还包括我国自身相关的法律法规不够完善，相关的制度规范和约束机制还不够健全，缺乏相对规范的法制环境。

目前，政府有关法规中对于网上交易的权利与义务规定比较模糊，缺乏网络消费者权益保护规则。银行与商家、客户的关系及签名有效性等不明确。由于网络银行业务涉及诸多其他法律如消费者权益保护法、知识产权法、货币发行制度等，银行可能因使用电子货币或使用虚拟金融服务而损害客户隐私以致被提起诉讼，或因在自己的网页上建立与重要客户的链接而陷入官司纠纷。犯罪分子可能利用网络银行从事洗钱活动从而使银行被动违反反洗钱法律，电脑黑客也可能利用多种手段连接网络银行客户的网页使客

户迁怒于银行，罪犯利用假造的证书以银行名义销售给客户，受骗者可能将银行作为起诉对象等。上述种种，将使银行面临被判罚款、行政处罚、民事赔偿以及刑事责任等诸多窘境，影响银行业务的正常开展。

在国内，网上银行属于新兴事物，相关法律法规基本上处于空白状态，仅有中国人民银行《网上银行业务管理暂行办法》这一部门规章。法律是监管的保证，通过法律才能使网上银行的交易规范、有序。

三、防范网上银行风险的安全措施

随着网上银行业务的蓬勃开展，网上交易量和交易速度大幅度提升，网上银行的安全性也受到越来越多的重视。网上银行业务能够顺利开展持续进行的前提就是要有足够的安全保障，当前网络信息安全所面临的问题也是网上银行需要重视和解决的问题。要做好网上银行的安全防范工作，应着重注意以下几点。

（一）加强系统安全性

网上银行的关键环节就是网上银行系统的安全性，银行应定期从物理安全、逻辑安全、管理安全、操作系统安全、联网安全、客户端安全等几个方面方面对网上银行进行入侵检测和网络渗透检测，防范系统被入侵和攻击。

1 物理安全

保护好计算机硬件和存储介质，加强计算机机房的管理、出入者身份证明、24小时值班以及实施各种硬件安全手段等预防措施

2 逻辑安全

需要用户口令、文件许可等方法来实现，防止黑客的入侵。高度机密的信息应与其他各种数据相隔离，对所有高机密的数据的存取要严格控制

3 管理安全

如软件控制、违反安全的调查、审计跟踪检查以及责任控制检查等

4 操作系统安全

计算机系统可提供给许多人使用，必须能区分用户，进行用户等级和权限管理，以防止他们互相干扰或者破坏

5 联网安全

采用防火墙技术可有效防止电脑黑客或者公用网的用户不适当操作造成的可能对金融专用网的攻击。通过设置支付网管，把公用网与银行内部专用网隔离，实施缓冲过滤功能，更好地保证银行专用网的安全

6 客户端安全

采取有效技术措施保证客户端处理的敏感信息、客户端与服务器交互的重要信息的机密性和完整性；保证所提供的客户端程序的真实性和完整性，以及敏感程序逻辑的机密性。保证客户端程序能够有抗逆向、抗反汇编的防护措施，能够有效地防止键盘钩子等危害网上银行的攻击

（二）完善内部控制体系

网上银行信息系统的内部操作人员对系统及其权限更为了解，所以网上银行系统更容易受到银行内部人员的侵扰。因此，银行更应注重加强内控管理，防止来自内部的风险隐患。建立可靠的内部控制体系，除了合理的安全技术以外，还需要建立系统维护制度、信息保密制度、数据备份制度、人员管理制度、风险预警制度、重大事项报告制度等规范，确保网上银行系统有序正常运行。

（三）加强外包服务管理

目前国内的一些网银在开发和维护上采取外包模式，考虑到网上银行数据的重要性，加强网上银行系统外包服务管理尤为重要。

首先要选择长期可靠、综合能力强的网上银行外包服务商；其次要做好网上银行外包技术服务商的合同管理，规范和明确网上银行的服务内容；再次要确保银行等重要数据的安全性，对外包服务人员严格管理；还要加强网上银行外包服务的过程管理，严格监控外包服务，随时了解外包服务状态；最后，加强网上银行外包团队建设，建立良好的沟通机制。

（四）制订应急计划

网上银行系统运行需要有其他相关的业务系统支持，如网银转账需要调用银行核心系统，网上支付需要调用大小额支付系统等。当出现系统故障或者发生不可抗力时，每一个环节的停顿都可能对整个业务的连续性带来影响。因此，应该制订详细的网上银行业务运行应急计划。

同时，还需要进一步加强网上银行应急演练。银行业机构应定期制定切实可行的各种灾难应急预案演练方案。演练方案既要注重针对性，又要体现实效性。对应急演练的原因、目的、具体时间、主要成员、设备、范围、演练流程、预案风险等进行详细描述，对预期风险要进行严密的分析论证。

通过应急演练，可以帮助应急技术小组人员掌握其应急响应机制、流程、安全风险评估等相关内容，帮助用户完善安全时间预防、应急预案处理、梳理应急响应流程、提高相关人员对日常安全和紧急事件的应急响应和处理能力。确保应急处理人员具备应急工作必需的技术能力，定期组织人员培训以满足应急处置的要求，并通过应急演练，保证应急处理人员的熟练程度。

（五）完善事前、事中和事后防御机制

针对网上银行的防御手段可以分成事前预防、事中防御、事后审计追踪三个阶段。

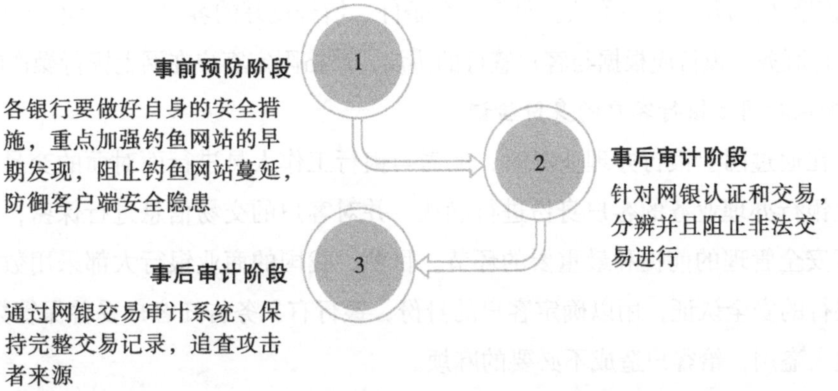
事前预防阶段
1
各银行要做好自身的安全措施，重点加强钓鱼网站的早期发现，阻止钓鱼网站蔓延，防御客户端安全隐患
2
事后审计阶段
针对网银认证和交易，分辨并且阻止非法交易进行
3
事后审计阶段
通过网银交易审计系统、保持完整交易记录，追查攻击者来源

针对事前预防阶段，可以使用网银安全助手、密码控件等客户端防范手段，对键盘录入、SSL 安全加密、反钓鱼等进行客户端方面的预防，有效防范木马、病毒的攻击，进一步提升用户在客户端的安全体验，增加用户使用网上银行的安全信心。针对事中防御阶段，可以采集分析交易信息，主动防御，发现和终止身份冒用、套现、虚假交易等风险，如使用反欺诈交易平台等。针对事后审计跟踪阶段，可以利用网银的内部交易日志进行审计分析。

（六）增强客户操作风险防范

随着技术的进步，以及管理层对网上银行的重视，当前面临的最大问题不是技术上的漏洞，而是客户操作上的风险。因此，银行急需加强对客户有关安全使用网银的宣传和教育，重点包括对使用网上银行的客户的风险提示和安全教育、安全上网行为宣传介绍和引导等。

（七）对客户进行管理

网上银行的客户管理主要是指银行对其向客户提供的服务进行管理，包括哪些客户可以使用网银，客户可以使用哪些网上银行服务等，具体包括四点内容，如下图所示。

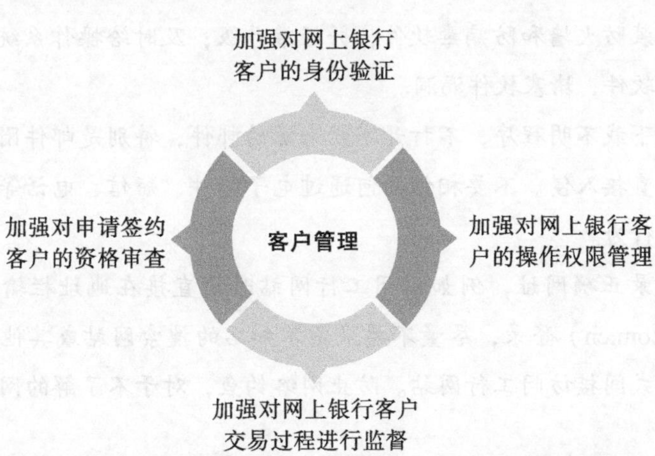
加强对网上银行客户的身份验证
加强对申请签约客户的资格审查
客户管理
加强对网上银行客户的操作权限管理
加强对网上银行客户交易过程进行监督

1. 加强对申请签约客户的资格审查

由于客户在网上银行不需要提供任何印鉴，仅凭 USB Key 就可以办理业务，因此网上

银行应制定严格的开户审核手续。只有符合条件、信誉良好的客户，银行才与其签订规范的网上银行服务。银行应根据与客户签订的协议，严格限定客户在网上银行操作的范围。

2. 加强对网上银行客户的身份验证

客户在通过网上银行办理业务时，无需与银行工作人员进行面对面的交易，因此对登录网上银行办理业务的客户身份进行确认，并对客户的交易信息进行保密，已经成为网上银行安全管理的前提和最重要的环节。目前，我国的商业银行大都采用数字证书作为网上银行的安全认证，用以确定客户的身份，银行有义务告知客户妥善保管数字证书，以免被他人盗用，给客户造成不必要的麻烦。

3. 加强对网上银行客户的操作权限管理

客户需求不同，对网上银行服务要求就会不同，银行需要对不同的客户提供个性化、差别化的服务。因此，银行需要根据客户的需求，结合内部管理的需要，对网上银行客户业务操作权限进行管理。

4. 加强对网上银行客户交易过程进行监督

为了满足及时接收和处理网上银行业务，防范网上银行异常交易发生，确保网上银行业务的顺利进行，银行应对客户在网上银行发起的各类交易进行实时、全程的监控和管理。一笔网上银行业务，从客户登录网上银行、发出交易指令算起，通过总行接入，分发到分支行，一直到最后进行账务处理，需要经过互联网、局域网等多个网管。因此，银行需要对一笔网上银行业务所涉及的多个环节进行监控。

（八）用户自身要提高安全防范意识

网上银行的安全事关每一个用户的财产安全，除了银行对用户进行网上银行安全的宣传、推广和教育以外，用户自身也要提高安全防范意识。

（1）安装防火墙和防病毒软件，并经常升级；及时给操作系统打补丁，及时更新相关软件，堵塞软件漏洞。

（2）不下载不明程序，不打开不明来源的邮件，特别是邮件附件，防止病毒、木马的直接入侵。不要相信任何通过电子邮件、短信、电话等方式索要卡号和密码的行为。

（3）登录正确网址，例如访问工行网站时请直接在地址栏输入工行网址（www.icbc.com.cn）登录，尽量不要采用不知名的搜索网站或其他方式提供的超级链接方式间接访问工行网站。防止网络钓鱼，对于不了解的网站也不要随意地访问。

（4）不要在公共场所如网吧使用网上银行，动态口令卡在公共场所有被人拍照的可能，即使是目前安全度最好的移动数字证书使用不当也会给他人可乘之机。

（5）定期登录网上银行查看自己账户的情况，确保资金安全，有意外情况可以及时处理。

（6）在线交易操作需反复确认，在按“确定”之前，一定要反复确认自己的交费金额，并随时注意浏览器地址栏、弹出窗口的各项内容等细节信息，如有怀疑应立即终止交易。

（7）保护账号密码。在任何时候及情况下，不要将自己的账号、密码告诉别人，并与其他密码区分开来，避免因某项密码的丢失而造成所有其他密码的泄露。

（8）应对异常的动态提高警惕。假如不小心把自己的银行卡卡号和密码输入了陌生的网址上，并出现了类似于“系统维护”等提示语，应立即拨打银行的客服热线进行确认，一旦发现资料被盗，必须马上修改密码并挂失银行卡。

（9）每次使用网上银行个人服务后，请选择“退出登录”选项，以防数字证书等机密资料落入他人之手。

如果网上银行用户能在安全意识上有所加强，使用网上银行的过程中时刻保持清醒的头脑，那么很多网上银行的风险事件其实是可以避免的。

四、网上银行风险案例分析

近年来随着我国经济发展迅猛，网上银行业务得到了蓬勃发展，以网上银行为主的电子银行业务在满足广大人民群众对银行业务的巨大需求上做出了重要的贡献。但是，网上银行业务蓬勃发展的同时，各类网络犯罪案件层出不穷，严重影响了人们对网上银行业务的使用。

（一）钓鱼病毒相关案例

王某为某高校在校大学生，他于2011年3月7日20点左右在寝室登录淘宝网站，搜索到了一家二手笔记本电脑交易的店铺，并通过阿里旺旺与对方取得了联系。对方主动发送了一个压缩文件包，声称该压缩包里面有很多的笔记本图片。受害者接受并打开了该压缩包，并以600元的价格成交。受害者第一次通过网上银行交易支付600元后显示没有交易成功，对方让王某再次支付，于是受害者王某又通过网上银行支付，但是还是支付不成功。受害人王某感觉比较奇怪，通过网上银行账户查询发现两次交易都已经成功，账户内已经有1200元被转到上海某网络科技公司。后来王某企图再次联系卖家，但是已经无人应答。

案 例 分 析

在钓鱼病毒这类案例中，犯罪分子通常引诱受害者打开自己提供的压缩包或者执行文件，从而将木马病毒种到受害者的电脑中。木马病毒则负责监控受害者网上银行交易操作，通过替换交易请求、记录并发送用户账号信息等手段达到获利的目的。卖家的产品图片和资料都应发布在淘宝的网站上，用户不应私下接收，并且这样做还可能因为购买的产品与在淘宝上发布的不一致导致纠纷。目前有的银行采用二代USB Key对于网上银行交易操作产生数字签名时，已经可以向用户显示相关交易请求及记录，因此在一定程度上规避了上述钓鱼病毒通过替换交易请求等手段产生的欺诈。

（二）虚假网站相关案例

2007年9月21日，北京市公安局东城分局破获了一个特大网上银行诈骗案，在湖北省某酒店抓获犯罪嫌疑人谌某。犯罪嫌疑人谌某于2006年10月至2007年8月间，利用虚假网上银行盗取他人网上银行信息，先后窃取了6名受害者网上银行账户资金共计人民币30余万元，并通过网上购物再打折出售的方式套现。

案 例 分 析

在虚假网站这类案例中，犯罪者往往模仿正常的网上银行交易网站，诱导受害者在他们伪造的网页上进行网上银行操作，从而窃取受害者网上银行的账号信息，达到控制受害者网上银行账户的目的，从而转账套现。该类犯罪分子和虚假邮件链接这类案件有较为密切的联系。

通常，目前大多数网银账户操作都使用了双因素认证身份方式，单纯的用户名和口令已经无法进行网银的账户操作，目前采用的是动态口令卡支付模式。即便是允许的额度不大，也还是存在犯罪分子通过“钓鱼网站”进行欺诈的风险。对于“钓鱼网站”的防范，除了相关监管机构对网站采取监测及关闭等手段外，最主要是银行对客户的教育。目前的网上银行站点基本都使用了站点数字证书，许多银行还使用了EV证书，用户登录网银时使用IE7以上的浏览器地址栏会变成绿色。而“钓鱼网站”很难做到这一点，即便“钓鱼网站”也申请到了EV证书，也会有机构申请的资料，公安机关在破获此类案件时会容易很多。

（三）木马病毒相关案例

2007年3月10日，蔡先生发现自己银证通账户的两个账户共计16万余元被盗窃。

后来上海警方侦查发现，2007年1月，犯罪嫌疑人白某攻击了一些网站，植入了网页木马。受害人蔡某在上网浏览了被鲍某攻击的网页后，其电脑被自动植入了灰鸽子黑客程序。后来犯罪嫌疑人白某使用灰鸽子木马程序远程控制被害人的电脑，窃取了其网上银行的账号、密码、电子证书。接着犯罪嫌疑人白某用虚假身份证开户，将网银账户中的钱款转入自己新开的账户中而窃走。

案例分析

这类木马病毒的案例与钓鱼病毒的案例比较接近，不同之处在于钓鱼病毒的受害者往往是在诱骗下主动打开危险文件的，而木马病毒的受害者是在不知情的情况下被安装木马病毒的。因此用户访问网站时要慎重，避免登录一些不正规网站或者受到跨站攻击的网站（这类网站如果是被动攻击一般情况下活跃度较低）。

但是这两类案例的本质是相同的，都是通过种入木马病毒，窃取受害者的账号信息或者伪造交易请求中的信息，从而达到获利的目的。本案例中用户被窃取的电子证书是以文件的方式存放于电脑上，并且未设置密码保护。目前文件证书的使用越来越少，大部分电子证书都由USB Key进行保护，从而降低了此种木马病毒带来的风险。

（四）网上银行业务风险相关案例

2002年10月，洪某在温州永嘉的一家银行办理了借记卡。2005年2月，洪某发现借记卡被盗取了10.25万元，并向当地警方报案。警方调查后发现，2004年11月22日，犯罪嫌疑人假冒洪某的名义用假身份证在该行温州分行开通了网上银行业务，并获取了网上银行的客户证书和密码。接着犯罪嫌疑人在2005年2月2日通过网上银行将孔某借记卡内的资金分两次转出。

案例分析

这类网上银行系统本身缺陷的案例和以上其他三种案例的相比较为独特。案例中的犯罪分子利用了2005年时该行网上银行开户不需要对应借记卡的这个漏洞，伪造了受害者的个人信息，从而获得了受害者借记卡账户的网上银行的访问权利。这类网上银行系统本身缺陷的案例比较特殊，难以有较为统一的表现。从根本上来说，犯罪分子都是找到了网上银行系统的本身缺陷进行欺诈活动。目前虽然过去的很多业务漏洞都已经不存在了，但随着很多新兴业务（如手机银行、快捷支付等）的开展，必将带来未知的风险。这就要求网上银行的管理者要重视风险管理，在设计新业务的同时从业务安全的角度考虑一些防范措施。

附：《网上银行安全风险管理指引》（征求意见稿）

2011年11月4日

第一章 总则

第一条 为防范网上银行安全风险，保障客户和商业银行的合法权益，促进网上银行业务的健康、持续发展，依据《中华人民共和国商业银行监督管理法》《中华人民共和国商业银行法》《电子商业银行业务管理办法》《商业银行操作风险管理指引》《商业银行信息科技风险管理指引》，以及相关的法律法规，特制定本指引。

第二条 本指引适用于在中华人民共和国境内依法设立的法人商业银行和农村合作银行、城市信用社、农村信用社。政策性银行、村镇银行、贷款公司、金融资产管理公司、信托公司、财务公司、金融租赁公司、汽车金融公司、货币经纪公司等其他银行业金融机构参照执行。

第三条 本指引所称网上银行（以下简称“网银”）是指商业银行利用互联网等开放性公共网络或专用网络为媒介，以客户发出的电子指令为依据，为客户提供网上金融业务的电子渠道类服务。同时，依托公共网络或专用网络在收付款人之间进行资金支付结算的网上支付业务，应统一纳入网上银行的安全风险管理。

第四条 本指引所称网银安全风险，是指商业银行在网银的业务经营和管理过程中，由于环境因素、人员原因、安全漏洞以及管理和流程缺陷导致的操作、法律和声誉等风险。可能导致网银安全风险的威胁和弱点主要存在于内控管理、产品创新和开发、业务运营、系统运维、信息安全保障等环节。

第五条 商业银行应将网银安全风险管理纳入本行的全面风险管理体系，结合自身网银业务特点，建立与全面风险管理体系相一致的网银安全风险管理框架、策略及流程。

第二章 组织架构

第六条 商业银行应建立与网银安全风险管理相适应的组织架构，该组织应包含董事会、高级管理层、网银安全风险管理部门、业务条线部门、信息科技部门、内部审计部门，各部门应明确各自职责并对所负责的网银安全风险进行归口管理。

第七条 董事会对网银安全风险的管理负最终责任，主要职责包括：

（一）负责监督高级管理层对网银安全风险的控制情况，并对网银安全风险及管理状况提出管理和内部控制意见；

（二）审批网银审计报告。

第八条 高级管理层的主要职责：

（一）制定、定期审查和监督执行网银安全风险管理机制和程序；

（二）明确各部门的网银安全风险管理职责，了解掌握网银重大安全风险，确定风险可接受原则和容忍度，审批重大安全风险控制措施，督促各部门履行管理职责，确保网银安全风险管理机制正常运行；

（三）审批网银安全风险评估报告。

第九条 商业银行应指定网银安全风险管理牵头部门，明确牵头部门和其他各相关部门的职责范围、工作流程和沟通协调机制。

第十条 风险管理牵头部门负责组织、推动各部门的网银安全风险管理工作，组织制定和发布有关制度、规定，建立各部门联席会议机制，协调、解决风险管理工作中的重大问题，组织跨部门的应急联动机制和应急预案的演练等。

第十一条 业务条线部门负责网银业务层面的安全风险管理工作，明确本部门的风险管理职责，执行网银业务安全风险自评估或外部评估，对网银的业务运营和操作进行日常合规检查，编制本部门的业务应急预案等。

第十二条 信息科技部门负责网银系统开发、建设和日常运行维护的安全风险管理工作，明确本部门的风险管理职责，执行网银系统安全风险自评估或外部评估，对网银系统的开发和运行维护进行日常合规检查，编制本部门的技术应急预案等。

第十三条 商业银行内部审计部门负责对网银业务和系统进行审计检查，根据审计结果向董事会提交审计报告，跟踪、督导审计发现问题的整改工作。

第三章 安全风险管理框架

第十四条 商业银行应建立网银安全风险管理框架。管理框架应至少包括如下内容：

（一）管理目标及范围；

（二）管理组织架构及职责；

（三）风险管理策略；

（四）风险识别及评价；

（五）风险监测及控制；

（六）审计和评估机制。

第十五条 商业银行的网银安全风险管理策略应至少包括如下内容：

（一）风险评价和定级策略；

（二）风险管理偏好、容忍度及风险参数制定策略；

（三）风险控制策略（接受、降低、缓释、转移、规避、消除等）；

（四）成本及效益评价策略；

（五）控制措施有效性评价策略。

第十六条 商业银行应依据监管机构要求、网银业务发展以及内外部环境的变化，通过自我检查、内部审计、外部评估等手段，至少每三年对网银安全风险管理框架、管理策略进行一次修订。

第十七条 商业银行在进行网银安全风险识别时，应首先判断网银在业务运营、系统运维、安全管理等过程中需保护的对象（如人员，服务、流程、系统、数据等），通过综合分析对象的价值及其面临的因环境和人员因素导致的内外部威胁，以及本身存在的管理缺陷、内控缺失和安全漏洞等弱点，正确识别会对客户和商业银行利益造成损害的安全风险。

第十八条 商业银行应制定客观的安全事件影响或损失程度分级标准，至少综合考虑如下因素，所影响的客户或业务范围、服务中断时间、财务损失程度、客户资料泄露规模、舆论影响范围等。

第十九条 商业银行应制定客观的安全事件发生可能性分级标准，至少综合考虑如下因素，自身弱点的可利用程度、当前内外部威胁发生动机的强烈程度、该风险所产生事件在过去一定时期内发生的频率以及对将来发生趋势的分析等。

第二十条 商业银行应在正确识别网银安全风险的基础上，根据其发生安全事件后的影响或损失程度以及发生可能性的分级标准，评定风险等级。

第二十一条 商业银行应建立网银安全风险的持续监测机制，加强对内外部威胁和自身弱点以及残余风险（包括已接受的风险）的监测，充分利用技术手段实现安全风险监测的自动化，及时掌握网银安全风险的变化情况以及验证已有控制措施的有效性。

第二十二条 商业银行应将能够代表网银安全某一风险领域变化情况并可监测的特征值或指标作为关键风险指标，建立符合本机构组织架构和职责的多层级关键风险指标体系。如资金损失类、案件和安全事件类、异常交易类、客户投诉类、人员管理类、网银服务可用类等关键指标。

第二十三条 商业银行在进行网银安全风险监测时，应建立告警、升级、响应和处理机制，通过关联分析多种信息来源，确定并报告各级别网银安全风险。

第二十四条 商业银行应明确风险报告的内容、频率、形式、对象和路径，确保高级管理层和相关部门及时掌握网银安全风险状况以及影响和损失情况。

第二十五条 商业银行应根据网银安全风险评估结果，结合风险监测获得的风险变化情况，依据风险管理策略，制订风险控制计划和控制措施，并在审核后实施。

第二十六条 商业银行对于未达到预期控制目标或衍生新风险的控制措施，应重新启动评估流程，制定和选择新的风险控制措施。同时应对网银安全风险，包括已接受的风险，定期进行再评估。

第二十七条 商业银行针对网银业务规模增长快速，以及网银外部环境多变的特点，同时结合网银系统的开放、复杂以及技术发展迅速等特征，在风险评估中应及时调整评估重点，积极关注新威胁、新弱点，制定和调整风险控制措施，增强网银安全。

第四章 业务安全控制

第二十八条 商业银行在制定网银业务发展规划、网银系统技术架构和安全策略，以及推出重要产品和业务活动时，应提交高级管理层审批，确保网银发展目标与本行总体业务目标一致。

第二十九条 商业银行在网银产品的业务设计阶段，应重点关注以下因素：产品的可行性和合规性、业务规则的完整性以及一致性和延续性、产品之间的关联性和依赖性、产品易用和安全之间的平稳性等，避免产生潜在安全风险。

第三十条 商业银行在进行网银产品的业务规则设计时，应根据客户和交易类型以及风险级别，制定相应的安全控制要求。控制要求至少应包括以下内容：

（一）双因素身份认证。银行应根据审慎原则，对银行认为的高风险交易，包括但不限于向非同名网银转账汇款、超过一定额度的网上支付等支付结算类业务，使用双因素身份认证。

（二）交易确认。银行可对高风险交易增加除身份认证（含双因素身份认证）以外的交易追加认证，如发送短信动态验证码）。

（三）限额设定。银行对网银转账汇款、网上支付等支付结算类业务，应根据其认证方式不同，设置不同的限额。

（四）交易提醒。银行应提供网银高风险交易短信提醒功能，额度可由银行设定，或由客户自行设定。

（五）落地处理。银行可以根据审慎性原则，对于交易要素不完整、超过额度的转账支付和关注类账户的资金流动（如疑似违规资金变动）等交易进行人工审核。

第三十一条 商业银行在制定业务操作规程或规范时，应明确规定客户开通网银服务时的身份核实方法，包括需客户提供的资料内容和要求，以及银行验证客户资料真实性、有效性和完整性的具体措施。

第三十二条 商业银行在制定业务操作规程或规范时，应明确客户开通网银服务或其重要功能时，需要签订的服务协议内容。内容至少包括：各方的权利义务、风险提示和安全常识、收费标准、差错与争议处理、违约条款、服务和协议终止条件等。

第三十三条 商业银行为保护业务安全和客户权益，应建议客户预留手机号码，且在手机号码变更时及时更新，并要求客户对所提供号码的真实性和有效性负责，以便在网银业务发生重大调整、交易出现差错、交易确认或交易提醒时及时通知客户。

第三十四条 商业银行应在网银业务办理过程中，保留重要凭证和操作记录，对网银开户、安全工具更换、交易认证手机号码更改等重要操作进行流水勾兑稽核，防范内部案件。商业银行应严格后台操作权限的分配，根据参数的影响程度分级审批，对涉及批量客户的计费、限额、功能开关等重要业务规则调整，要做好参数维护方案的审核，严格执行参数维护流程，防范网银后台操作风险。

第三十五条 商业银行应建立网银业务异常交易监控流程，采集分析网银交易信息，主动预防、发现和终止如外部欺诈、身份冒用、虚假交易、套现、洗钱等异常交易，有效防范和化解风险。

第三十六条 商业银行网银业务异常交易监控的范围至少应包括：客户签约、登录、查询、转账、缴费、支付等交易以及与交易相关的行为特征和客户终端信息，监控信息要严格保密，不得泄露。

第三十七条 商业银行网银异常交易风险的事件响应，应与信息科技部门充分沟通，相互配合，建立业务和技术的联动机制，确保异常交易事件响应的及时性、准确性和有效性。

第三十八条 商业银行在处理因交易超时、系统故障或其他原因导致的账务差错或异常交易时，应严格按照申告、核实、批准、调整、留档的程序转人工处理，处理过程的文档应按照商业银行会计档案进行管理。

第三十九条 商业银行的网银服务内容、操作流程、收费标准和服务协议等发生重大调整前，或系统进行重要升级前，应通过多种渠道对外予以公告。

第四十条 商业银行应建立规范的网银业务投诉和客户纠纷处理机制，制定相关登记、统计制度和处理原则、策略，妥善处理，避免风险扩散。处理原则和策略应根据外部环境和网银业务的变化适时调整。

第五章　技术安全控制

第四十一条 商业银行在进行网银技术选择时，应充分考虑网银采用的技术多样和发展迅速的特点，通过原型开发或技术测试等手段积极开展预研，充分评估技术的成熟度、安全性，对涉及新技术、新平台、新架构的选择应进行评审。

第四十二条 商业银行应制定开发和测试的安全规范与技术指南，重点明确客户端安全控制、交易安全控制、权限划分与访问控制、资源控制、密钥与加解密、日志审计等方面的要求，同时应加强人员安全培训和执行情况检查。

第四十三条 商业银行应采取技术措施保证客户端软件自身的完整性，保证敏感程序逻辑的机密性，定期评估客户端安全措施的有效性，针对新的威胁及时更新控制方式和强度。

第四十四条 商业银行提供的客户端软件对客户端环境的设置不应降低客户端系统的安全性，不应影响客户其他软件的正常使用；当客户下载银行客户端时，应提供有效方法便于客户识别程序来源和完整性。

第四十五条 商业银行应采取技术措施保证客户端录入的敏感信息的机密性、完整性，如使用专用的密码输入控件等；应采取技术措施保证银行返回到客户端的重要信息的完整性，如图形显示或短信通知等；应为客户提供必要的防钓鱼欺诈措施，如提供预留验证信息、客户自定义界面样式等功能。

第四十六条 商业银行应充分认识不同类型、不同版本的操作系统或浏览器之间的安全技术差异，在进行客户端代码开发时，采用合理有效的安全控制措施，确保网银的整体安全防护水平。

第四十七条 商业银行应规范网银系统的交易请求入口和权限控制，如禁止通过链接隐藏的方式进行功能屏蔽等。服务器端应对请求数据进行检查，对请求指令的逻辑顺序进行控制，对返回内容进行有效性和安全性检查。对请求数据和返回数据应在满足业务需求的情况下遵循最少原则。

第四十八条 商业银行应根据不同风险等级，为客户提供相匹配的网银身份鉴别和交易认证手段，如静态密码、动态口令卡、动态令牌、文件证书、USB Key、短信认证、语音认证等或其组合。网银身份鉴别和交易认证手段应满足监管要求和业界规范。

第四十九条 商业银行应制定合理的网银系统安全测试计划、分配足够的资源验证安全质量，如对网银代码进行安全审查、对系统进行渗透性测试、对安全控制措施进行查验等，防范引入恶意代码或出现安全漏洞。

第五十条 商业银行应对开发、测试环境进行有效的安全控制，确保开发文档、源代码、测试数据等敏感资料的安全保密；应将开发、测试环境与生产环境进行有效隔离，避免开发、测试环境被利用成为攻击入口。

第五十一条 商业银行应定期评估程序代码，开展代码重构与优化，保证程序代码的安全可靠、逻辑清晰、功能明确、组织形式合理，以提高程序代码的安全性和可维护性。

第五十二条 商业银行应合理规划网银的网络安全防护架构，使用网络和安全设备，配置安全策略和控制措施，对网银系统与外部互联网、银行内部业务系统进行边界隔离，严格划分网银内部安全区域，防范内、外部威胁，确保网银系统和银行内部业务系统的安全稳定。

第五十三条 商业银行的网银系统在上线运行时，应针对网银的互联网环境依赖和外部威胁高的特性，在互联网接入点部署安全设备，如防火墙、IDS/IPS、DDoS 防护等设备，并设置相应的安全规则，有效降低或消除安全风险。

第五十四条 商业银行应对网银安全设备以及非网银正常操作的交易请求和操作行为进行持续监控，依据攻击或威胁类型建立安全监控指标和监控模型，有效监测网银安全事件，并采取安全控制措施消除内外部攻击和威胁。

第五十五条 商业银行的网银应具有良好的系统异常处理机制。当交易失败或系统异常出错时，应进行友好的客户端提示和引导，同时避免泄露系统和银行内部信息。

第五十六条 商业银行应制定网银紧急补丁的开发响应流程，及时修补安全漏洞，必要时可提供临时性补丁或方案进行紧急处理，避免产生安全事件或事件影响范围扩大。

第五十七条 商业银行在使用开源软件或免费软件时，应经过充分的安全评估，至少包括如下内容，源代码安全检查、稳定和安全性测试、自身技术支持能力评价、可替换能力评估等。

第五十八条 商业银行应每年定期组织网银系统的漏洞扫描和渗透性测试，并形成测试报告。对发现的安全隐患应及时进行修补或升级，确保网银的安全防护能力。

第五十九条 商业银行应定期对自身和同业网银事件进行回顾和技术分析，剖析欺诈过程、识别典型特征，分析自身业务及其现有控制措施的弱点，积极改进控制措施，达到主动防御的目的。

第六章　管理与内部控制

第六十条 商业银行应根据自身业务特点和内部管理需要，结合外部监管要求，制定网银相关的管理制度、操作规程和安全规范，同时应根据网银业务和技术的变化和发展进行修订和完善。

第六十一条 商业银行应对网银的业务和技术关键和重要岗位的任职人员资格进行审查，保证人员的专业技能和职业操守符合岗位任职要求。

第六十二条 商业银行应建立人员安全保密制度，签订保密协议，对于有权接触网银系统或敏感信息的人员，尤其是外部合作人员，加强权限控制和监控审计。

第六十三条 商业银行应合理设置网银管理和操作岗位、职责，对关键和重要岗位，按照职责分工、权限分离、相互监督的原则，防止不相容岗位出现混岗现象。应建立岗位轮岗、调岗、离职和强制休假的制度，避免因其导致的网银敏感信息和业务、技术资料的泄露。

第六十四条 商业银行在业务运营、后台管理和系统运维过程中，应遵循“最小授权”及“按需使用”的原则设置人员权限。同时，对内部人员提取、修改、删除、销毁网银执行代码、参数和生产数据等关键性操作应建立严格的审批、审核、审计和监督检查机制。

第六十五条 商业银行应设置网银的安全管理岗位，保证网银安全策略、规范、要求的贯彻落实，检查执行落实情况，统一管理与网银有关的安全介质。

第六十六条 商业银行应加强网银的客户、账户、交易等敏感信息的保护，建立包括管理、技术以及物理的信息安全程序和流程，确保敏感信息的安全性、保密性和完整性。

第六十七条 商业银行对网银系统的客户、账户、交易等敏感信息的使用应加强管理、明确职责，采取如分级审批、权限控制、加密签名、数据变形或清洗、记录使用日志等管理和技术手段，确保信息的使用安全。根据使用需求，应采用最小化原则提供数据信息。

第六十八条 商业银行应对网银系统程序的版本制作和发布制定统一的规范，防范正式版本中因含有未清理的测试指令、参数、数据或调试信息导致的安全隐患。

第六十九条 商业银行应对网银页面提供的链接和内容进行统一管理，并保证外部链接和引用内容的有效性、真实性、安全性，定期进行检查和评估。

第七十条 商业银行应加强网银日志的管理，日志记录内容和保存要求应符合监管要求和审计需要，网银日志尤其是交易日志应合理分配日志大小和访问权限，日志禁止修改，确保其可用性、保密性和完整性。

第七十一条 商业银行应建立密钥和网银安全工具的管理机制，包括密钥的生成、使用、保管、备份、恢复、更换及销毁等过程的控制，以及网银安全工具的采购、制作、保管、发放及销毁的管控。

第七十二条 商业银行应制定网银运行维护的服务管理和控制措施，包括事件处理、问题处理、变更处理等，应明确岗位、职责、处理流程、定级和升降级标准、响应时间、处理时间、可用资源以及各流程间的关联和转换要求等，要注重业务和技术的联动。

第七十三条 商业银行应加强网银系统的容量管理，对网银设备使用率、网络流量、平均和最大交易量等指标进行日常监控和趋势分析，积极关注业务高峰和热点交易对网银系统的影响，结合当前系统设备处理能力和应用设计容量等既定参数，及时提出扩容方案并实施。

第七十四条 商业银行应建立网银应急预案，同时针对网银的安全特点，重点关注信息和网络安全，对DDOS、SQL注入、跨站脚本等攻击和其他入侵行为制定具体的应急场景和处理措施。

第七十五条 商业银行应建立跨部门的网银应急联动机制，加强业务和技术、开发和运维的协调配合，明确应急责任人，在网银突发事件发生时，遵循既定处理流程和相关应急预案进行整体应对和处置。

第七十六条 商业银行应对网银应急联动机制和应急预案定期组织演练和验证，保证应急处理时间和应急处置措施满足网银业务要求。

第七十七条 商业银行应对应急处置或演练过程中发现的问题进行及时处理，修订应急预案和相关规定，形成持续改进机制。

第七十八条 商业银行应对员工加强风险管理制度和框架、内部管理流程、安全管理知识、外部监管要求等制度和规范的培训，建立长效培训机制，确保员工了解岗位职责以及违反安全规定可能导致的后果，强化员工合规操作的思想意识。

第七章 网上支付安全控制

第七十九条 商业银行在开展网上支付业务过程中，应加强合作商户和第三方支付机构的准入管理，重点评估其资信情况、经营范围、管理能力、技术安全、服务质量、财务稳健性和行业地位等。

第八十条 商业银行在与合作商户和第三方支付机构合作时，应签订合作协议，明确要求在交易过程中，商户应向商业银行提供的有关商户、商品及资金用途等信息内容，防范外部欺诈和法律风险。

第八十一条 商业银行对于由第三方机构完成安全认证的网上支付业务，应在双方的合作协议中增加先行赔付条款，约定第三方支付机构应在银行开立风险准备金账户，用于先行赔付客户因外部欺诈等产生的资金损失。第三方支付机构缴存的风险准备金，不能低于客户备付金日均余额的10%。

本条款所称备付金日均余额，是指银行根据最近90日内，日均由第三方支付机构完成安全认证的交易备付金余额。

第八十二条 商业银行在与合作商户和第三方支付机构合作时，应采取必要的技术手段确保交易指令的及时性、准确性、保密性、完整性和不可抵赖性，同时要求合作商户和第三方支付机构提供客户详细账单信息，并在网银系统支付页面中显示供客户确认。

第八十三条 商业银行在与合作商户和第三方支付机构合作时，应根据不同业务类型和安全认证方式采取差异化的风险控制策略，谨慎设置交易限额。

第八十四条 商业银行未经客户授权，不得将客户敏感信息提供给第三方支付机构，同时应向客户充分披露银行与合作商户和第三方支付机构的业务流程和责权关系，防范法律风险和声誉风险。

第八十五条 商业银行应建立在特约商户和第三方支付机构发生重大风险时的应对机制，发现其信誉、经营状况恶化、存在违反协议或违法违规等行为的，可以采取相应措施，如终止合作关系等，保护客户和商业银行的权益。

第八章 客户教育和风险提示

第八十六条 商业银行应加强客户宣传和提示，充分解释本行各类网银业务流程和安全控制措施，避免由于客户误解或了解不全导致的投诉、纠纷和损失。在发布网银新产品、业务流程变更、安全控制措施变化时，商业银行更应强化客户宣传和提示。

第八十七条 商业银行应切实承担对网银客户的安全教育责任，至少应包括以下措施：

（一）通过各种宣传渠道向公众明示本行正确的网银官方网址和呼叫中心号码；

（二）在本行网站首页显著位置开设网银安全教育栏目；

（三）印制并向客户配发语言通俗，形象直观的网银安全宣传资料；

（四）明示客户认真核对实际领用网银安全工具（如USB Key、动态令牌、动态口令卡等）与签约回执中安全工具编码信息的一致性；

（五）在网银使用过程中应在电脑屏幕上向用户醒目提示相关的安全注意事项等。

第八十八条 商业银行应根据外部安全环境的不断变化，及时更新并发布安全防范措施，措施至少包括以下内容：

（一）要求客户预留真实的客户信息，如真实的身份证件、本人有效的手机号码等；

（二）提示客户牢记商业银行的官方网站地址；

（三）提示客户不要在公共计算机或不知情的计算机上登录网银，及时更新操作系统及浏览器的各种补丁，安装并更新防木马、防病毒软件；

（四）提示客户不应将本人的身份证件号码、银行卡号、密码等重要敏感信息告知他人，不应将个人手机、网银安全工具转借他人使用；

（五）要求客户在网银操作完成后应立即退出网银相关界面并移出与终端相连的安全工具；

（六）不要安装或运行来历不明的软件和程序；

（七）不要打开陌生人发送的电子邮件的附件或网站链接。

第八十九条 商业银行应将扫描查找假冒网站及其他针对网银的犯罪活动纳入日常工作程序，检查本行网页上对外链接的可靠性，并开辟专门渠道接受公众举报。发现问题后应立即采取防范措施，并通过本行网站及其他渠道向公众进行通报提示，同时向银监会报告。

第九章 审计与评估

第九十条 商业银行内部审计部门应至少每两年对网银进行一次审计，审计的范围至少应包括以下内容：

（一）管理制度的有效性与完备性；

（二）操作流程的合理性与完整性；

（三）制度和流程的执行情况以及操作的合规性；

（四）风险管理框架和管理策略的适用性；

（五）风险评估、监测和控制的有效性；

（六）客户资料和交易数据的完整性和保密性；

（七）系统的安全管理；

（八）业务连续性与应急管理；

（九）外包的管理；

（十）其他重要风险环节和机制的管理。

第九十一条 商业银行应至少每两年对网银进行一次安全风险评估，基于评估的结果，选择、设计和改进控制措施，制订切实可行的处置计划。评估应由银行内部独立于网银开发、运营和管理的部门，或由具备评估资质的外部专业机构进行。

第九十二条 商业银行选择外部评估机构进行网银安全风险评估时，应签订保密协议或在服务协议中明确保密条款。对于如客户资料、业务数据及商业机密等敏感信息，应在不影响评估客观性、有效性的前提下重点加强安全管理和控制。

第九十三条 商业银行网银安全风险评估的内容，应在电子银行安全评估指引的基础上，全面覆盖本指引所列主要安全风险点和控制措施，并在评估报告中提出改进建议。

第十章 监督管理

第九十四条 商业银行网银系统在投产及发生重大变更前，应遵循监管机构对于银行业金融机构重要信息系统投产及变更的报告要求。

第九十五条 商业银行与外部机构合作时，应在服务协议条款中明确商业银行和监管机构对协议范围内的服务内容进行监督和检查的要求。

第九十六条 商业银行如提供跨境网银服务，应考虑境内外法律法规和监管要求间的差异可能造成的风险，并将其纳入本机构的网银安全风险管理中。

第九十七条 商业银行在网银系统发生计划外服务中断或安全事件时，应按照重要信息系统突发事件应急管理规范的要求，向当地监管机构及时报告，并由监管机构按照规范要求进行处理。

第九十八条 商业银行发生可能影响其他银行业金融机构网银业务开展或对银行业产生区域性、整体性影响的网银安全事件，监管机构应及时发布风险提示，并根据事件处置需要，协助商业银行做好对外沟通协调和获得外部资源的保障支持。

第九十九条 对因安全防范存在严重缺失，导致客户重大资金损失，或导致客户敏感信息批量泄露并产生严重社会影响的，监管机构可责令商业银行对包括高级管理人员在内的责任人进行处罚，情节特别严重的，可暂停商业银行的网银业务。

第一百条 商业银行未经客户授权不得对外提供客户、账户和网银交易信息，国家法律法规许可的情况除外。监管部门应对商业银行的执行情况进行检查。

第一百零一条 监管机构原则上每两年对商业银行的网银风险情况进行一次检查，可采取非现场检查或现场检查的方式。在商业银行网银发生重大事件时，监管部门应派出事件调查组，核实事件的原因及处置过程，并提出相应的监管意见。

第十一章　附则

第一百零二条 未设董事会的商业银行，应当由其经营决策机构履行本指引中董事会的有关网银风险管理职责。

第一百零三条 本指引由银监会负责解释、修订。

第一百零四条 本指引自颁布之日起施行。

第十一章　非法集资与金融传销

近年来，我国非法集资与金融传销类案件急剧攀升，仅2016年一季度，非法集资犯罪的立案数达2300余起，涉案金额超亿元案件明显增多。特别是2015年，“e租宝”“泛亚”“上海申彤大大”这类打着互联网金融旗号进行非法集资的事件相继爆发，严重动摇了普通投资者对互联网金融行业的信心。

在经济增速下滑和互联网技术高速发展的大背景下，非法集资和金融传销犯罪案件不断发生，犯罪活动网络化特征明显，假借互联网金融、外汇理财、电子商务、虚拟货币等名义进行诈骗的案件日益增多。在这种情况下，普通投资者要学会增强识别非法集资与金融传销的能力，保护自己的财产不受损失。

一、认识非法集资

非法集资是指单位或者个人未依照法定程序经有关部门批准，以发行股票、债券、彩票、投资基金证券或者其他债权凭证的方式向社会公众筹集资金，并承诺在一定期限内以货币、实物以及其他方式向出资人还本付息或给予回报的行为。

（一）非法集资的表现形式

非法集资活动涉及内容广泛，表现形式多样，主要有以下15种表现形式。

1. 不具有房产销售的真实内容或者不以房产销售为主要目的，以返本销售、售后包租、约定回购、销售房产份额等方式非法吸收资金。
2. 以转让林权并代为管护等方式非法吸收资金。
3. 以代种植（养殖）、租种植（养殖）、联合种植（养殖）等方式非法吸收资金。
4. 不具有销售商品、提供服务的真实内容或者不以销售商品、提供服务为主要目的，以商品回购、寄存代售等方式非法吸收资金。
5. 不具有发行股票、债券的真实内容，以虚假转让股权、发售虚构债券等方式非法吸收资金。
6. 不具有募集资金的真实内容，以假借境外基金、发售虚构基金等方式非法吸收资金。

7. 不具有销售保险的真实内容，以假冒保险公司、伪造保险单据等方式非法吸收资金。
8. 以投资入股的方式非法吸收资金。
9. 以委托理财的方式非法吸收资金。
10. 利用民间“会”“社”等组织或假借农民专业合作社之名非法吸收资金。
11. 以投资黄金等名义，以高利吸引社会公众投资。
12. 以发展农村连锁超市为名，采用召开“招商会”“推介会”等方式，以高息进行“借款”。
13. 以投资养老公寓、异地联合安养等为名，以高利诱导加盟投资。
14. 借助网络借贷平台、众筹平台等新型互联网形式进行的非法集资活动。
15. 其他非法集资活动。

（二）非法集资活动的常见手段

非法集资有以下常见手段。

1. 承诺高额回报

不法分子为吸引群众上当受骗，往往编造“天上掉馅饼”“一夜成富翁”的神话，通过暴利引诱许诺投资者高额回报。为了骗取更多的人参与集资，非法集资者在集资初期，往往按时足额兑现承诺本、息，待集资达到一定规模后，便秘密转移资金或携款潜逃，使集资参与者遭受经济损失。

2. 编造虚假项目

不法分子大多通过注册合法公司或企业，打着响应国家产业政策、支持新农村建设、实践“经济学理论”等旗号，经营项目由传统的种植、养殖行业发展到高新技术开发、集资建房、投资入股、售后返租等内容，以订立合同为幌子，编造虚假项目，承诺高额固定收益，骗取社会公众投资。有的不法分子假借委托理财名义，故意混淆投资理财概念，利用电子黄金、投资基金、网络炒汇、电子商务等新名词迷惑公众，承诺稳定高额回报，欺骗社会公众投资。

3. 以虚假宣传造势

不法分子为了骗取社会公众信任，在宣传上往往一掷千金，采取聘请明星代言、在著名报刊上刊登专访文章、雇人广为散发宣传单、进行社会捐赠等方式，加大宣传力度，制造虚假声势，骗取社会公众投资。有的不法分子利用网络虚拟空间将网站、博客、论坛等网络平台和QQ、微信等即时通信工具，传播虚假信息，骗取社会公众投资。一旦被查，便以下线不按规则操作为名，迅速关闭网站，携款潜逃。

4. 利用亲情友情诱骗

不法分子往往利用亲戚、朋友、同乡等关系，用高额回报诱惑社会公众参与投资。有些参与传销人员，在传销组织的精神洗脑或人身强制下，为了完成或增加自己的业绩，不惜利用亲情、地缘关系拉拢亲朋、同学或者邻居加入，使参与人员迅速蔓延，集资规模不断扩大。

（三）非法集资的社会危害

法集资活动具有很大的社会危害性。一是参与非法集资的当事人会遭受经济损失，甚至血本无归。用于非法集资的钱可能是参与人一辈子节衣缩食省下来的，也可能是养老钱，而非法集资人对这些资金则是任意挥霍、浪费、转移或者非法占有，参与人很难收回资金。二是非法集资严重干扰了正常的经济、金融秩序，极易引发社会风险。三是非法集资容易引发社会不稳定，严重影响社会和谐。非法集资往往规模大、人员多，资金兑付比例低，处置难度大，容易引发大量社会治安问题，严重影响社会稳定。

（四）如何识别和防范非法集资

非法集资的形式多样，隐蔽性和欺骗性越来越强，如何识别和防范非法集资？这需要关注以下几点事项。

1 看清“他是谁”

从网上购买企业债、金融理财产品或者是进行网络借贷，首先查平台资质、平台背后公司的资质与经营范围，看这些产品、业务有无超出经营范围。例如，通过“全国企业信用信息公示系统”可查工商部门登记信息、最高人民法院“中国裁判文书网”可查企业违法信息

2 警惕大肆宣传

一定提防在人群聚集场所摆摊设点打广告做宣传的理财产品，通过电话、QQ群、微信群推荐的也要警惕

3 查清投资方向

作为投资人或借款人，有权力知道即将投资项目、借款对象的实际情况。对于网络金融平台上披露投资项目、用款人信息模糊、借款方向不详细的，一定要警惕

4 关注资金流向

无论用什么幌子，网络金融骗局最终是要把钱骗到手，防骗关键还是看投资资金流向，如果让把钱汇往个人账户，一定是有问题的。建议投资转账之前先查验对方账户的情况，如通过ATM机先转10元，操作中就能看出对方账户到底是否为个人账户

5 别被高收益迷惑

一般而言，网络借贷中周期较长（半年至一年）的，利率超20%必须要小心。10%~20%的也不要太轻信，必须清晰评估借款人信誉、借款人的投资方向

6 遇“推荐奖”等绕行

如果鼓励发展别人参加投资，或者发展别人参加后还能收获提成、甚至是层层提成的，必须绕行，这多数背后都是“坑”。投资产品（项目）回报方式中，含有“动态收益”“静态收益”“推荐奖”“孵化奖”“培育奖”“小区奖”的，一定要绕行，基本是有问题的

7 测一测从业人员

关注网络理财平台的客服和从业人员，如果他们自己都说不清楚投资项目、行业情况，不具备专业知识，就一味鼓动投资，一般是保障不了投资资金的安全的

二、互联网金融背景下，非法集资活动的新特征

利用互联网手段实施集资诈骗是一种新型的犯罪手法，具有很强的隐蔽性。利用互联网实施非法集资的犯罪案件涉及地域广、人员多、危害大。具体来说，互联网金额背景下的非法集资活动有以下几大特征。

（一）涉众人数更多，地域范围更广

互联网的虚拟性突破了物理的地域界限，这在非法集资领域也被充分地表现了出来。传统非法集资案中县域案件较多，嫌疑人相对集中，本地人可达所有嫌疑人人数的61%。而互联网金融完全突破了这一规律，例如在“乐贷网事件”中，涉及30多个省市的1000多人。

（二）犯罪发生的速度更快，影响也更大

据统计，自2013年10月以来，平均0.7天就倒闭一家P2P网贷平台，虽然倒闭并不等同于非法集资，但倒闭的速度反映了在非法集资防范中需要快速反应机制。传统的非法集资案件，因为其是一种过程性犯罪，在一开始并不表现为犯罪的形式，甚至是合法的形式，且隐蔽性强，较难发现，因而时间长是一个特征。由于网络信息传播速度快和传播范围的不可控性，这也导致了一旦发生不稳定事件容易导致投资者对整个行业的担忧，因此犯罪事件的波及范围、影响深度在互联网领域被极度放大。

（三）犯罪人与被害人之间，不再以普通熟人为主

在传统的非法集资案中，具有固定职业的占到90%，因为具有固定职业且信誉较流动人员高，更容易进行诈骗。尤其是对于非法传销罪而言，更是利用熟人之间的关系进行诈骗。在某些传统非法集资案中，甚至存在被害人为犯罪嫌疑人向公诉机关求情的情况。而网络世界虚拟性的特征，改变了传统非法集资犯罪中犯罪人以具有固定职业为主、被害人以普通熟人为主的特征，被害人与犯罪人之间呈现出以陌生人为主的新特征。

（四）共同犯罪减少

传统非法集资案件因多发生在普通熟人之间，这也造成了共同犯罪案件较多。但互联网领域的非法集资行为则不具备此特征，犯罪分子一人就可以注册多家P2P网络借贷公司，自己一人就可以完全操控整个非法集资。

（五）多发生在P2P领域

互联网金融领域发生的非法集资行为主要集中在P2P网络借贷这一行业。这里的P2P网络借贷业务仅指狭义上的P2P业务。截至2016年4月，已经有数百家P2P网络借贷平台或倒闭或“跑路”或客户资金提取出现问题或已经被起诉到法院或已经在公安局以非法集资被立案侦查。对众筹融资而言，尚没有暴露出大案要案，但众筹融资是最具非法集资嫌疑的一类行业，因此也会成为将来进行防范的重点。

三、非法集资的法律处罚

非法集资罪分为集资诈骗罪，非法吸收公众存款罪，欺诈发行股票、债券罪，擅自发行股票、公司、企业债券罪这四大种类，不同种类的非法集资罪性质各有不同，量刑标准也不同。

（一）集资诈骗罪

集资诈骗罪是指以非法占有为目的，使用诈骗方法非法集资并达到法律规定的数额和情节的行为。与非法吸收公众存款罪的单一犯罪客体（指侵犯金融管理秩序）不同，集资诈骗罪的犯罪客体属于复杂客体，他既侵犯了金融管理秩序，又侵犯了公私财产的所有权。

1996年最高人民法院《关于审理诈骗案件具体应用法律的若干问题的解释》第三条有如下规定。

集资诈骗罪中的“诈骗方法”是指行为人采取虚构集资用途，以虚假的证明文件和高回报率为诱饵，骗取集资款的手段；行为人具有下列情形之一的，应当认定其行为属于“以非法占有为目的，使用诈骗方法非法集资”：

（1）携带集资款逃跑的；

（2）挥霍集资款，致使集资款无法返还的；

（3）使用集资款进行违法犯罪活动，致使集资款无法返还的；

（4）具有其他欺诈行为，拒不返还集资款，或者致使集资款无法返还的。

2001年最高人民法院《全国法院审理金融犯罪案件工作座谈会纪要》将集资诈骗罪中的“非法占有目的”归纳为以下几种情形。

（1）明知没有归还能力而大量骗取资金的；

（2）非法获取资金后逃跑的；

（3）肆意挥霍骗取资金的；

(4) 使用骗取的资金进行违法犯罪活动的；
(5) 抽逃、销毁账目，或者搞假破产、假倒闭，以逃避返还资金的；
(6) 其他非法占有资金，拒不返还的行为。

根据《关于经济犯罪案件追诉标准的规定》，个人集资诈骗，数额在十万元以上的，或者单位集资诈骗，数额在五十万元以上的，应当依法予以刑事追诉。

量刑标准：

- 犯集资诈骗罪的，处5年以下有期徒刑或者拘役，并处2万元以上20万元以下罚金；
- 情节严重的，处5年以上10年以下有期徒刑，并处5万元以上50万元以下罚金；
- 犯集资诈骗罪，情节特别严重的，处10年以上有期徒刑、无期徒刑，并处5万元以上50万元以下罚金或者没收财产；犯集资诈骗罪，数额特别巨大并且给国家和人民利益造成特别重大损失的，处无期徒刑，并处没收财产。

（二）非法吸收公众存款罪

非法吸收公众存款罪是指违反国家法律法规的规定，非法吸收或者变相吸收公众存款，扰乱金融秩序的行为。按照国务院《非法金融机构和非法金融业务活动取缔办法》第四条规定：非法吸收公众存款，是指未经中国人民银行批准，向社会不特定对象吸收资金，出具凭证，承诺在一定期限内还本付息的活动；变相吸收公众存款，是指未经中国人民银行批准，不以吸收公众存款的名义，向社会不特定对象吸收资金，但承诺履行的义务与吸收公众存款性质相同的活动。

2001年最高人民检察院与公安部联合发布的《关于经济犯罪案件追诉标准的规定》第二十四条规定如下。

非法吸收公众存款或者变相吸收公众存款，扰乱金融秩序，涉嫌下列情形之一的，应予追诉：
(1) 个人非法吸收或者变相吸收公众存款，数额在二十万元以上的，单位非法吸收或者变相吸收公众存款，数额在一百万元以上的；

（2）个人非法吸收或者变相吸收公众存款三十户以上的，单位非法吸收或者变相吸收公众存款一百五十户以上的；

（3）个人非法吸收或者变相吸收公众存款，给存款人造成直接经济损失数额在十万元以上的，单位非法吸收或者变相吸收公众存款，给存款人造成直接经济损失数额五十万元以上的。

量刑标准：

- 自然人犯本罪的，处 3 年以下有期徒刑或者拘役，并处或者单处 2 万元以上 20 万元以下罚金；
- 数额巨大或者有其他严重情节的，处 3 年以上 10 年以下有期徒刑，并处 5 万元以上 50 万元以下罚金；
- 单位犯本罪的，对单位判处罚金，并对其直接负责的主管人员和其他直接责任人员，依照个人犯本罪的规定处罚。

（三）欺诈发行股票、债券罪

依据《刑法》，欺诈发行股票、债券罪是指在招股说明书、认股书、公司、企业债券募集办法中隐瞒重要事实或者编造重大虚假内容，发行股票或者公司、企业债券，数额巨大、后果严重或者有其他严重情节的行为。

依据《关于经济犯罪案件追诉标准的规定》，欺诈发行股票、债券行为有下列情形之一的，应当受到刑事追究：

（1）发行数额在一千万元以上的；

（2）伪造政府公文、有效证明文件或者相关凭证、单据的；

（3）股民、债权人要求清退，无正当理由不予清退的；

（4）利用非法募集的资金进行违法活动的；

（5）转移或者隐瞒所募集资金的；

（6）造成恶劣影响的。

量刑标准：

- 自然人犯本罪的，处五年以下有期徒刑或者拘役，并处或者单处非法募集资金金额百分之一以上百分之五以下罚金。
- 单位犯本罪的，对单位判处罚金，并对其直接负责的主管人员和其他直接责任人员，处五年以下有期徒刑或者拘役。

（四）擅自发行股票、公司、企业债券罪

依据《刑法》，擅自发行股票、公司、企业债券罪是指未经国家有关主管部门批准，擅自发行股票或者公司、企业债券，数额巨大、后果严重或者有其他严重情节的行为。

依据《关于经济犯罪案件追诉标准的规定》，擅自发行股票或者公司、企业债券，具有下列情形之一的，应当受到刑事追究：

（1）发行数额在五十万元以上的；

（2）不能及时清偿或者清退的；

（3）造成恶劣影响的。

量刑标准：

- 自然人犯本罪的，处五年以下有期徒刑或者拘役，并处或者单处非法募集资金金额百分之一以上百分之五以下罚金；
- 单位犯本罪的，对单位判处罚金，并对其直接负责的主管人员和其他直接责任人员，处五年以下有期徒刑或者拘役。

四、互联网金融传销风险防范

近几年，随着互联网金融的兴起，一些金融传销骗局披上了互联网的外衣，打着“金融创新”“互助理财”等新概念，用高额回报引诱人们投资，且有愈演愈烈之势。这些平台动辄开出年化几倍甚至几十倍的收益，但资金根本就没有投入到实体项目中，只是靠不断发展下线，用源源不断后来者的钱为骗局“埋单”。一旦资金接续不上，整个链条就完全绷断，让很多投资者血本无归。因此，认识互联网金融传销，熟悉其特征，才能规避被洗脑诈骗的风险。

（一）认识互联网金融传销

金融传销是一种新型的传销模式，在一定程度上不同于传统意义上的传销，但是要深入了解金融传销的本质，却需要从传统传销的意义入手。

在2005年8月10日国务院第101次常务会议通过的《禁止传销条例》中，传销初步被定义为组织者或者经营者发展人员，通过对被发展人员以其直接或者间接发展的人员数量或者销售业绩为依据计算和给付报酬，或者要求被发展人员以交纳一定费用为条件取得加入资格等方式牟取非法利益等行为。

此后，刑法07修正案第二百二十四条对组织、领导传销活动罪做出了精准的定义：以推销商品、提供服务等经营活动为名，要求参加者以缴纳费用或者购买商品、服务等方式获得加入资格，并按照一定顺序组成层级，直接或者间接以发展人员的数量作为计酬或者返利依据，引诱、胁迫参加者继续发展他人参加，骗取财物，扰乱经济社会秩序的传销活动行为。

随着社会的发展，传销的形式也在不断地变化，出现了所谓的产品直销、广告加盟等。最近几年，出现了一种被称为“金融传销”的新型传销模式。金融传销，顾名思义，其借助的是金融的外表，吸引人员加入。这种传销模式的特点是组织者以其高收入、高起点、高投入为诱饵，以“纯资本运作”“虚拟经济”等金融概念为幌子，打着政府政策支持的旗号，欺骗大众，具有严重的欺骗性和危害性。

互联网金融传销相比传统传销，危害更大。因为传统传销有地域的限制，虽然能拉人从外地入伙，但毕竟影响力和辐射范围都还比较小，单个传统传销项目的受害者相对来说也较少。而互联网金融传销拉人入伙的方式，除了传统的线下拉人以外，还极力通过互联网渠道全面传播扩散，波及范围更广，受害者也更多。

（二）金融传销的特点

金融传销组织往往打着“金融互助”的幌子，例如MMM、WEBANK、Aimaer、CNC、Y-profit等平台，大多数号称从国外发起，以惊人的高收益为名义，吸引投资者入场。这类所谓的“金融互助”平台的吸金模式如出一辙，有以下四方面特点。

1　高收益

“金融互助”平台声称要在互联网金融领域掀起一场革命，吸引投资者入场的关键就在于高收益。大多数平台号称月收益达30%，更有平台承诺月收益高达130%甚至更高，这种匪夷所思、违背社会价值规律的高收益实则不靠谱

2　有领导、有导师

但凡懂金融知识的人都知道，正规的互联网金融平台上应该有公司咨询电话和注册成本等基本信息，但这类“金融互助”平台上所有的联系方式均指向QQ和微信，建议投资者加微信入群，声称有导师带领一起理财赚钱

3 发展下线有奖励

一旦注册并投资成为平台会员，领导和导师就会提出让投资者推荐其他人入场，一旦推荐成功，投资者即可成为新的领导人，并从新投资者的钱中拿出一部分作为提成奖励

4 层层分级

平台领导人等级制度明显，通过推荐新人即可获得晋升和奖励，例如有的平台规定直推20人可升做经理。这种层层分级的制度与传销组织如出一辙

（三）如何规避互联网金融传销的风险

规避互联网金融传销的风险要从以下几点出发。

（1）对传销活动有清楚的认知

要认清传销活动的本质和危害，自觉抵制各种诱惑，远离传销陷阱。坚信“天上不会掉馅饼”“没有免费的午餐”，对“高额回报”“快速致富”的投资项目进行客观、冷静的分析，识别其虚假、欺骗、诱惑的实质，避免上当受骗。

（2）具备必要的分辨能力

判断是不是传销的常识主要有以下几个方面：

①主体资格是否合法，是否有正常的生产经营活动；

②是否要求发展下线，并直接或间接以发展人员数量作为计酬或者返利依据；

③是否要求形成层级关系；

④是否要求或变相要求交纳“入门费”“门槛费”，以获得加入资格；

⑤所宣称的原始股、基金等投资是否经过批准，是否在规定的场所交易。

（3）要增强理性投资意识

高收益常常伴随着高风险，不规范的经济活动往往蕴藏着巨大的隐患。因此，一定要增强理性投资意识，选择合法投资渠道，依法保护自身权益。例如，存款应到银行、信用合作社等金融机构，购买股票、基金、债券应到经批准的证券公司、基金管理公司或者银行。对于打着“资本运作”“原始股投资”“互联网金融创新”等名义，要求缴纳费用发展人员的盈利性活动，要特别提高警惕。

附 1：

互联网金融非法集资案例——“e 租宝”非法集资案真相调查

一年半内非法吸收资金 500 多亿元，涉及投资人约 90 万名，受害投资人遍布全国 31 个省市区……2016 年 1 月 14 日，备受关注的“e 租宝”平台的 21 名涉案人员被北京检察机关批准逮捕。其中，“e 租宝”平台实际控制人、钰诚集团董事会执行局主席丁宁，涉嫌集资诈骗、非法吸收公众存款、非法持有枪支罪及其他犯罪。此外，与此案相关的一批犯罪嫌疑人也被各地检察机关批准逮捕。

这个曾风靡全国的网络平台真相究竟如何？钰诚集团一众高管头顶种种“光环”之下隐藏着怎样的黑幕？“新华视点”记者日前经有关部门批准，对办案民警、主要犯罪嫌疑人和受害企业进行了深入采访，还原了钰诚集团及其关联公司（以下简称“钰诚系”）利用“e租宝”非法集资的犯罪轨迹。

打着“网络金融”旗号非法集资500多亿元

“e租宝”是“钰诚系”下属的金易融（北京）网络科技有限公司运营的网络平台。2014年2月，钰诚集团收购了这家公司，并对其运营的网络平台进行改造。2014年7月，钰诚集团将改造后的平台命名为“e租宝”，打着“网络金融”的旗号上线运营。

办案民警介绍，2015年年底，多地公安部门和金融监管部门发现“e租宝”经营存在异常，随即展开调查。

公安机关发现，至2015年12月5日，“钰诚系”可支配流动资金持续紧张，资金链随时面临断裂危险；同时，钰诚集团已开始转移资金、销毁证据，数名高管有潜逃迹象。为了避免投资人蒙受更大损失，2015年12月8日，公安部指挥各地公安机关统一行动，对丁宁等“钰诚系”主要高管实施抓捕。

办案民警表示，此案案情复杂，侦查难度极大。“钰诚系”的分支机构遍布全国，涉及投资人众多，且公司财务管理混乱，经营交易数据量庞大，仅需要清查的存储公司相关数据的服务器就有200余台。为了毁灭证据，犯罪嫌疑人将1200余册证据材料装入80余个编织袋，埋藏在安徽省合肥市郊外某处6米深的地下，专案组动用两台挖掘机，历时20余个小时才将其挖出。

警方初步查明，“钰诚系”的顶端是在境外注册的钰诚国际控股集团有限公司，旗下有北京、上海、蚌埠等八大运营中心，并下设融资项目、“e租宝”线上销售、“e租宝”线下销售等八大业务板块，其中大部分板块都围绕着“e租宝”的运行而设置。

办案民警表示，从2014年7月“e租宝”上线至2015年12月被查封，“钰诚系”相关犯罪嫌疑人以高额利息为诱饵，虚构融资租赁项目，持续采用借新还旧、自我担保等方式大量非法吸收公众资金，累计交易发生额达700多亿元。警方初步查明，“e租宝”实际吸收资金500余亿元，涉及投资人约90万名。

假项目、假三方、假担保：三步障眼法制造骗局

“‘e租宝’就是一个彻头彻尾的庞氏骗局。”在看守所，昔日的钰诚国际控股集团总裁张敏说，对于“e租宝”占用投资人的资金的事，公司高管都很清楚，她现在对此非常后悔。

“e租宝”对外宣称，其经营模式是由集团下属的融资租赁公司与项目公司签订协议，然后在“e租宝”平台上以债权转让的形式发标融资；融到资金后，项目公司向租赁公司支付租金，租赁公司则向投资人支付收益和本金。

办案民警介绍，在正常情况下，融资租赁公司赚取项目利差，而平台赚取中介费；

然而，“e 租宝”从一开始就是一场“空手套白狼”的骗局，其所谓的融资租赁项目根本名不副实。

“我们虚构融资项目，把钱转给承租人，并给承租人好处费，再把资金转入我们公司的关联公司，以达到事实挪用的目的。”丁宁说，他们前后为此花了 8 亿多元向项目公司和中间人买资料。

采访中，“钰诚系”多位高管都向记者证实了自己公司用收买企业或者注册空壳公司等方式在“e 租宝”平台上虚构项目的事实。

“据我所知，‘e 租宝’上 95% 的项目都是假的。”安徽钰诚融资租赁有限公司风险控制部总监雍磊称，丁宁指使专人，用融资金额的 1.5%~2% 向企业买来信息，他所在的部门就负责把这些企业信息填入准备好的合同里，制成虚假的项目在“e 租宝”平台上线。为了让投资人增强投资信心，他们还采用了更改企业注册金等方式包装项目。

办案民警介绍，在目前警方已查证的 207 家承租公司中，只有 1 家与钰诚租赁发生了真实的业务。

有部分涉案企业甚至直到案发都被蒙在鼓里。安徽省蚌埠市某企业负责人王先生告诉记者，他的公司曾通过钰诚集团旗下的担保公司向银行贷过款，对方因此掌握了公司的营业执照、税务登记证等资料；但直到 2015 年底他的企业银行账户被冻结后，他才从公安机关处得知自己的公司被“e 租宝”冒名挂到网上融资。“他们的做法太恶劣了，我希望公安机关严惩这种行为，还我们一个清白。”王先生气愤地说。

根据人民银行等部门出台的《关于促进互联网金融健康发展的指导意见》，网络平台只进行信息中介服务，不能自设资金池，不提供信用担保。据警方调查，“e 租宝”将吸收来的资金以“借道”第三方支付平台的形式进入自设的资金池，相当于把资金从“左口袋”放到了“右口袋”。

不仅如此，钰诚集团还直接控制了 3 家担保公司和一家保理公司，为“e 租宝”的项目担保。中国政法大学民商经济法学院教授李爱君表示，如果平台引入有关联关系的担保机构，将给债权人带来极大风险。

“高收益低风险”的承诺陷阱

“1 元起投，随时赎回，高收益低风险。”这是“e 租宝”广为宣传的口号。许多投资人表示，他们就是听信了“e 租宝”保本保息、灵活支取的承诺才上当受骗的。记者了解到，“e 租宝”共推出过 6 款产品，预期年化收益率在 9%~14.6%，远高于一般银行理财产品的收益率。

投资人张先生表示，“e 租宝”的推销人员鼓动他说，“e 租宝”产品保本保息，哪怕投资的公司失败了，钱还是照样有。

投资人徐先生给记者算了一笔账：“我拿 10 万元比较的话，在银行放一年才赚 2000 多元；放在‘e 租宝’那边的话，他承诺的利率是 14.6%，放一年就能赚 14000 多元。”

投资人席女士则称，自己是被“e 租宝”可以灵活支取的特点吸引了：“一般的理财产品不能提前支取，但‘e 租宝’提前 10 天也可以拿出来。”

对此，李爱君表示，最高法在 2010 年出台的关于非法集资犯罪的司法解释里明确，不能用承诺回报引诱投资者。实际上，由于金融行业天然的风险性，承诺保本保息本身就违背客观规律。银监会更是明确要求，各商业银行在销售理财产品时必须进行风险提示。

但是，“e 租宝”抓住了部分老百姓对金融知识了解不多的弱点，用虚假的承诺编织了一个“陷阱”。为了加快扩张速度，钰诚集团还在各地设立了大量分公司和代销公司，直接面对老百姓“贴身推销”。其地推人员除了推荐“e 租宝”的产品外，甚至还会“热心”地为他们提供开通网银、注册平台等服务。正是在这种强大攻势下，“e 租宝”仅用一年半时间，就吸引来 90 多万实际投资人，客户遍布全国。

非法吸取的巨额资金被钰诚集团自用

据警方调查，“钰诚系”除了将一部分吸取的资金用于还本付息外，相当一部分被用于个人挥霍、维持公司的巨额运行成本、投资不良债权以及广告炒作。

据多个犯罪嫌疑人供述，丁宁与数名集团女高管关系密切，其私生活极其奢侈，大肆挥霍吸收来的资金。警方初步查明，丁宁赠与他人的现金、房产、车辆、奢侈品的价值达 10 亿余元。仅对张敏一人，丁宁除了向其赠送价值 1.3 亿元的新加坡别墅、价值 1200 万元的粉钻戒指、豪华轿车、名表等礼物，还先后“奖励”她 5.5 亿元人民币。

“钰诚系”的一大开支还来自高昂的员工薪金。以丁宁的弟弟丁甸为例，他原本月薪 1.8 万元，但调任北京后，月薪就飞涨到 100 万元。据张敏交代，整个集团拿着百万级年薪的高管多达 80 人左右，仅 2015 年 11 月，钰诚集团需发给员工的工资就有 8 亿元。

多位公司高管称，为了给公众留下“财大气粗”的印象，丁宁要求办公室几十个秘书全身穿戴奢侈品牌的制服和首饰“展示公司形象”，甚至一次就把一个奢侈品店全部买空。

不仅如此，2014 年以来，“钰诚系”先后花费上亿元大量投放广告进行“病毒式营销”，还将张敏包装成“互联网金融第一美女总裁”，作为企业形象代言人公开出席各种活动。

公司的花销在水涨船高，资金回笼的压力也越来越大。雍磊说，“e 租宝”只要一天没有新项目上线，丁宁就会立刻催问。

实际上，“钰诚系”的高管们对公司的实际状况都心知肚明。“‘e 租宝’的窟窿只会越滚越大，然后在某个点集中爆发，账上没钱还给老客户，也不能还给新客户。”张敏说，自己曾在 2015 年 9 月让公司的数据中心进行测算，结果显示，“e 租宝”的赎回量将在 2016 年 1 月达到 9 亿元，此后赎回量逐月递增。

这个预测，与公安机关此前的分析结果非常吻合。

丁宁坦言，钰诚集团旗下仅有钰诚租赁、钰诚五金和钰诚新材料三家公司能产生实际的经营利润，但三家企业的总收入不足 8 亿元，利润尚不足 1 亿元。因此，除了靠疯狂占用"e租宝"吸收来的资金，"钰诚系"的正常收入根本不足以覆盖其庞大的开支。

附2：

政府对非法集资事件的管理案例——以广州市为例

2016年3月31日，广州市政府办公厅正式印发了《广州市人民政府关于进一步做好防范和处置非法集资工作的意见》（以下简称《意见》）。《意见》表示，将建立信息共享平台，建立高收益项目举报排查机制，建立黑名单制度，建立群众举报奖励机制等。

《意见》指出，建立异常账户举报处置机制，建立高收益项目举报排查机制，落实行业主（监）管部门职责。按照"谁审批，谁监管，谁负责风险处置"的原则，行业主（监）管部门要认真履行一线把关职责，将防控本行业领域非法集资作为履行监督管理职责的重要内容，加强日常监管。

并且要全面加强监测预警，主动适应经济新常态，充分利用互联网、大数据等技术手段加强对非法集资监测预警。建立信息共享平台。推动形成公安、金融、工商、税务、"一行三局"等部门和各大商业银行共同参与的常态化情报信息交换机制。建立黑名单制度。

《意见》表示，依法开展涉案资产处置等善后处置工作，做好应急预案，落实属地责任和部门主管责任。发挥市委政法委的领导决策作用，推动公、检、法三家相互配合，建立起打击非法集资犯罪的协同作战机制。

此外，意见强调将加大对涉嫌非法集资广告查处力度。加强广告监测和检查，强化媒体自律责任，查处发布非法集资广告宣传行为。大力开展行业宣传。建立重大案件处置不力"一票否决"制。

意见全文如下。

广州市人民政府关于进一步做好防范和处置非法集资工作的意见

各区人民政府、市处置非法集资领导小组成员单位、市城管委：

为贯彻落实《国务院关于进一步做好防范和处置非法集资工作的意见》（国发〔2015〕59号）和《广东省人民政府印发贯彻落实〈国务院关于进一步做好防范和处置非法集资工作的意见〉工作方案的通知》（粤府函〔2016〕19号），有效化解各类非法集资风险隐患，维护广大群众合法权益和金融社会稳定，结合我市实际，现提出以下意见。

一、总体要求

（一）指导思想。深入贯彻国发〔2015〕59号文，认真落实广东省关于防范和处置非法集资的工作要求，充分认识防范、打击和处置非法集资工作的重要性、紧迫性、长期性和复杂性，坚持疏堵结合、防打并举、标本兼治原则，进一步完善机制，落实责任，逐步形成上下联动、齐抓共管、配合有力的工作格局，全面提高处置非法集资工作水平，维护金融和社会稳定。

（二）工作目标。非法集资高发态势得到遏制，存量风险及时化解，增量风险逐步减少，大案要案依法妥善处置；非法集资监测预警机制进一步健全，非法集资苗头问题得到及时处置；市民法律意识和辨识能力明显增强，买者自负、风险自担的意识氛围逐步形成；金融生态环境不断优化，非法集资生存土壤逐步消除。

二、建立完善责任机制

（一）建立基层政府主体负责制。基层政府［包括区、街（镇）］是本行政区域防范和处置非法集资工作第一责任人，对辖区内防范和处置非法集资工作负总责。各区要建立健全防范和处置非法集资领导小组工作机制，明确专门机构和专责人员，落实职责分工。各级政府按照属地管理要求，推动责任主体下沉，建立镇街主体负责制，充分发挥基层主体作用，调动辖内资源，统筹做好防范和处置非法集资工作。（各区政府负责）

（二）落实行业主（监）管部门职责。按照"谁审批，谁监管，谁负责风险处置"的原则，行业主（监）管部门要认真履行一线把关职责，将防控本行业领域非法集资作为履行监督管理职责的重要内容，加强日常监管。

对需要经过市场准入许可的行业领域，由准入监管部门负责本行业领域非法集资的防范、监测和预警工作；对无需市场准入许可，但有明确主管部门指导、规范和促进的行业领域，由主管部门牵头负责本行业领域非法集资的防范、监测和预警工作；对没有明确主管、监管部门的行业领域，由工商部门牵头负责对从事一般经营项目活动企业开展非法集资的防范和预警工作。行业主（监）管部门按照《国务院关于"先照后证"改革后加强事中事后监管的意见》（国发〔2015〕62号）、《广东省市场主体许可经营项目监管清单》（粤府函〔2014〕283号）、《广州市行政许可经营事项牵头管理部门一览表》（穗商改办〔2014〕5号）确定。（各行业主〔监〕管部门、市工商局负责）

（三）建立目标责任制。将防范和处置非法集资工作纳入市区两级领导班子和领导干部综合考核评价内容，表彰奖励先进，鞭策落后。造成不良影响或产生严重后果的追究失职责任。（市委组织部负责）

三、加强监测预警

（一）全面加强监测预警。主动适应经济新常态，充分利用互联网、大数据等技术手段加强对非法集资监测预警，坚持早发现早打击，努力将非法集资风险隐患化解在萌芽状态。设立各级非法集资举报电话，认真做好来信、来访、来电事项的登记、梳理、通报、移送工作。在接到举报信息后，认真进行核查，对确有风险隐患的企业综合运用提醒、调查、约谈、告诫等方式，及时进行风险提示和警示。（各区政府、各行业主〔监〕管部门负责）

（二）建立信息共享平台。推动形成公安、金融、工商、税务、"一行三局"等部门和各大商业银行共同参与的常态化情报信息交换机制，由市处置非法集资领导小组办公室（以下简称"市处非办"）定期收集汇总并通报给各成员单位及各区政府。（市处非办、公安局、工商局，人民银行广州分行，广东银监局等部门负责）建立公安机关面向市处非成员单位和相关金融机构的经济犯罪动态情况通报制度，以此增强各单位、各部门对非法集资等经济犯罪的风险决策和防控能力。（市公安局负责）

（三）建立基层信息员制度。建立街（镇）、社区信息员制度，调动基层群众力量，依靠群众，及时发现非法集资信息，群防群治，提高对非法集资监测和防范能力。（各区政府负责）

（四）建立高收益项目举报排查机制。各区政府对辖内各类经济活动信息进行监测、跟踪，从中发现、识别和判断涉嫌非法集资活动的信息和线索。对辖内号称“高回报、高收益”产品开展监测排查，加强风险研判，及时预警提示。（各区政府负责）

（五）建立异常账户举报处置机制。发挥金融机构监测防控作用，鼓励商业银行对各类账户交易中具有分散转入集中转出、定期批量小额转出等特征的涉嫌非法集资资金异动进行分析识别，并向政府和监管部门报告。有关异常账户的认定标准及风险管控制度，由人民银行广州分行会同广东银监局研究制定，下发本市各商业银行执行。

公安机关侦查异常账户，确认涉嫌非法集资但未达到立案标准的，可及时移交金融、人民银行广州分行、银监等部门予以行政处罚；金融、人民银行广州分行、银监等部门查处的异常账户确认可能涉嫌犯罪的，可及时移交公安机关立案侦查；同时涉及行政、刑事的可由公安机关和有执法权限的相关职能部门协调展开联合执法。公安机关会同广东银监局与各大商业银行建立异常账户快速联动处置机制，包括快速查询、紧急冻结等工作事项，确保案件侦查过程中能够及时防止违法犯罪人员骗取、转移赃款。（人民银行广州分行、广东银监局、市公安局负责）

（六）加强对高风险企业的排查和分类处理。公安机关定期对报警报案的涉嫌非法集资的企业进行排查梳理，对涉嫌犯罪的坚决立案打击，对涉嫌非法集资行为或出现苗头但不够立案标准的企业，根据所属行业和地区，移交相关责任部门处置。各单位的排查情况作为情报信息汇总至共享平台，相关线索和工作建议由市处非办协调分流至各行政执法和刑事司法单位处理，确保在多个监管环节共同打击非法集资的违法犯罪行为；对于执法主体比较难以清晰界定的案件或线索，可通过执法单位联席会议等形式会商确定。（市公安局、各行业主〔监〕管部门、市处非办负责）

（七）建立黑名单制度。积极整合各类信息资源，推动实现工商市场主体公示信息、人民银行征信信息、公安打击违法犯罪信息、法院立案判决执行信息等相关信息依法互通共享，进一步发挥全国统一的信用共享交换平台作用，建立非法集资风险隐患记录，将拒不接受风险提示、拒不整改风险隐患、拒不落实政府监管指令的市场主体及其负责人，列入非法集资“黑名单”。

将曾被执行相关行政、刑事处罚的企业和个人作为列入“黑名单”的依据；被列入黑名单的企业及个人，由公安、工商、房管、人民银行广州分行等部门按权限规定限制性措施，包括房屋租赁、公司注册、银行开户等事项，防止其重操旧业、危害社会。（市公安局、工商局，人民银行广州分行、市中级法院、市处非办负责）

（八）建立群众举报奖励机制。充分发掘群众的举报发现非法集资犯罪线索的防控作用，鼓励群众对身边的非法集资犯罪线索进行举报，探索设立奖励基金，利用“110”接报警系统和其他政务平台，建立实施面向社会公众的打击非法集资犯罪的有奖举报制度。（市公安局、处非办负责）举报的线索经查证属实，被举报企业确实涉嫌非法集资刑事违法犯罪的，对举报的个人，由相关部门根据举报奖励办法给予奖励。（市处非办、财政局、公安局、工商局负责）

四、完善打击处置机制

（一）加强部门间的协同联动。综合运用信用分类监管、定向抽查检查、信息公示、风险警示约谈、市场准入限制等手段，加强辖内市场主体的监管管理，加强部门间信息共享和对失信主体的联合惩戒，探索建立多部门联动综合执法机制，提升执法效果。（各行业主〔监〕管部门、市工商局、各区政府负责）

（二）建立政法部门间高效配合的工作机制。发挥市委政法委的领导决策作用，推动公、检、法三家相互配合，建立起打击非法集资犯罪的协同作战机制。对资金链已断裂、风险充分暴露、主观诈骗恶意明显、社会影响恶劣的非法集资犯罪行为，予以坚决打击，及时依法立案查处，快侦快办，提高打击效能。把追赃工作贯穿于刑事侦查、审查起诉与审判的全过程。加大追赃力度，充分运用各种侦查手段，依法追缴集资人及一般参与者的非法所得，并注重做好判后的继续追赃工作，消除集资人“执行刑罚即不用还钱”的侥幸心理，有效震慑非法集资犯罪行为。（市委政法委、市公安局、市检察院、市中级法院负责）

（三）做好应急预案，落实属地责任和部门主管责任。建立健全应急处置预案，提高应急处置能力。对于重大非法集资案件，加强舆论引导，制定统一宣传口径，适时对外发布，保证社会公众知情权。落实非法集资信访、维稳属地管理责任，采取切实可行的措施，把不稳定因素和矛盾化解在当地。（市处非办、市委宣传部、市委维稳办、市公安局、市信访局、各区政府负责）

（四）依法开展涉案资产处置等善后处置工作。严格遵守上级部门制定的处置工作方案，依法开展涉案资产查封、资金账户查询和冻结等工作。按照处置非法集资“三统两分”（统一办案协调、统一案件指挥、统一资产处置，分别立案、分别维稳）原则，依法妥善做好跨区域案件的处置工作。强化全局观念，加强沟通、协商及跨区域、跨部门协作，共同解决处置难题，提高案件处置效率。探索引进法律、审计、评估等中介机构参与案件善后处置工作，提升处置效率。（市处非办、市公安局、各区政府负责）

五、加大宣传力度

（一）加强综合性宣传。建立健全常态化的防范和处置非法集资宣传教育工作机制，推动宣传教育活动进机关、进工厂、进社区、进家庭，实现广覆盖。切实提高社会公众对非法集资的风险防范意识和识别能力，特别是买者自负、风险自担的责任意识，最终达到使广大群众对非法集资能识别、不参与、敢揭发的社会效果。由市委、市政府的宣传部门协调，借助新媒体时代的信息传播形式，充分利用公益广告等平台，整合资源，推动宣传，形成共识，有效提高社会全面预防非法集资的整体水平。（市处非办、市委宣传部、市文化广电新闻出版局、各区政府负责）

（二）加大对涉嫌非法集资广告查处力度。加强广告监测和检查，强化媒体自律责任，查处发布非法集资广告宣传行为。加强相关法律政策知识培训，提高广告审查人员、行政监管人员的甄别认定能力。加大执法处罚力度，严肃追究违法广告主体责任，净化市场环境。（市工商局、公安局、文化广电新闻出版局、城管委负责）

（三）大力开展行业宣传。各行业主（监）管部门结合本行业本部门实际，根据行业领域风险特点，有针对性地开展本行业领域宣传教育活动。对案件高发、风险隐患聚集的行业及领域，加强对其性质及合法经营范围的宣传，引导行业主体及从业人员规范经营。（各行业主〔监〕管部门负责）

六、加大保障和考评力度

（一）加强基础支持工作。在当前非法集资高发、多发形势下，进一步做好防范和处置非法集资的编制、人员、经费等保障工作。各区政府要合理保障防范和处置非法集资工作相关经费，并纳入同级政府预算。加强交流学习，及时总结和推广好的经验做法。（市编办、财政局、各区政府、市处非办负责）

（二）建立重大案件处置不力“一票否决”制。对各区打击和处置非法集资工作进行综合治理考评，建立重大案件处置不力“一票否决”制度。加大非法集资案件处置指标权重，根据案件发生及处置情况综合评定得分，原则上发生非法集资重大案件的区，如处置不当，引发群体事件且控制不力，产生极大负面社会影响的，当年考评得分不及格。（市处非办负责）

广州市人民政府

2016年3月31日

附3：

“MMM金融互助社区”传销案例

2016年1月18日，银监会、工信部、央行及工商总局四部门发布风险提示称，“MMM金融互助社区”及类似金融互助平台和公司未经工商部门注册登记，系非法机构，具有非法集资、传销交织的特征，广大投资者要高度警惕。

近期，“MMM金融互助社区”等打着“金融互助”旗号的网络投资平台频现，不少投资群众参与其中。四部门表示，此类平台以高额收益为诱饵，吸引广大公众参与投入资金或发展人员加入，具有极大风险隐患。

提示称，据俄有关部门通报，2007年4月28日，“MMM金融互助社区”创始人谢尔盖•马夫罗季通过MMM公司实施违法犯罪行为，被俄罗斯当局指控犯有诈骗罪，并判处4年6个月有期徒刑，刑满释放后又重操旧业。

此外，其推广网站未经核准备案或由境外直接接入，网址频繁更换，风险巨大；且资金有流向境外的可能，投入资金人员利益难以得到保障。

提示称，“MMM金融互助社区”及类似金融互助平台，通过网站、微博、微信等多种渠道公开宣传，承诺畸高利息，引诱群众投入资金；同时，设置奖金制度，鼓励投资人发展下线，并按层级关系计算返利金额，具有非法集资、传销交织的特征。

四部门提示，此类运作模式违背价值规律，投资风险巨大，资金运转不可长期维系，一旦资金链断裂，投资者将面临严重损失。请广大公众切实提高风险意识，自觉抵制参与。

附4：

关于非法集资的十大问答

1. 有营业执照是不是就意味着互联网金融公司不会进行欺诈？

答：营业执照对于公司而言，就如同一个人有身份证，有身份证并不代表他不会犯罪。

2. 上市公司背景的互联网金融公司不会进行非法集资吧？

答：看看上市公司是在哪上市的。很有可能有些股权交易中心上市的门槛非常低，而且这种股权交易中心每个省都有。真正意义的上市公司是在上海、深圳证券交易所上市的公司，是主板、中小板、创业板的公司。很多互联网金融公司对外声称自己有上市公司背景，是故意混淆股权交易中心和证券交易所的概念。

3. 在央视打广告的互联网金融公司不可能有问题吧？

答：广告方面，央视就是个商业机构，不代表政府审查，而且央视也不具备识别互联网金融公司是否诈骗的能力。

4. 某某名人和官员站台的互联网金融公司一定很靠谱吧？

答：互联网金融公司利用老百姓相信名人和官员的心理，请他们站台；而名人和官员选择为互联网金融公司站台则是为了商业利益。如果这种互联网金融公司出现非法集资或跑路事件，投资人起诉官员和名人，申请民事赔偿。

5. 某某组织给某互联网金融公司颁发了最负责任企业的奖项，是不是说明这个公司一定靠谱了？

答：当下野鸡组织、野鸡协会众多，甚至颁奖的组织就是这些互联网金融公司设立的。这奖那奖，花钱就可以买，根本不能说明什么。

6. 有些平台一直在给投资者支付利息，公安机关为何要打掉它？

答：非法集资案件往往涉案金额大、社会关注度高、调查取证周期长，办理起来是件费时费力的事情。但正因为平台存在不能支付投资者本息的巨大风险，公安机关才打掉他，为的是防止更大风险的发生。至于一直在支付投资者利息，在庞氏骗局当中，平台给投资者的利息都是前期投资者的本金。

7. 公安机关会把查获的非法集资的钱都没收掉，不返还给投资人吗?

答：这是不可能的，一直以来，非法集资追缴的赃款都是按比例发还给投资人。

8. 有的平台有金融牌照，怎么能说他是非法集资呢?

答：金融牌照有很多，不是都可以吸收存款的，只有银行牌照可以吸收存款。不具备银行牌照，但有其他金融牌照的平台吸收存款，也属于非法集资。

9. 这个平台实力雄厚，旗下几十个公司，怎么会是骗子呢?

答：现在注册个公司，是件非常简单的事情，旗下就算有几万家公司，也说明不了什么。

10. 有的互联网金融公司都在人民大会堂和钓鱼台国宾馆开推介会了，如果不正规，大会堂和国宾馆会让他进吗?

答：人民大会堂在不开会的时候，是对外提供商业服务的，相当于一个五星级酒店。钓鱼台国宾馆也是商业机构，任何公司在此举办推荐会，只要付钱，国宾馆就会提供场地，国宾馆没有义务对互联网金融公司正不正规进行审核。有些互联网金融公司之所以在这两个地方开推介会，就是为了给投资者留下有实力或者有官方背景的印象。

第十二章　互联网金融监管的现状、风险与防范

> 互联网金融的监管问题一直是困扰监管部门的难题，因为互联网金融是新生事物，无论是中国还是外国都没有足够成熟的经验。由于互联网技术的飞速发展和金融创新的步伐加快，互联网金融行业就会出现监管空白和监管滞后的现象，当行业发展远远把监管甩在身后的时候，风险就容易失去控制。2008 年之所以爆发金融危机，一个重要原因就是美国的金融监管远远滞后于金融衍生品的发展速度，当时的金融创新发展到失控程度，以至于酿成次贷危机，进而引发全世界金融海啸。
>
> 因此，金融危机之后，各国政府越来越重视金融监管的问题。互联网金融作为新兴金融业态，其依赖于网络的特性更是会将风险传播得更快更远，因此一旦监管不力导致行业发展失控，就会快速诱发风险。
>
> 本章主要介绍近年来国外出现的互联网风险事件，国外对互联网金融的监管，以及金融监管的风险和规避措施。中国的互联网金融行业在快速发展中出现诸多问题，监管部门应当从国外发达国家的监管当中吸取经验教训，更好地指引本国互联网金融健康发展。

一、互联网金融风险事件——Lending Club 造假

2016 年 5 月 9 日，美国最大的 P2P 网络借贷平台 Lending Club 宣布，公司联合创始人雷诺•拉普朗许（Renaud Laplanche）已辞去董事长兼 CEO 职位，原因是舞弊和造假。消息公布后，Lending Club 股价应声大跌超过 34%，报收 4.66 美元。私募圈 PELIST 和投资银行在线注意到 Lending Club 在过去 52 周最高价是 19.48 美元，上市时最高价曾经到 27.90 美元。

华尔街媒体报道了 Lending Club 创始人雷诺•拉普朗许辞职原因的细节，主要有三大问题。

（一）未尽披露义务

据彭博社的报道，导致 Lending Club 创始人辞职的一个催化剂是他没有披露一项利益相关的个人投资。

早前，拉普朗许向 Lending Club 的风险管理委员会提出了一项投资议案，计划投资 Cirrix 资本公司；在此过程中他没有公开自己个人已持有 Cirrix 股份的事实。

监管文件显示，Lending Club 公司随后花费了 1000 万美元购买 Cirrix 15% 的有限合

伙股份。这项决定由风险管理委员会做出，并未被整个董事会知晓。

由于未尽到披露义务，这一行为可能涉及利益输送问题——用公司的钱投资自己个人已经持股的企业。

据报道，摩根士丹利的前任董事长和 CEO John Mack 同样也参与了这项投资，但是他并没有什么不当行为。

（二）向机构投资者舞弊

据报道，Lending Club 曾向美国著名投行杰富瑞集团出售了一批价值 2200 万美元的贷款——而这批贷款并不符合杰富瑞集团所设定的购买标准。

有关这笔贷款问题的细节仍有待披露。总而言之，这项操作违反了投资者意愿。美国证券交易委员会也已派驻执法力量对 Lending Club 进行调查。

（三）数据造假

针对上述问题的调查发现了更为严重的数据造假问题。调查显示，Lending Club 的部分高管意识到了上述问题，并将这批 2200 万美元贷款以面额回购。随后，这笔贷款又被转售给其他投资人。其中，有 300 万美元贷款的申请日被刻意更改，以满足投资者的标准。

由于涉及商业诚信问题，数据造假将对 Lending Club 造成巨大伤害，并进一步导致多位高管辞职。因为一次数据造假，人们就可能会怀疑所有 Lending Club 贷款的真实性。如果投资人不能相信历史数据，他们将不可能继续信任公司。这一结果将对 Lending Club 公司先前保持的高透明度和无瑕的商誉造成重创。

虽然 Lending Club 的内部调查并没发现其他数字造假问题；但用户的信任需要大量的时间来修复。

这也让 Lending Club 的一季度收益蒙上阴影。虽然公司的一季度报数字依然亮丽。2016 年第一季度 Lending Club 公司总收入为 1.5 亿美元，同比增长了 87%。调整后的息税折旧前利润为 2500 万美元，同比增长了 137%，净利润 410 万美元（去年亏损 640 万美元）。

专家认为，在华尔街，如果涉及这三项指控的任何一个，这家公司和股价都会面临灭顶之灾，会遭到投资人的无情的沽售。

事件发生后，Lending Club 表示，他们将致力于通过加强管理来弥补内部控制不足的弱点。公司首席运营官（兼 CMO）Scott Sanborn 将代理 CEO 一职，Hans Morris 将担任执行董事长。

二、英美的互联网金融监管

伴随着互联网技术的不断发展，互联网金融在全世界范围内都出现了迅速发展的态势，而对互联网金融进行有效监管是让这个行业走得更远的前提。监管部门一方面要鼓励互联网金融的发展，另一方面也要防范风险，如何把握好创新与风险之间的平衡，是监管部门面临的重要挑战。

由于互联网金融是一个新兴的行业，因此世界各国对其如何监管都处于探索之中，英美两国的互联网金融监管体系对我国当前互联网金融监管仍有一定借鉴意义。

（一）英国——自律监管为主

英国的互联网金融起步早，发展快，在本国信贷市场所占份额也比较高。2005 年，英国出现了全球首家 P2P 网络小额贷款公司——Zopa。根据相关统计，2013–2015 年，英国个人消费信贷规模增长了 2 倍，累计达 5.5 亿英镑，2016 年市场规模有望突破 10 亿英镑。

英国互联网金融监管模式的核心是：行业先行，监管后行，行业自律与政府监管共同作用，相互补充。自律监管之所以成为英国对互联网金融的主要监管方式，有三大原因，如下图所示。

1. 行业自律性强

英国的互联网金融行业自律性很强，行业协会监管很大程度上代替了政府监管。P2P 发展壮大以后，英国迅速成立了全球第一个 P2P 行业协会，随后又成立了众筹协会，这些协会制定行业规则，对行业的发展起到了很好的引导和规范作用。

2. 具有独特的监管体系

英国的金融监管架构中，政府只设金融监管局（FSA）负责所有金融监管，这与英国金融行业极强的自律性有很大关系。简单的监管架构有助于提高监管效率，减少政策下达的滞后性。

3. 征信体系完备

英国社会拥有完备的征信体系。信用是金融发展的核心，互联网金融对信用的要求更高。目前英国征信体系以三家公司为主体架构，完全市场化运作，其数据系统庞大、可靠、专业，互联网金融公司通过较小成本即可购买客户信用信息。

（二）美国——政府立法与自律监管并行

作为以金融立国的国家，美国拥有世界上最丰富的互联网金融业态——第三方支付、众筹融资、信用卡服务、网上交易所、P2P 网贷等，互联网金融发展成熟度较高。

监管方面，相比于英国以行业自律为主的模式，美国更加注重政府监管和立法规范。美国将互联网金融纳入现有金融体系中进行监管，并根据不断出现的新兴金融形式调整政策和法规，扩充金融法律体系。美国的监管政策，为中国的互联网金融监管提供了很好的借鉴，这主要表现在三个方面，如下图所示。

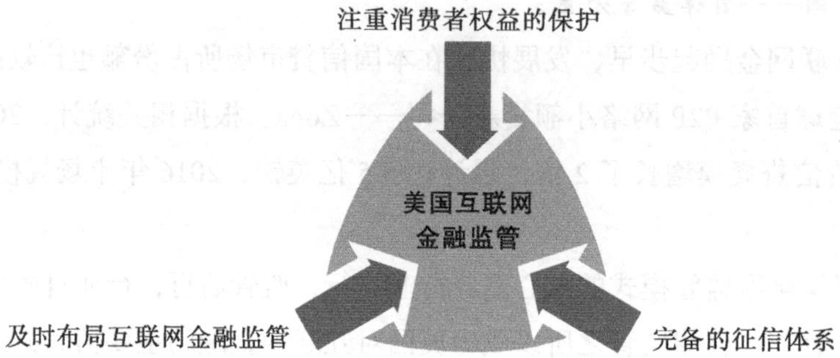

1．及时布局互联网金融监管

2012 年，美国政府通过 JOBS 法案，允许小企业通过众筹融资获得股权资本，以法律形式承认并支持了众筹模式的发展。及时布局互联网金融监管，有利于规范行业发展，从政策层面支持互联网金融创新，并且在一定程度上减少政策推行的难度。

2．完备的征信体系

美国拥有全球最完备的征信体系，与英国全市场化运作的征信体系不同，美国的信息架构是基于政府的大力支持之下，借力互联网技术在全美的迅猛发展而实现的。客观而言，政府主导的征信体系构建在信息筛选、信息共享方面有更大的优势，具有更小的违约风险。

3．注重消费者权益的保护

2012 年 7 月，美国签署了《金融监管改革法案》。按新法案的设想，所有针对金融消费者的保护性措施都将由一家新成立的、独立的消费金融保护机构（CFPA）来执行。该机构的宗旨是保护消费者和投资者不受金融系统中不公平和欺诈行为损害，美国政府对于消费者保护的决心由此可见一斑。

三、美国对网贷的监管——2016 美国网贷白皮书

2016 年 5 月 10 日，美国财政部发布了网贷白皮书，白皮书题为“网络市场化信贷的机遇与挑战”。这份白皮书基本反映了美国财政部去年展开市场问询后的结果，反映了不断变化的市场环境、股东的意见，并对网贷行业提出了建议。

白皮书发布前几天，正逢美国的全球 P2P 网贷平台龙头 Lending Club 曝出违规贷款销售事件，但此次发布的白皮书并没有侧重 Lending Club 这个单一事件，也并未让人感到“重拳监管”的威慑意味，而更重在承认了网贷行业的益处与风险，强调了适用于成熟以及新进行业参与者的最佳实践标准，并鼓励该行业健康可持续的发展。

其实，美国财政部并非“临阵磨枪”。早在 2015 年 7 月，美国财政部发出公开请求，要求了解“全国网络借贷市场的基本信息”（简称 RFI），对全行业进行一次摸底。这是首次由联邦级行政机构对网贷行业进行调研，此话题随后引来了广泛和多样的反馈。

（一）白皮书对网贷行业的看法和建议

美国财政部通过 RFI 从网贷平台的贷款人、消费者和小型企业倡导者、学者、投资者、金融机构处获得了接近 100 个回复意见，达成了以下几点共识。

（1）运用数据和建模技术来进行贷款承销是一项创新，也是一项风险。RFI 评论人士认可使用信用数据来进行贷款承销是网贷的核心元素，其创新之源部分意义上而言正是其介于在最高程度的许诺与风险之间。数据驱动的算法可能会促进信用评估、降低成本，但也存在出现诸如贷款违规的风险。即便如此，平台可能没有机会再去核实并矫正这些用于做出贷款承销决策的数据。

（2）网贷可以扩大获得信贷的途径。RFI 获得的问询反馈说明，网贷平台的确可以让一些原本无法从银行等机构获取资金的借款者获得贷款。尽管多数消费贷款都是以债务整合为主要目的，即贷一笔款用于还清其他所有债务，但是小型企业贷款能够使得企业获得周转资金、满足扩张需要。

（3）小型企业借款人可能需要加强保障措施。RFI 评论人士聚焦了当前对于小型企业借款人在保护和监管两者之间的不平衡现象。所有 RFI 评论人士认为，应该强化对于小型企业借款人的保护措施。

（4）加大透明度将会使得借款人和投资人受益。在 RFI 获得的反馈中，大都强烈支持扩大网贷平台对整体市场参与者的透明度，包括针对借款人的定价条件以及针对投资人的标准程序贷款数据。

（5）网贷的二级市场尚未发展成熟。尽管放贷数量增长，但针对整体网络市场化贷款人（即平台投资者）的二级市场仍然有限。RFI 评论人士都同意，一个证券化市场的活跃增长将需要更大的透明度以及有重复发行的能力。

（6）监管明确性有利于市场。RFI 评论人士也对政府所应该扮演的角色发表了广泛看法。多数反馈意见提出，监管者应该对于行业参与者的角色和要求表现出更大的明确性。

（二）白皮书对联邦政府和私营部门参与者的建议

为了促进该行业的健康发展、鼓励通过网贷平台扩大信贷准入，白皮书也对联邦政府和私营部门参与者提出了以下建议。

（1）支持加强对于小型企业借款人的保护和有效监督；
（2）确保良好的借款人体验和后端操作；
（3）为借款人和投资者提供透明的市场化平台；
（4）在确保安全和可负担信贷的合作机制上扩大信贷准入；
（5）支持通过获得政府所持数据来支持安全、可负担的信贷扩张；
（6）支持通过创设常务工作组来促进与网贷相关的跨机构协调。

同时，白皮书强调，市场环境的变化也可能对改变其对于网贷行业的潜在影响，因此需要持续监测。这些变化也包括了信用评分机制变化、利率变化、潜在的流动性风险、网贷平台不断增加的房屋抵押贷款和汽车贷款放贷量、潜在的网络安全威胁、反洗钱要求等。美国财政部认为，最重要的是，在一个信用环境并不十分理想的情况下，也能最小化借款人风险、增加投资者信心。

四、金融监管风险的表现

金融监管风险是指在资本市场开放过程中由于金融监管水平落后或金融监管的无效性而给资本市场或整个金融体系带来的风险，主要表现为以下几个方面。

（一）监管不到位，发现不足

由于经济与金融密切相关，在对金融机构实施监管过程中，金融机构因受市场环境、经济政策、产业政策、管理机制和上级考核制度变化等因素的影响，使之在经营策略和经营方式上发生了相应的变化。客观上要求监管人员根据变化了的新情况实施有效的监管，对其财务成果的真实性以及经营的合法性、合规性，做出准确的分析、评价与判断。

虽然近几年来实行了非现场监管，但其信息资料来源并非完全可靠，因而仍需要通过现场监管来加以补充和完善，另外由于监管对象复杂程度的影响，在对其经营合规性检查中，往往需要对其企业、客户进行查证，使本已捉襟见肘的监管资源与工作量严重失衡，监管不到位、发现不足的情况时有发生，导致监管结论、判断、评价失真的情况也相对增多。

（二）风险成因复杂，非确定性因素多

就金融领域而言，风险的形成较为复杂，涉及范围较广，主要包括市场风险、信用风险、利率和汇率风险、政策和管理风险、犯罪风险。这些风险的形成涉及主观与客观、宏观与微观等许多方面的因素，难以预料的事件尤为突出。

另外由于部分金融机构经营方略的不一致，诸如呆账准备金由上级行统一提取，集

中划拨核销；利息支出按实际支付额进账，应付未付利息由上级行按统一的比例计提；利息收入按收付实现制入账，而应付未付利息按责权发生制核算；基层行实行报账制，盈亏真实性无法通过原始凭证和记录核实等问题，造成监管人员在对效益性的监管中难以做出准确的评价和判断。

（三）原则性不强，情感因素影响突出

金融监管人员与监管对象之间的联系和其他行政监管对象相比较更为紧密，监管人员与被监管单位各部门负责人之间在心理和感情方面的认同与否，在一定程度上影响着监管结论与判断，影响着实施经济和行政处罚的尺度，存在着金融监管趋于平淡化的风险。

五、金融监管风险的规避措施

金融监管风险是与金融监管活动紧密相连且无法完全避免的，但是可以采取积极有效的措施进行预防和控制。

（一）要树立风险意识

在认真落实金融监管人员责任制的基础上，明确职责，实施监管员对所记录的工作底稿、证据和工作记录的真实性负责；部门主管对监管报告的真实性、合法性负责；主管行长对批准实施的监管方案、监管程序、监管进度和拟处理、处罚引用法律、法规的正确性和准确性负责；行长对监管委员会做出的监管意见和监营建议负责。同时要正确区分有意和无意失误行为的界限，完善责任追究制度。

（二）提高监管人员素质

监管人员是监管工作的操作者和履行者，其素质的高低直接关系到监管风险大小。提高监管人员政治和业务两方面素质是防范金融监管风险的有效途径。同时要加强对监管人员的风险意识教育，监督监管人员要始终保持严谨的工作作风和审慎的工作态度，坚持原则，不为情感所左右，客观公正地做出监管结论，提出监管意见和建议。

（三）要严格执行现场稽核检查规程

要按照现场稽核规程标准严格做好每一项现场稽核检查，避免现场临管的随意性，增强现场监管工作的科学性和严肃性，防止出现违反稽核规程的做法和超出法规范围的监管意见。

（四）加强对监管质量的监督检查工作，防患于未然

制定和实施监管项目复核制和抽审制，实行错案追究制和责任追究制。上级行应不定期地对下级行的监管项目进行复审和抽审，以发现监管人员在监管工作中存在的问题，并及时进行纠正和处理。通过监督达到规范金融监管行为，提高监管工作质量，防范金融监管风险，推动监管工作开展的目的。

第十三章　2016 年互联网金融专项整治

互联网金融具有“海量交易笔数，小微单笔金额”的特征，这在一定程度上填补了传统金融覆盖面的空白，有助于降低成本，提升资金配置效率和金融服务质量，同时也有助于过去游离在正规监管体系之外的民间融资走向合法化和阳光化，遏制民间高利贷和非法集资现象频发的势头。

但随着互联网金融行业的迅猛发展，问题也在不断暴露。据相关机构统计，自 2011 年 P2P 网贷平台上线以来，截至 2016 年 3 月，国内累计成立的 P2P 理财平台达 3984 家，已有 1523 家公司倒闭或者跑路，问题平台占比高达 38%。

2015 年以来，以 P2P 倒闭风潮所代表的互联网金融风险事件不断爆发，给行业带来重大负面影响。社会舆论普遍认为，互联网金融行业尚处在“弱监管”状态，存在明显监管漏洞和监管空白。

一、中央对互联网金融的整治

自 2015 年年底以来，互联网金融行业爆发多起较大规模的跑路或非法集资事件。

12月8日

e租宝因非法集资被查，公安机关初步查证显示，e租宝吸收资金金额为500余亿元

12月17日

“大大集团”官方证实，“大大集团”及其母公司申彤集团正在配合经侦开展例行检查工作。消息显示，“大大集团”总裁马申科已被经侦带走，CEO单坤被免职

12月23日中午

“三农资本”因涉嫌非法集资被安徽当地经侦部门介入。合肥市公安局经侦支队证实，安徽金实资产管理有限公司利用“三农资本”网贷平台非法吸收金20多亿元，目前非法集资案中的10名主要犯罪嫌疑人已被执行逮捕

2016年4月

百亿级理财平台“中晋资产”被上海警方查封，平台20余名核心成员在机场被截获

上述非法集资的公司纷纷打着所谓的“互联网金融”旗号，实质上是进行非法吸收

公众存款的诈骗平台。这些事件的爆发，越来越引起公众的恐慌和担忧，同时也引起了政府有关部门的高度关注。

2016 年 4 月 14 日，国务院组织 14 个部委召开电视会议，针对互联网金融行业制定专项整治方案。此次整治覆盖多种业态，包含第三方支付、线下理财、P2P 网贷、股权众筹、互联网保险及首付贷、尾款贷等引导配资资金的房地产金融产品。

同一日，国务院批复并印发与整治工作配套的相关文件，文件由央行牵头、十余个部委参与起草。与此同时，央行出台了《互联网金融风险专项整治工作实施方案》，针对互联网金融制定了分领域、分地区条块结合的专项整治方案。整治的领域重点包含第三方支付、线下投资理财、P2P 网络借贷、股权众筹、互联网保险及此前引起市场震荡的首付贷、尾款贷等引导配资资金的房地产金融产品。

（一）专项整治的三个阶段

专项整治工作为期一年，计划于 2017 年 3 月底完成。具体时间划分为三个阶段。

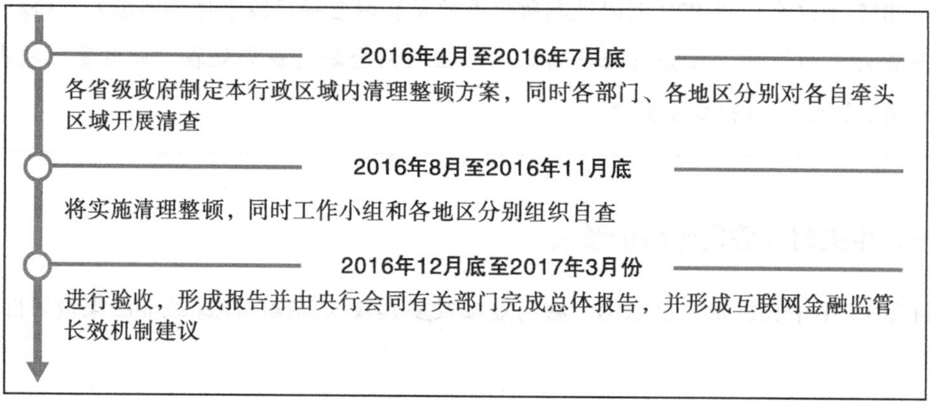
2016年4月至2016年7月底
各省级政府制定本行政区域内清理整顿方案，同时各部门、各地区分别对各自牵头区域开展清查
2016年8月至2016年11月底
将实施清理整顿，同时工作小组和各地区分别组织自查
2016年12月底至2017年3月份
进行验收，形成报告并由央行会同有关部门完成总体报告，并形成互联网金融监管长效机制建议

按照“谁家孩子谁抱走”的监管理念，此次整治共有七个分项整治子方案，涉及多个部委，其中央行、银监会、证监会、保监会将分别发布网络支付、网络借贷、股权众筹和互联网保险等领域的专项整治细则，个别部委负责两个分项整治方案。由于此次整治涉及打击非法集资等各类违法犯罪活动，公安机关也将密切配合参与其中。

在这七个分项治理子方案当中，P2P 领域成为重点彻查对象，原因是该领域违法违规现象最严重。根据相关机构统计，2016 年前 3 个月，P2P 的问题平台数超过了新增平台数，这导致正常运营平台数接连下降。此外，乱象众生的股权众筹也被划为监管的“重中之重”。据媒体报道，对于股权众筹，监管部门采取了负面清单的模式，即要求不得虚假标的、不得明股实债变相集资、不得夸大实力和项目业绩等。对于线下私募发行的产品，不得通过线上向非特定公众销售或者向特定对象销售但突破法定人数限制。

（二）互联网金融广告的整治要求

互联网金融广告作为整治行动的一环，被监管部门要求应当依法合规、真实可信，不得包含以下九大类情况。

（1）违反广告法相关规定，对金融产品或服务未合理提示或警示可能存在的风险以及承担风险责任的。

（2）对未来效果、收益或做出保证性承诺，明示或者暗示保本、无风险或者保收益的。

（3）夸大或者片面宣传金融服务或者金融产品，在未提供客观证据的情况下，对过往业绩做出虚假或夸大表述的。

（4）利用学术机构、行业协会、专业人士、受益者的名义或者形象作推荐、证明的。

（5）对投资理财类产品的收益、安全性等情况进行虚假宣传，欺骗和误导消费者的。

（6）未经有关部门许可，以投资理财、投资咨询、贷款中介、信用担保、典当等名义发布的吸收存款、信用贷款内容的广告的。

（7）引用不真实、不准确数据和资料的。

（8）宣传国家有关法律法规和行业主管部门命令禁止的违法活动内容的。

（9）宣传提供突破住房信贷政策的金融产品，加大购房杠杆的。

二、各地方对互联网金融的整治

2016年以来，随着国家对互联网金融的监管动作逐步落实，互联网金融专项整治行动在全国范围内陆续展开。区别于之前出现问题才会启动调查，正在开展的专项整治行动已经变为事前介入调查，在全国性专项整治正式启动之前，部分地方政府对互联网金融行业的排查和整治行动一直在进行中。

（一）北京市对互联网金融的整治

1. 北京市P2P行业现状

北京地区的P2P平台数量及交易规模在全国范围内排在前列，以P2P之名存在的投资咨询公司、理财机构众多，多于在线平台数倍，并且在高经营成本的情况下快速扩张、暴露出的风险事件也相对集中。

北京地区的互联网金融领域主要有四大乱象，如下图所示。

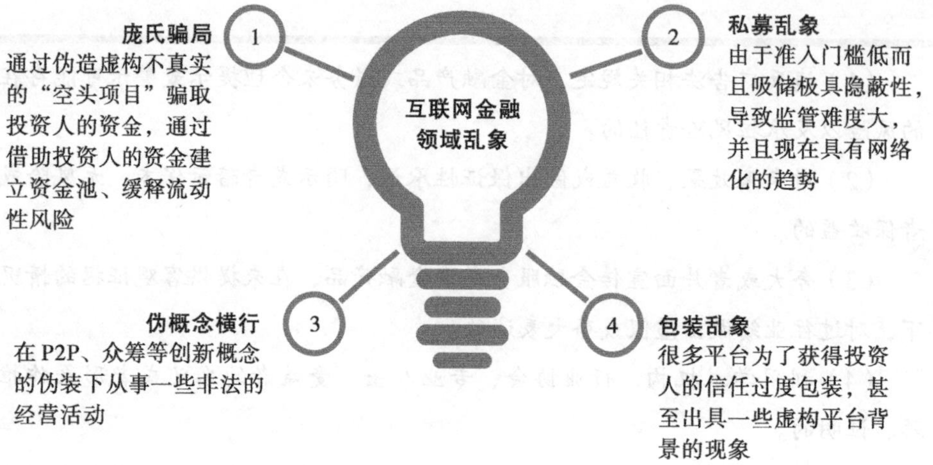
庞氏骗局
通过伪造虚构不真实的“空头项目”骗取投资人的资金，通过借助投资人的资金建立资金池、缓释流动性风险
1
互联网金融领域乱象
2
私募乱象
由于准入门槛低而且吸储极具隐蔽性，导致监管难度大，并且现在具有网络化的趋势
伪概念横行
在P2P、众筹等创新概念的伪装下从事一些非法的经营活动
3
4
包装乱象
很多平台为了获得投资人的信任过度包装，甚至出具一些虚构平台背景的现象

2．北京市对P2P行业的管理与整治

自2016年以来，互联网金融行业受到监管层的密切关注，北京市相关监管部门也对互联网金融行业加大了整治与监管力度。为打击披着P2P外衣的非法集资，2016年1月，北京市政府出台了《北京市进一步做好防范和处置非法集资工作的管理办法》；3月底，北京市更是出台了群众举报涉嫌非法集资线索最高可获得10万元奖励的政策。

与此同时，北京市金融局正在探索北京网贷行业监管的“1+3+N”模式。

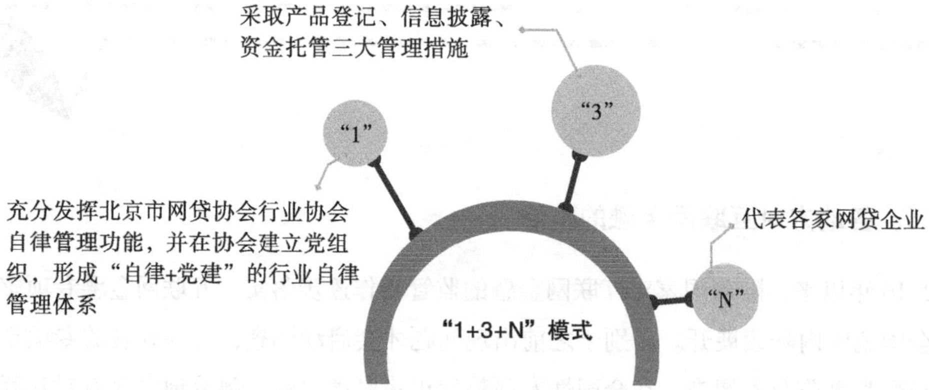
采取产品登记、信息披露、资金托管三大管理措施
“3”
“1”
充分发挥北京市网贷协会行业协会自律管理功能，并在协会建立党组织，形成“自律+党建”的行业自律管理体系
代表各家网贷企业
“N”
“1+3+N”模式

北京市金融局希望以此推动网贷协会组织开发产品登记系统和信息披露平台，会员所有产品信息全部登记在系统中，各网贷企业按要求通过系统平台进行规范的信息披露，推动企业信用建设和守信自律。

目前，北京市金融局推出的“1+3+N”网贷监管模式已经基本成型，此模式是顺应国家互联网金融监管政策之举，意在通过细化的执行去落实监管要求，推进行业规范。此前，北京市网贷行业协会还推出了P2P产品和企业信息披露系统，但目前该系统的详尽程度还有提升空间。

此外，为进一步推动互联网创新，北京市金融局联合中关村管委会牵头起草了《中关村国家自主创新示范区开展互联网金融综合试点总体方案》，拟依托中关村在政策体系、科技基础、创新环境和人才等方面的优势，进一步健全科技金融服务体系，推动金融业为实体经济提质增效注入活力。

在互联网金融广告的整治方面，北京市工商局等 11 个部门出台了《关于防范和处置非法集资活动中加强金融投资理财类广告监管有关工作的实施意见》(下称《意见》)。《意见》指出，自 2016 年 6 月 15 日起，本市 11 个部门将联合加强非法集资活动中金融投资理财类广告监管。《意见》强调，在紧急情况下，可以在全市范围内暂停发布某一类或全部金融投资理财类广告。

《意见》指出，非法集资活动的隐蔽性很强，增加了有关行业主管部门的监管难度，广告经营单位、广告监管机关以及社会公众仅从广告无法识别其是否属于非法集资。因此，需要有关部门强化沟通协调，信息共享，完善机制建设，积极主动作为，形成监管执法合力。

《意见》明确了 11 个部门在防范和处置非法集资活动中加强金融投资理财类广告监管中各自所负的职责，主要包括以下三点。

1 工商部门要进一步加强金融投资理财类和支付服务类广告的日常监测和监管，曝光典型虚假违法广告

2 网信部门对工商、金融办等部门通报的互联网上金融投资理财类和支付服务类非法广告及信息，协调相关网站及时予以处置

3 通信管理部门将对经相关部门认定需要关闭的发布违法广告或信息的网站，及时依法予以关闭处理等

在广告发布监管方面，《意见》也进行了详细的规定。根据规定，要通过企业信用信息公示系统查询广告主的信誉情况，对列入经营异常名录或严重违法失信的企业不得发布金融投资理财类广告。广告经营者、广告发布者应探索建立金融投资理财类广告发布的保障金制度，保障金委托第三方银行托管，预防此类广告发布后可能造成的不良影响。

总体来说，北京对互联网金融的整治方案已初步成形，一个重要方向就是对互联网平台进行分类分级管理。监管部门将平台主要分为三类：第一类是股东背景实力强的，第二类是有问题需要整治打击的，其他都归为第三类。在第三类里，监管层会对一批平台进行试点考察，看他们如何做好风险防控工作，如果试点效果好，则在北京全行业中推广。

（二）上海市对互联网金融的整治

1. 上海互联网金融行业的现状

上海作为中国的金融中心，互联网金融相关业态发展较早，从总体来看，有以下几大特点。

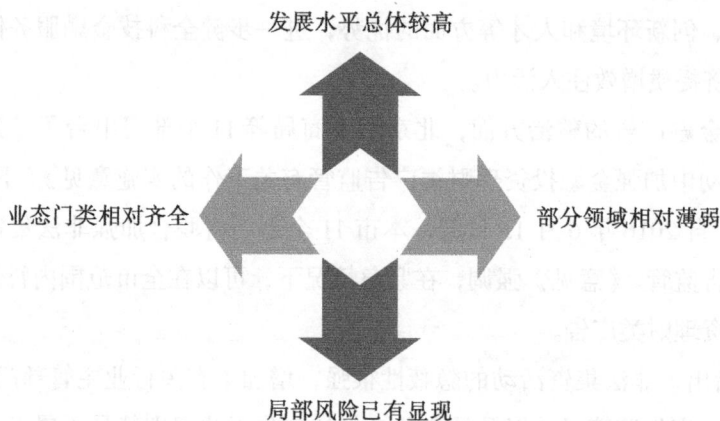

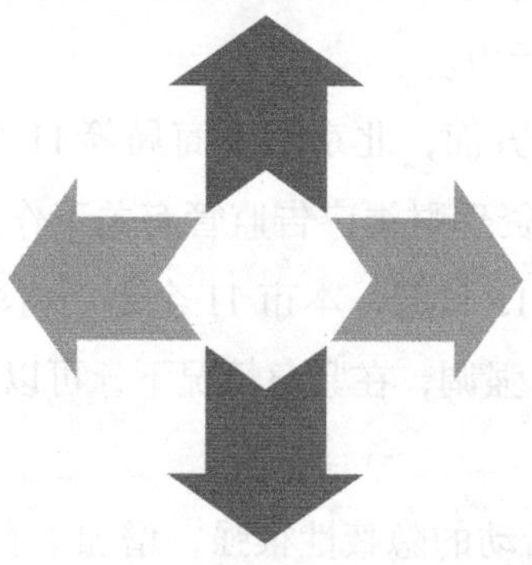
发展水平总体较高
业态门类相对齐全
部分领域相对薄弱
局部风险已有显现

（1）业态门类相对齐全

金融资讯服务、第三方支付、网上金融产品销售、网络融资中介、信用信息服务等各类互联网金融业态在上海均有不同程度的发展；在沪银行、保险公司、证券公司、基金公司等持牌金融机构也纷纷向互联网金融、移动金融领域跑马圈地并取得一些成效。

（2）发展水平总体较高

2013 年，国内首家持牌互联网金融机构众安在线保险公司落户上海；阿里、百度、京东等国内知名企业已纷纷将其互联网金融相关业务板块落户上海，或在上海设立网络小贷公司等互联网金融企业；银联、支付宝等国内主流第三方支付企业汇集上海，上海占有国内第三方支付领域半数以上的业务量；平安陆金所、拍拍贷等国内知名的网络融资平台均创设在上海；东方财富、诺亚财富、好买基金等企业获第三方基金销售牌照并开展网上销售业务；万得资讯、大智慧等国内领先的金融资讯企业集聚上海。

（3）部分领域相对薄弱

由于 BAT 等国内互联网领军企业不在上海，上海在互联网金融领域缺少影响力大的龙头企业，互联网专业人才较北京、深圳等地也相对短缺；同时，从事金融云平台服务、金融大数据处理、互联网金融信息安全服务等互联网金融领域基础业务的大型专业机构也相对较少。

（4）局部风险已有显现

互联网金融在极大提升金融服务广度、深度和效率的同时，也蕴藏较大风险隐患。特别是在与资金融通、支付相关的领域，非法集资等法律风险、恶意骗款等资金风险、集中违约等信用风险、客户信息被盗等信息安全风险不容忽视。近两年来，上海 P2P 平台跑路、倒闭等风险事件也时有发生，特别是上海申彤大大资产管理公司和上海中晋资产管理公司的非法集资诈骗事件带来了较大的不良影响。

2．上海市对互联网金融行业的管理与整治

2016 年上半年，上海市召开互联网金融风险专项整治内部会议，确定于 6 月份开始，展开对互联网金融的专项治理行动。行动要求，对互联网金融企业的摸底排查任务落实到区县，在两个月内实现对互联网平台全覆盖式监管。

公司注册方面，从 2016 年 1 月 4 日起，上海市工商局就已暂停互联网金融公司的注册。4 月 5 日，上海发布的《非法集资工作的实施意见》将暂停注册的公司范围从“互联网金融”扩大到整个“投资类”公司。

融资租赁方面，2016 年 3 月 1 日，上海市租赁行业协会发布了《关于开展融资租赁业风险排查的通知》。通知显示将对是否存在直接从事或参与互联网、投资理财、小额贷款、融资担保等业务吸收或变相吸收公众存款等行为进行排查。

P2P 方面，上海市互联网金融行业协会表示，2016 年将重点加强风险防范，协会将建立较为完善的巡查机制，建立互联网金融产品库，尤其是 P2P 行业的产品库。将来会员产品上线前均需向协会备案入库，避免有毒产品上线，做好事前监管。此外，上海互金协会还将建立健全联络员制度和举报机制，制定风险应急预案，开展投资者、从业者教育等。

非法集资方面，2016 年 4 月 5 日，上海市政府发布《上海市进一步做好防范和处置非法集资工作的实施意见》(下称《意见》),《意见》表示要充分运用互联网、大数据等技术手段，加强对非法集资的监测预警和风险排查。另外，《意见》还要求各区（县）政府密切关注投资理财、网络借贷等风险高发重点领域，辖区主要商务楼宇、招商中心等要明确“谁引进、谁负责”的招商原则，落实源头防控。

在最新的整治方面，2016 年 6 月 8 日，上海证监局印发了《关于做好互联网金融风险专项整治工作的通知》(下称《通知》)，要求辖内证券期货经营机构就五大重点整治内容展开自查，并在 7 月 10 日前完成摸底排查，上交自查报告。

通知明确列出 6 项非法活动，其中 3 项与 P2P 有关。通知指出，期货公司不得以自有资金投资 P2P 平台销售项目。期货公司资产管理产品购买方，将期货公司资产管理产品放到 P2P 平台进行份额拆分销售，为非法活动；期货公司子公司设立 P2P 网贷平台，或者期货公司以自有资金参股设立 P2P 网贷平台，为非法活动。

五大项重点整治内容中细化列举了证券期货经营机构与互联网企业合作，通过互联网开展资产管理及跨界从事金融业务的不规范和非法行为。

其中，明确期货公司子公司设立 P2P 网贷平台，或者期货公司以自有资金参股设立 P2P 网贷平台为非法。

另外，私募产品拆分销售，通过多类资产管理产品嵌套开展资管业务，都属于跨界从事金融的不规范行为。

根据《通知》，此次专项整治的重点有五点，具体内容详见下表。

项目	具体整治内容
利用互联网开展非法活动的	①证券期货经营机构为场外配资活动提供便利 ②期货公司以自有资金投资 P2P 平台销售项目 ③期货公司资产管理产品购买方，将期货公司资产管理产品放到 P2P 平台进行份额拆分销售 ④期货公司子公司设立 P2P 网贷平台，或者期货公司以自有资金参股设立 P2P 网贷平台 ⑤基金管理人、基金销售机构侵占或者挪用基金销售结算资金或者基金份额 ⑥基金管理人利用基金资产进行利益输送
利用互联网开展业务不规范的	①信息技术管理存在缺陷 ②客户信息保护不符合要求 ③证券公司网上开户不符合现有规定的 ④期货公司互联网相关的开户管理、适当性管理等活动不规范 ⑤基金销售机构制作的宣传推介材料未经负责基金销售业务和合规的高级管理人员检查，出具合规意见书，并报工商登记所在地中国证监会派出机构备案，或者基金销售机构分支机构自行制作基金宣传推介材料 ⑥基金销售机构的宣传推介材料存在虚假、误导、遗漏或者违规预测基金的投资业绩，违规承诺收益或者承担损失，或者存在其他违法情形 ⑦基金销售机构以低于成本的销售费用销售基金，或者采取抽奖、回扣、送实物、保险、基金份额等方式销售基金 ⑧基金销售机构未按照合同规定的日期和时间办理申购、赎回或者转换业务 ⑨基金销售机构未向投资人充分揭示风险，或者误导投资人购买与其风险承担能力不相当的基金产品 ⑩基金销售机构将公募基金销售结算资金专用账户应用于非公募基金销售业务
与未取得相应资质的互联网企业合作的	①与涉嫌从事非法证券投资咨询活动的互联网企业合作 ②基金销售机构与未取得基金销售业务资格的机构合作，并向其支付基金交易（含开户）为基础的相关佣金 ③基金销售机构与未取得基金销售支付业务资格的机构合作开展基金销售结算资金的归集、划转

（续表）

项目	具体整治内容
与互联网企业合作开展业务不规范的	①违规接入外部信息技术系统 ②证券公司是否建立合作互联网企业内部管理机制，是否针对假冒合作对象建立监测预防机制 ③合作开展网上开户的，是否存在互联网企业实际完成开户活动，搜集、保存客户信息，接收、转发、截留、更改客户指令等问题，是否按照规定公示投诉电话、传真和邮箱 ④利用或与互联网企业合作，通过投资顾问平台等形式开展证券投资顾问业务的，其业务行为不符合相关法律规定 ⑤利用或与互联网企业合作，通过相关网络平台或者微博等软件工具，发布（或转发）证券研究报告，证券分析师发表相关评论意见的，其业务不符合发布或者证券信息传播相关规定 ⑥合作的互联网企业或者基金管理人、基金销售机构违反规定，混同、比较货币市场基金与银行存款及其他产品的投资收益，以宣传理财账户或者服务平台名义变相从事货币市场基金的宣传推介活动 ⑦合作的互联网企业或者基金管理人、基金销售机构违反规定，未向投资人揭示提供基金销售服务的主体、投资风险以及销售的货币市场基金名称，或者以理财账户或者服务平台的名义代替基金名称 ⑧合作的互联网企业自行制作基金宣传推介材料 ⑨基金销售机构泄露基金份额持有人的未公开信息
通过互联网企业开展资管业务不规范或跨界从事金融业务的	①将线下私募发行的金融产品通过线上向非特定公众销售，或突破法定人数。重点整治资管产品的购买方，以收益权转让等名义通过互联网平台进行份额拆分销售 ②通过多类资管产品嵌套开展资产业务，规避监管要求 ③未严格执行投资者适当性标准，向不具有风险识别能力的投资者推介产品 ④开展虚假宣传和误导式宣传，未揭示投资风险或揭示不充分 ⑤未采用资金托管等方式保障投资者资金安全，侵占、挪用投资者资金 ⑥委托无代销业务资质的互联网企业代销金融产品 ⑦未取得相关金融业务资质，依托互联网跨界开展证券、资管、基金销售、金融产品销售等 ⑧具有多项业务资质，各业务板块之间未建立防火墙制度

（三）深圳市对互联网金融的整治

1. 深圳市互联网金融行业的现状

数据统计，截至 2015 年 12 月底，在深圳商事登记注册的各类互联网金融公司已突破 2295 家，业务规模仅次于浙江省，居全国第二。其中，拥有活跃 P2P 网络借贷平台 712 家，数量居全国第一；成交额 2641 亿元，成交额占广东省的 84.05%、占全国的 22.81%。

总体来看，深圳市 P2P 行业发展具有两大特征。

1 深圳市作为互联网金融的“发源地”和“集聚地”，已培育了一批具有发展潜力和业界标杆效应的互联网金融公司，呈现差异化、特色化发展趋势。金融机构、上市公司、国有企业纷纷涉足互联网金融领域

2 通过资本市场转型升级已成为深圳市互联网金融公司下一阶段发展的主要趋势。例如，红岭创投积极借壳主板上市，创业平台及时雨被上市公司康达尔收购等

2. 深圳市互联网金融行业的风险状况

作为全国金融中心和 P2P“重镇”，深圳市 P2P 平台风险问题尤其值得关注。2013 年以来深圳发生问题的 P2P 平台达 207 家，问题平台率 28%。2015 年一年中，深圳新发生停止经营、提现困难、失联跑路等情况的问题平台 151 家，占全国的 13.06%，居全国第二。

P2P 网贷平台最大风险隐患为流动性风险，不少平台自设资金池，出现“大拆小、长拆短、期限错配”的情形，每月“借新还旧”或是用平台自用资金垫付投资者利息。资金链一旦断裂，流动性风险突出。过往“跑路”平台多为平台垫付资金链断裂、提现困难，导致平台资金挤兑、清盘。

3. 深圳市对 P2P 行业的管理与整治

2015 年，深圳市公安机关依法查处了 61 家涉嫌非法集资的 P2P 平台，占非法集资案件总数的 36.1%，涉及金额 47.4 亿多元，涉及投资人 8.4 万多人。特别是公安部门依法查处了规模较大的融金所、国湘集团等，在 P2P 行业内产生了较大的震慑作用。

为防范互联网金融平台的风险，保障市民的财产安全，深圳市金融办表示，首先是严格控制平台的新增数量，自 2016 年 1 月 1 日起，深圳市不再新增 P2P 平台数量，待现有平台按照银监会监管要求全部整改规范完毕后，再视实际情况适当控制节奏。

同时，探索建立“社会监督员”制度。学习借鉴我国香港地区消费信贷领域“神秘顾客”的先进经验做法，即选择或培训一批个人资信状况良好、熟悉 P2P 平台运营规则的“社会监督员”，不定期对随机抽选的 P2P 平台进行实地“明察暗访”，特别是针对平台利率指标、期限错配或是否涉嫌欺诈、自融业务等各种问题进行测试评估，充分调动并发挥社会监督力量。

此外，深圳市正探索建立 P2P 网贷平台分级分类管理和黑名单制度。将组织对网络借贷信息中介机构进行分类评级，设置 A（优良）、B（良好）、C（关注）、D（不良）四档，评级结果作为衡量网络借贷信息中介机构的风险程度、实施日常监管的重要依据。特别是进入黑名单的平台名单，其法人代表及主要股东将终身不得进入金融及互联网金融行业。

另外，深圳市还正在研究开发建立全市地方金融风险预警和监管平台，实现信息化电子监督手段，克服地方金融监管力量薄弱、手段不足的缺陷，逐步建立健全本市互联网金融的监管机制。通过上述措施，从源头上控制试点风险，保障 P2P 平台公司成立以后的持续健康运行。

（四）重庆市对互联网金融的整治

2015 年年底，重庆出台了地方版《关于加强个体网络借贷风险防控工作的通知》(下称《通知》)。渝版风险防控通知进一步细化和明确了 P2P 不能参与的负面清单，列出了十项“军规”。

《通知》强调，P2P 平台应坚持信息真实、风险自担原则，分账管理，不得设立“资金池”，网络借贷合同须明确提示风险。开展 P2P 网络借贷业务的机构应坚持平台功能，为借款方自行发布借款信息和借贷双方自由撮合成交提供便利，严格执行“十不准”。

（1）不准进行自融自保；
（2）不准直接或间接归集资金和发放贷款；
（3）不准代替客户承诺保本保息；
（4）不准向非实名用户推介项目；
（5）不准进行不实宣传、强制捆绑销售和设立虚假标的；
（6）不准将融资项目的期限进行拆分；
（7）不准销售理财、资产管理、基金、保险或信托产品；
（8）不准从事股权众筹业务和股票配资业务；
（9）不准非法买卖或泄露客户信息；
（10）不准从事非法集资和吸收公众存款等违法违规活动。

（五）江苏省对互联网金融的整治

1. 江苏省政府对互联网金融的整治

2016 年 5 月 18 日，江苏省政府办公厅印发了《江苏省互联网金融风险专项整治工作实施方案》(下称《方案》)，正式展开了互联网金融专项整治工作。

此次江苏省的互联网金融专项整治计划从 2016 年 5 月 5 日持续到 2017 年 1 月底，共分为：准备部署阶段（2016 年 5 月 5 日至 2016 年 5 月 20 日）、摸底排查阶段（2016

年5月21日至2016年7月31日）、清理整顿阶段（2016年8月1日至2016年10月31日）、整章建制阶段（2016年11月1日至2016年11月30日）、验收总结阶段（2016年12月1日至2017年1月31日）五个阶段。

期间，专项整治计划将对网贷业务、第三方支付业务、互联网金融广告业务、股权众筹业务等八个互联网金融行业业务进行重点规范。《方案》将网络贷款业务放在工作重点首条，并对其指出几项要点，旨在大力规范网贷行业的合规发展，从根本上杜绝风险发生。

（1）网络借贷平台应守住法律底线和政策红线，落实中介性质，不得设立资金池，不得发放贷款，不得非法集资，不得自融自保、代替客户承诺保息、期限错配、期限拆分、虚假宣传、虚构标的，不得通过虚构、夸大融资项目收益前景等方法误导出借人，除信用信息采集核实、贷后跟踪、抵质押管理等业务外，不得从事线下营销。

（2）网络借贷平台未经批准不得从事资产管理、债券或股权转让、高风险证券市场配资等金融业务。网络借贷平台客户资金与自有资金应分账管理，遵循专业化运营原则，严格落实客户资金第三方存管要求，选择符合条件的银行业金融机构作为资金存管机构，保护客户资金安全，不得挪用或占用客户资金。

（3）互联网金融从业机构未取得相关金融资质，不得利用网络借贷平台从事房地产金融业务；取得相关金融资质的，不得违规开展房地产金融相关业务。规范互联网“众筹买房”等行为，严禁各类机构开展“首付贷”性质的业务。

（4）互联网金融领域广告等宣传行为应依法合规、真实准确，不得对金融产品和业务进行不当宣传。未取得相关金融业务资质的从业机构，不得对金融业务或公司形象进行宣传。取得相关业务资质的，宣传内容应符合相关法律法规规定，需经有权部门许可的，应当与许可的内容相符合，不得进行误导性、虚假违法宣传。

（5）互联网金融从业机构不得以显性或隐性方式，通过自有资金补贴、交叉补贴或使用其他客户资金向客户提供高回报金融产品。高风险高收益金融产品应严格执行投资者适当性标准，强化信息披露要求。

2. 江苏省互联网金融协会对互联网金融的整治

为贯彻落实《关于促进互联网金融健康发展的指导意见》和《网络借贷信息中介机构业务活动管理暂行办法（征求意见稿）》文件精神，规范协会网络借贷平台会员单位（以下简称会员单位）的正常运营，推动高层管理人员的日常管理，有效保证网贷平台管理人员职业素养，降低任职风险，2016年江苏省互联网金融协会制定了《关于对网络借贷平台高管人员的管理指引办法（暂行）》（以下简称《管理办法》）。

《管理办法》中明确规定，会员单位的高管人员必须实行信息报备和监督管理，其中，高管人员包括董事、董事会秘书、监事、总经理、副总经理、财务负责人、风控负责人、各分支/营业机构负责人。

《管理办法》具体有以下要求。

（1）需要报备高管人员的个人基本信息、工作履历、职责分工等基本信息；

（2）凡有新入职的高管人员，以及高管人员发生职务变动、职责变化、正常离职等情况的，会员单位需要在10个工作日内，向协会报送相关信息；

（3）高管人员如有涉嫌重大违法违规行为、被司法机关依法调查、被公司开除等异常情况，会员单位需在2个工作日内向协会上报，并说明事件的详细情况；

（4）会员单位应当对在职高管人员守法合规等情况每半年定期上报协会，方便协会更新资料。

另外，协会将对上报的高管人员信息进行统一整理并存档，对会员单位高管人员实行跟踪管理制度。协会有让会员单位重新整理再提交信息、对各会员单位提交的高管人员信息留存归档、对出现违规行为的高管人员做后续跟踪管理、对不遵守本办法且拒绝上报人员资料的会员单位给予警告的权利，也承担对会员单位提前告知并做提醒的义务。

在遵循办法的原则之下，各会员单位享有对已提交的并且有错误的人员信息进行撤回并作出修改、要求协会将之前任职后来因严重违纪导致离职的前高管人员列为重点跟踪人员的权利，也承担及时上报任职高管人员的各项基本信息以及从业行为、配合协会对异议部分信息进行重新审核和查验、出具部分高管人员任职期间出现的严重失职或者违纪行为的相关证明文件或者事实依据的义务。

附　录

附录 1

中国人民银行等十部门发布的《关于促进互联网金融健康发展的指导意见》

2015 年 7 月 18 日

为鼓励金融创新，促进互联网金融健康发展，明确监管责任，规范市场秩序，经党中央、国务院同意，中国人民银行、工业和信息化部、公安部、财政部、国家工商总局、国务院法制办、中国银行业监督管理委员会、中国证券监督管理委员会、中国保险监督管理委员会、国家互联网信息办公室日前联合印发了《关于促进互联网金融健康发展的指导意见》（银发〔2015〕221 号，以下简称《指导意见》）。

《指导意见》按照“鼓励创新、防范风险、趋利避害、健康发展”的总体要求，提出了一系列鼓励创新、支持互联网金融稳步发展的政策措施，积极鼓励互联网金融平台、产品和服务创新，鼓励从业机构相互合作，拓宽从业机构融资渠道，坚持简政放权和落实、完善财税政策，推动信用基础设施建设和配套服务体系建设。

《指导意见》按照“依法监管、适度监管、分类监管、协同监管、创新监管”的原则，确立了互联网支付、网络借贷、股权众筹融资、互联网基金销售、互联网保险、互联网信托和互联网消费金融等互联网金融主要业态的监管职责分工，落实了监管责任，明确了业务边界。

《指导意见》坚持以市场为导向发展互联网金融，遵循服务好实体经济、服从宏观调控和维护金融稳定的总体目标，切实保障消费者合法权益，维护公平竞争的市场秩序，在互联网行业管理，客户资金第三方存管制度，信息披露、风险提示和合格投资者制度，消费者权益保护，网络与信息安全，反洗钱和防范金融犯罪，加强互联网金融行业自律以及监管协调与数据统计监测等方面提出了具体要求。

下一步，各相关部门将按照《指导意见》的职责分工，认真贯彻落实《指导意见》的各项要求；互联网金融行业从业机构应按照《指导意见》的相关规定，依法合规开展各项经营活动。

中国人民银行 工业和信息化部 公安部 财政部 工商总局 法制办 银监会 证监会 保监会 国家互联网信息办公室关于促进互联网金融健康发展的指导意见

近年来，互联网技术、信息通信技术不断取得突破，推动互联网与金融快速融合，促进了金融创新，提高了金融资源配置效率，但也存在一些问题和风险隐患。为全面贯彻落实党的十八大和十八届二中、三中、四中全会精神，按照党中央、国务院决策部署，遵循“鼓励创新、防范风险、趋利避害、健康发展”的总体要求，从金融业健康发展全局出发，进一步推进金融改革创新和对外开放，促进互联网金融健康发展，经党中央、国务院同意，现提出以下意见。

一、鼓励创新，支持互联网金融稳步发展

互联网金融是传统金融机构与互联网企业（以下统称从业机构）利用互联网技术和信息通信技术实现资金融通、支付、投资和信息中介服务的新型金融业务模式。互联网与金融深度融合是大势所趋，将对金融产品、业务、组织和服务等方面产生更加深刻的影响。互联网金融对促进小微企业发展和扩大就业发挥了现有金融机构难以替代的积极作用，为大众创业、万众创新打开了大门。促进互联网金融健康发展，有利于提升金融服务质量和效率，深化金融改革，促进金融创新发展，扩大金融业对内对外开放，构建多层次金融体系。作为新生事物，互联网金融既需要市场驱动，鼓励创新，也需要政策助力，促进发展。

（一）积极鼓励互联网金融平台、产品和服务创新，激发市场活力。鼓励银行、证券、保险、基金、信托和消费金融等金融机构依托互联网技术，实现传统金融业务与服务转型升级，积极开发基于互联网技术的新产品和新服务。支持有条件的金融机构建设创新型互联网平台开展网络银行、网络证券、网络保险、网络基金销售和网络消费金融等业务。支持互联网企业依法合规设立互联网支付机构、网络借贷平台、股权众筹融资平台、网络金融产品销售平台，建立服务实体经济的多层次金融服务体系，更好地满足中小微企业和个人投融资需求，进一步拓展普惠金融的广度和深度。鼓励电子商务企业在符合金融法律法规规定的条件下自建和完善线上金融服务体系，有效拓展电商供应链业务。鼓励从业机构积极开展产品、服务、技术和管理创新，提升从业机构核心竞争力。

（二）鼓励从业机构相互合作，实现优势互补。支持各类金融机构与互联网企业开展合作，建立良好的互联网金融生态环境和产业链。鼓励银行业金融机构开展业务创新，为第三方支付机构和网络贷款平台等提供资金存管、支付清算等配套服务。支持小微金融服务机构与互联网企业开展业务合作，实现商业模式创新。支持证券、基金、信托、消费金融、期货机构与互联网企业开展合作，拓宽金融产品销售渠道，创新财富管理模式。鼓励保险公司与互联网企业合作，提升互联网金融企业风险抵御能力。

（三）拓宽从业机构融资渠道，改善融资环境。支持社会资本发起设立互联网金融产业投资基金，推动从业机构与创业投资机构、产业投资基金深度合作。鼓励符合条件的优质从业机构在主板、创业板等境内资本市场上市融资。鼓励银行业金融机构按照支持小微企业发展的各项金融政策，对处于初创期的从业机构予以支持。针对互联网企业特点，创新金融产品和服务。

（四）坚持简政放权，提供优质服务。各金融监管部门要积极支持金融机构开展互联网金融业务。按照法律法规规定，对符合条件的互联网企业开展相关金融业务实施高效管理。工商行政管理部门要支持互联网企业依法办理工商注册登记。电信主管部门、国家互联网信息管理部门要积极支持互联网金融业务，电信主管部门对互联网金融业务涉及的电信业务进行监管，国家互联网信息管理部门负责对金融信息服务、互联网信息内容等业务进行监管。积极开展互联网金融领域立法研究，适时出台相关管理规章，营造有利于互联网金融发展的良好制度环境。加大对从业机构专利、商标等知识产权的保护力度。鼓励省级人民政府加大对互联网金融的政策支持。支持设立专业化互联网金融研究机构，鼓励建设互联网金融信息交流平台，积极开展互联网金融研究。

（五）落实和完善有关财税政策。按照税收公平原则，对于业务规模较小、处于初创期的从业机构，符合我国现行对中小企业特别是小微企业税收政策条件的，可按规定享受税收优惠政策。结合金融业营业税改征增值税改革，统筹完善互联网金融税收政策。落实从业机构新技术、新产品研发费用税前加计

扣除政策。

（六）推动信用基础设施建设，培育互联网金融配套服务体系。支持大数据存储、网络与信息安全维护等技术领域基础设施建设。鼓励从业机构依法建立信用信息共享平台。推动符合条件的相关从业机构接入金融信用信息基础数据库。允许有条件的从业机构依法申请征信业务许可。支持具备资质的信用中介组织开展互联网企业信用评级，增强市场信息透明度。鼓励会计、审计、法律、咨询等中介服务机构为互联网企业提供相关专业服务。

二、分类指导，明确互联网金融监管责任

互联网金融本质仍属于金融，没有改变金融风险隐蔽性、传染性、广泛性和突发性的特点。加强互联网金融监管，是促进互联网金融健康发展的内在要求。同时，互联网金融是新生事物和新兴业态，要制定适度宽松的监管政策，为互联网金融创新留有余地和空间。通过鼓励创新和加强监管相互支撑，促进互联网金融健康发展，更好地服务实体经济。互联网金融监管应遵循“依法监管、适度监管、分类监管、协同监管、创新监管”的原则，科学合理界定各业态的业务边界及准入条件，落实监管责任，明确风险底线，保护合法经营，坚决打击违法和违规行为。

（七）互联网支付。互联网支付是指通过计算机、手机等设备，依托互联网发起支付指令、转移货币资金的服务。互联网支付应始终坚持服务电子商务发展和为社会提供小额、快捷、便民小微支付服务的宗旨。银行业金融机构和第三方支付机构从事互联网支付，应遵守现行法律法规和监管规定。第三方支付机构与其他机构开展合作的，应清晰界定各方的权利义务关系，建立有效的风险隔离机制和客户权益保障机制。要向客户充分披露服务信息，清晰地提示业务风险，不得夸大支付服务中介的性质和职能。互联网支付业务由人民银行负责监管。

（八）网络借贷。网络借贷包括个体网络借贷（即P2P网络借贷）和网络小额贷款。个体网络借贷是指个体和个体之间通过互联网平台实现的直接借贷。在个体网络借贷平台上发生的直接借贷行为属于民间借贷范畴，受合同法、民法通则等法律法规以及最高人民法院相关司法解释规范。个体网络借贷要坚持平台功能，为投资方和融资方提供信息交互、撮合、资信评估等中介服务。个体网络借贷机构要明确信息中介性质，主要为借贷双方的直接借贷提供信息服务，不得提供增信服务，不得非法集资。网络小额贷款是指互联网企业通过其控制的小额贷款公司，利用互联网向客户提供的小额贷款。网络小额贷款应遵守现有小额贷款公司监管规定，发挥网络贷款优势，努力降低客户融资成本。网络借贷业务由银监会负责监管。

（九）股权众筹融资。股权众筹融资主要是指通过互联网形式进行公开小额股权融资的活动。股权众筹融资必须通过股权众筹融资中介机构平台（互联网网站或其他类似的电子媒介）进行。股权众筹融资中介机构可以在符合法律法规规定前提下，对业务模式进行创新探索，发挥股权众筹融资作为多层次资本市场有机组成部分的作用，更好服务创新创业企业。股权众筹融资方应为小微企业，应通过股权众筹融资中介机构向投资人如实披露企业的商业模式、经营管理、财务、资金使用等关键信息，不得误导或欺诈投资者。投资者应当充分了解股权众筹融资活动风险，具备相应风险承受能力，进行小额投资。股权众筹融资业务由证监会负责监管。

（十）互联网基金销售。基金销售机构与其他机构通过互联网合作销售基金等理财产品的，要切实履行风险披露义务，不得通过违规承诺收益方式吸引客户；基金管理人应当采取有效措施防范资产配置中的期限错配和流动性风险；基金销售机构及其合作机构通过其他活动为投资人提供收益的，应当对收益构成、先决条件、适用情形等进行全面、真实、准确表述和列示，不得与基金产品收益混同。第三方支付机构在开展基金互联网销售支付服务过程中，应当遵守人民银行、证监会关于客户备付金及基金销售结算资金的相关监管要求。第三方支付机构的客户备付金只能用于办理客户委托的支付业务，不得用于垫付基金和其他理财产品的资金赎回。互联网基金销售业务由证监会负责监管。

（十一）互联网保险。保险公司开展互联网保险业务，应遵循安全性、保密性和稳定性原则，加强风险管理，完善内控系统，确保交易安全、信息安全和资金安全。专业互联网保险公司应当坚持服务互联网经济活动的基本定位，提供有针对性的保险服务。保险公司应建立对所属电子商务公司等非保险类子公司的管理制度，建立必要的防火墙。保险公司通过互联网销售保险产品，不得进行不实陈述、片面或夸大宣传过往业绩、违规承诺收益或者承担损失等误导性描述。互联网保险业务由保监会负责监管。

（十二）互联网信托和互联网消费金融。信托公司、消费金融公司通过互联网开展业务的，要严格遵循监管规定，加强风险管理，确保交易合法合规，并保守客户信息。信托公司通过互联网进行产品销售及开展其他信托业务的，要遵守合格投资者等监管规定，审慎甄别客户身份和评估客户风险承受能力，不能将产品销售给与风险承受能力不相匹配的客户。信托公司与消费金融公司要制定完善产品文件签署制度，保证交易过程合法合规，安全规范。互联网信托业务、互联网消费金融业务由银监会负责监管。

三、健全制度，规范互联网金融市场秩序

发展互联网金融要以市场为导向，遵循服务实体经济、服从宏观调控和维护金融稳定的总体目标，切实保障消费者合法权益，维护公平竞争的市场秩序。要细化管理制度，为互联网金融健康发展营造良好环境。

（十三）互联网行业管理。任何组织和个人开设网站从事互联网金融业务的，除应按规定履行相关金融监管程序外，还应依法向电信主管部门履行网站备案手续，否则不得开展互联网金融业务。工业和信息化部负责对互联网金融业务涉及的电信业务进行监管，国家互联网信息办公室负责对金融信息服务、互联网信息内容等业务进行监管，两部门按职责制定相关监管细则。

（十四）客户资金第三方存管制度。除另有规定外，从业机构应当选择符合条件的银行业金融机构作为资金存管机构，对客户资金进行管理和监督，实现客户资金与从业机构自身资金分账管理。客户资金存管账户应接受独立审计并向客户公开审计结果。人民银行会同金融监管部门按照职责分工实施监管，并制定相关监管细则。

（十五）信息披露、风险提示和合格投资者制度。从业机构应当对客户进行充分的信息披露，及时向投资者公布其经营活动和财务状况的相关信息，以便投资者充分了解从业机构运作状况，促使从业机构稳健经营和控制风险。从业机构应当向各参与方详细说明交易模式、参与方的权利和义务，并进行充分的风险提示。要研究建立互联网金融的合格投资者制度，提升投资者保护水平。有关部门按照职责分工负责监管。

（十六）消费者权益保护。研究制定互联网金融消费者教育规划，及时发布维权提示。加强互联网金融产品合同内容、免责条款规定等与消费者利益相关的信息披露工作，依法监督处理经营者利用合同格式条款侵害消费者合法权益的违法、违规行为。构建在线争议解决、现场接待受理、监管部门受理投诉、第三方调解以及仲裁、诉讼等多元化纠纷解决机制。细化完善互联网金融个人信息保护的原则、标准和操作流程。严禁网络销售金融产品过程中的不实宣传、强制捆绑销售。人民银行、银监会、证监会、保监会会同有关行政执法部门，根据职责分工依法开展互联网金融领域消费者和投资者权益保护工作。

（十七）网络与信息安全。从业机构应当切实提升技术安全水平，妥善保管客户资料和交易信息，不得非法买卖、泄露客户个人信息。人民银行、银监会、证监会、保监会、工业和信息化部、公安部、国家互联网信息办公室分别负责对相关从业机构的网络与信息安全保障进行监管，并制定相关监管细则和技术安全标准。

（十八）反洗钱和防范金融犯罪。从业机构应当采取有效措施识别客户身份，主动监测并报告可疑交易，妥善保存客户资料和交易记录。从业机构有义务按照有关规定，建立健全有关协助查询、冻结的规章制度，协助公安机关和司法机关依法、及时查询、冻结涉案财产，配合公安机关和司法机关做好取证和执行工作。坚决打击涉及非法集资等互联网金融犯罪，防范金融风险，维护金融秩序。金融机构在和互联网企业开展合作、代理时应根据有关法律和规定签订包括反洗钱和防范金融犯罪要求的合作、代理协议，并确保不因合作、代理关系而降低反洗钱和金融犯罪执行标准。人民银行牵头负责对从业机构履行反洗钱义务进行监管，并制定相关监管细则。打击互联网金融犯罪工作由公安部牵头负责。

（十九）加强互联网金融行业自律。充分发挥行业自律机制在规范从业机构市场行为和保护行业合法权益等方面的积极作用。人民银行会同有关部门，组建中国互联网金融协会。协会要按业务类型，制订经营管理规则和行业标准，推动机构之间的业务交流和信息共享。协会要明确自律惩戒机制，提高行业规则和标准的约束力。强化守法、诚信、自律意识，树立从业机构服务经济社会发展的正面形象，营造诚信规范发展的良好氛围。

（二十）监管协调与数据统计监测。各监管部门要相互协作、形成合力，充分发挥金融监管协调部际联席会议制度的作用。人民银行、银监会、证监会、保监会应当密切关注互联网金融业务发展及相关风险，对监管政策进行跟踪评估，适时提出调整建议，不断总结监管经验。财政部负责互联网金融从业机构财务监管政策。人民银行会同有关部门，负责建立和完善互联网金融数据统计监测体系，相关部门按照监管职责分工负责相关互联网金融数据统计和监测工作，并实现统计数据和信息共享。

附录 2

中国人民银行发布的《互联网金融风险专项整治工作实施方案》

2016 年 4 月 14 日

规范发展互联网金融是国家加快实施创新驱动发展战略、促进经济结构转型升级的重要举措，对于提高我国金融服务的普惠性，促进大众创业、万众创新具有重要意义。为贯彻落实党中央、国务院决策部署，鼓励和保护真正有价值的互联网金融创新，整治违法违规行为，切实防范风险，建立监管长效机制，促进互联网金融规范有序发展，中国人民银行制定了《互联网金融风险专项整治工作实施方案》，并于 2016 年 4 月 14 日正式发布。

《互联网金融风险专项整治工作实施方案》全文

一、工作目标和原则

1. 工作目标

落实《指导意见》要求，规范各类互联网金融业态，优化市场竞争环境，扭转互联网金融某些业态偏离正确创新方向的局面，遏制互联网金融风险案件高发频发势头，提高投资者风险防范意识，建立和完善适应互联网金融发展特点的监管长效机制，实现规范与发展并举、创新与防范风险并重，促进互联网金融健康可持续发展，切实发挥互联网金融支持大众创业、万众创新的积极作用。

2. 工作原则

打击非法，保护合法。明确各项业务合法与非法、合规与违规的边界，守好法律和风险底线。对合法合规行为予以保护支持，对违法违规行为予以坚决打击。

积极稳妥，有序化解。工作稳扎稳打，讲究方法步骤，针对不同风险领域，明确重点问题，分类施策。根据违法违规情节轻重和社会危害程度区别对待，做好风险评估，依法、有序、稳妥处置风险，防范处置风险的风险。同时坚持公平公正开展整治，不搞例外。

明确分工，强化协作。按照部门职责、《指导意见》明确的分工和本方案要求，采取“穿透式”监管方法，根据业务实质明确责任。坚持问题导向，集中力量对当前互联网金融主要风险领域开展整治，有效整治各类违法违规活动。充分考虑互联网金融活动特点，加强跨部门、跨区域协作，共同承担整治任务，共同落实整治责任。

远近结合，边整边改。立足当前，切实防范化解互联网金融领域存在的风险，对违法违规行为形成有效震慑。着眼长远，以专项整治为契机，及时总结提炼经验，形成制度规则，建立健全互联网金融监管长效机制。

二、重点整治问题和工作要求

1. P2P 网络借贷和股权众筹业务

（1）P2P 网络借贷平台应守住法律底线和政策红线，落实信息中介性质，不得设立资金池，不得发放贷款，不得非法集资，不得自融自保、代替客户承诺保本保息、期限错配、期限拆分、虚假宣传、虚构标的，不得通过虚构、夸大融资项目收益前景等方法误导出借人，除信用信息采集及核实、贷后跟踪、抵质押管理等业务外，不得从事线下营销。

（2）股权众筹平台不得发布虚假标的，不得自筹，不得“明股实债”或变相乱集资，应强化对融资者、股权众筹平台的信息披露义务和股东权益保护要求，不得进行虚假陈述和误导性宣传。

（3）P2P 网络借贷平台和股权众筹平台未经批准不得从事资产管理、债权或股权转让、高风险证券市场配资等金融业务。P2P 网络借贷平台和股权众筹平台客户资金与自有资金应分账管理，遵循专业化运营原则，严格落实客户资金第三方存管要求，选择符合条件的银行业金融机构作为资金存管机构，保护客户资金安全，不得挪用或占用客户资金。

（4）房地产开发企业、房地产中介机构和互联网金融从业机构等未取得相关金融资质，不得利用 P2P 网络借贷平台和股权众筹平台从事房地产金融业务；取得相关金融资质的，不得违规开展房地产金融相关业务。从事房地产金融业务的企业应遵守宏观调控政策和房地产金融管理相关规定。规范互联网“众筹买房”等行为，严禁各类机构开展“首付贷”性质的业务。

2．通过互联网开展资产管理及跨界从事金融业务

（1）互联网企业未取得相关金融业务资质不得依托互联网开展相应业务，开展业务的实质应符合取得的业务资质。互联网企业和传统金融企业平等竞争，行为规则和监管要求保持一致。采取“穿透式”监管方法，根据业务实质认定业务属性。

（2）未经相关部门批准，不得将私募发行的多类金融产品通过打包、拆分等形式向公众销售。采取“穿透式”监管方法，根据业务本质属性执行相应的监管规定。销售金融产品应严格执行投资者适当性制度标准，披露信息和提示风险，不得将产品销售给与风险承受能力不相匹配的客户。

（3）金融机构不得依托互联网通过各类资产管理产品嵌套开展资产管理业务、规避监管要求。应综合资金来源、中间环节与最终投向等全流程信息，采取“穿透式”监管方法，透过表面判定业务本质属性、监管职责和应遵循的行为规则与监管要求。

（4）同一集团内取得多项金融业务资质的，不得违反关联交易等相关业务规范。按照与传统金融企业一致的监管规则，要求集团建立“防火墙”制度，遵循关联交易等方面的监管规定，切实防范风险交叉传染。

3．第三方支付业务

（1）非银行支付机构不得挪用、占用客户备付金，客户备付金账户应开立在人民银行或符合要求的商业银行。人民银行或商业银行不向非银行支付机构备付金账户计付利息，防止支付机构以“吃利差”为主要盈利模式，理顺支付机构业务发展激励机制，引导非银行支付机构回归提供小额、快捷、便民小微支付服务的宗旨。

（2）非银行支付机构不得连接多家银行系统，变相开展跨行清算业务。非银行支付机构开展跨行支付业务应通过人民银行跨行清算系统或者具有合法资质的清算机构进行。

（3）开展支付业务的机构应依法取得相应业务资质，不得无证经营支付业务，开展商户资金结算、个人 POS 机收付款、发行多用途预付卡、网络支付等业务。

4．互联网金融领域广告等行为

互联网金融领域广告等宣传行为应依法合规、真实准确，不得对金融产品和业务进行不当宣传。未取得相关金融业务资质的从业机构，不得对金融业务或公司形象进行宣传。取得相关业务资质的，宣传内容应符合相关法律法规规定，需经有权部门许可的，应当与许可的内容相符合，不得进行误导性、虚

假违法宣传。

三、综合运用各类整治措施，提高整治效果

1. 严格准入管理

设立金融机构、从事金融活动，必须依法接受准入管理。未经相关有权部门批准或备案从事金融活动的，由金融管理部门会同工商部门予以认定和查处，情节严重的，予以取缔。

工商部门根据金融管理部门的认定意见，依法吊销营业执照；涉嫌犯罪的，公安机关依法查处。

非金融机构、不从事金融活动的企业，在注册名称和经营范围中原则上不得使用“交易所”“交易中心”“金融”“资产管理”“理财”“基金”“基金管理”“投资管理”“财富管理”“股权投资基金”“网贷”“网络借贷”“P2P”“股权众筹”“互联网保险”“支付”等字样。

凡在名称和经营范围中选择使用上述字样的企业（包括存量企业），工商部门将注册信息及时告知金融管理部门，金融管理部门、工商部门予以持续关注，并列入重点监管对象，加强协调沟通，及时发现识别企业擅自从事金融活动的风险，视情形采取整治措施。

2. 强化资金监测

加强互联网金融从业机构资金账户及跨行清算的集中管理，对互联网金融从业机构的资金账户、股东身份、资金来源和资金运用等情况进行全面监测。严格要求互联网金融从业机构落实客户资金第三方存管制度，存管银行要加强对相关资金账户的监督。在整治过程中，特别要做好对客户资金的保护工作。

3. 建立举报和“重奖重罚”制度

针对互联网金融违法违规活动隐蔽性强的特点，发挥社会监督作用，建立举报制度，出台举报规则，中国互联网金融协会设立举报平台，鼓励通过“信用中国”网站等多渠道举报，为整治工作提供线索。推行“重奖重罚”制度，按违法违规经营数额的一定比例进行处罚，提高违法成本，对提供线索的举报人给予奖励，奖励资金列入各级财政预算，强化正面激励。加强失信、投诉和举报信息共享。

4. 加大整治不正当竞争工作力度

对互联网金融从业机构为抢占市场份额向客户提供显失合理的超高回报率以及变相补贴等不正当竞争行为予以清理规范。高风险高收益金融产品应严格执行投资者适当性标准，强化信息披露要求。明确互联网金融从业机构不得以显性或隐性方式，通过自有资金补贴、交叉补贴或使用其他客户资金向客户提供高回报金融产品。

高度关注互联网金融产品承诺或实际收益水平显著高于项目回报率或行业水平相关情况。中国互联网金融协会建立专家评审委员会，会同相关部门对互联网金融不正当竞争行为进行评估认定，并将结果移交相关部门作为惩处依据。

5. 加强内控管理

由金融管理部门和地方人民政府金融管理部门监管的机构应当对机构自身与互联网平台合作开展的业务进行清理排查，严格内控管理要求，不得违反相关法律法规，不得与未取得相应金融业务资质的互联网企业开展合作，不得通过互联网开展跨界金融活动进行监管套利。

金融管理部门和地方人民政府在分领域、分地区整治中，应对由其监管的机构与互联网企业合作开展业务的情况进行清理整顿。

6. 用好技术手段

利用互联网思维做好互联网金融监管工作。研究建立互联网金融监管技术支持系统，通过网上巡查、网站对接、数据分析等技术手段，摸底互联网金融总体情况，采集和报送相关舆情信息，及时向相关单位预警可能出现的群体性事件，及时发现互联网金融异常事件和可疑网站，提供互联网金融平台安全防护服务。

四、加强组织协调，落实主体责任

1. 部门统筹

成立由人民银行负责同志担任组长，有关部门负责同志参加的整治工作领导小组（以下简称领导小组），总体推进整治工作，做好工作总结，汇总提出长效机制建议。领导小组办公室设在人民银行，银监会、证监会、保监会、工商总局和住房城乡建设部等派员参与办公室日常工作。

人民银行、银监会、证监会、保监会和工商总局根据各自部门职责、《指导意见》明确的分工和本方案要求，成立分领域工作小组，分别负责相应领域的专项整治工作，明确对各项业务合法合规性的认定标准，对分领域整治过程中发现的新问题，划分界限作为整治依据，督促各地区按照全国统一部署做好各项工作。

2. 属地组织

各省级人民政府成立以分管金融的负责同志为组长的落实整治方案领导小组（以下称地方领导小组），组织本地区专项整治工作，制定本地区专项整治工作方案并向领导小组报备。各地方领导小组办公室设在省（区、市）金融办（局）或人民银行省会（首府）城市中心支行以上分支机构。

各省级人民政府应充分发挥资源统筹调动、靠近基层一线优势，做好本地区摸底排查工作，按照注册地对从业机构进行归口管理，对涉嫌违法违规的从业机构，区分情节轻重分类施策、分类处置，同时切实承担起防范和处置非法集资第一责任人的责任。各省级人民政府应全面落实源头维稳措施，积极预防、全力化解、妥善处置金融领域不稳定问题，守住不发生系统性区域性金融风险的底线，维护社会和谐稳定。

3. 条块结合

各相关部门应积极配合金融管理部门开展工作。工商总局会同金融管理部门负责互联网金融广告的专项整治工作，金融管理部门与工商总局共同开展以投资理财名义从事金融活动的专项整治。工业和信息化部负责加强对互联网金融从业机构网络安全防护、用户信息和数据保护的监管力度，对经相关部门认定存在违法违规行为的互联网金融网站和移动应用程序依法予以处置，做好专项整治的技术支持工作。

住房城乡建设部与金融管理部门共同对房地产开发企业和房地产中介机构利用互联网从事金融业务或与互联网平台合作开展金融业务的情况进行清理整顿。中央宣传部、国家互联网信息办公室牵头负责互联网金融新闻宣传和舆论引导工作。

公安部负责指导地方公安机关对专项整治工作中发现的涉嫌非法集资、非法证券期货活动等犯罪问题依法查处，强化防逃、控赃、追赃、挽损工作；指导、监督、检查互联网金融从业机构落实等级保护工作，监督指导互联网金融网站依法落实网络和信息安全管理制度、措施，严厉打击侵犯用户个人信息安全的违法犯罪活动；指导地方公安机关在地方党委、政府的领导下，会同相关部门共同做好群体性事件的预防和处置工作，维护社会稳定。

国家信访局负责信访人相关信访诉求事项的接待受理工作。中央维稳办、最高人民法院、最高人民检察院等配合做好相关工作。中国互联网金融协会要发挥行业自律作用，健全自律规则，实施必要的自律惩戒，建立举报制度，做好风险预警。

4. 共同负责

各有关部门、各省级人民政府应全面掌握牵头领域或本行政区域的互联网金融活动开展情况。在省级人民政府统一领导下，各金融管理部门省级派驻机构与省（区、市）金融办（局）共同牵头负责本地区分领域整治工作，共同承担分领域整治任务。

对于产品、业务交叉嵌套，需要综合全流程业务信息以认定业务本质属性的，相关部门应建立数据交换和业务实质认定机制，认定意见不一致的，由领导小组研究认定并提出整治意见，必要时组成联合小组进行整治。整治过程中相关牵头部门确有需要获取从业机构账户数据的，经过法定程序后给予必要的账户查询便利。

五、稳步推进各项整治工作

1. 开展摸底排查

各省级人民政府制定本地区清理整顿方案，2016 年 5 月 15 日前向领导小组报备。同时，各有关部门、各省级人民政府分别对牵头领域或本行政区域的情况进行清查。对于跨区域经营的互联网金融平台，注册所在地和经营所在地的省级人民政府要加强合作，互通汇总摸查情况，金融管理部门予以积极支持。

被调查的单位和个人应接受依法进行的检查和调查，如实说明有关情况并提供有关文件、资料，不得拒绝、阻碍和隐瞒。相关部门可依法对与案件有关的情况和资料采取记录、复制、录音等手段取得证据。在证据可能灭失或以后难以取得的情况下，可依法先行登记保存，当事人或有关人员不得销毁或转移证据。

对于涉及资金量大、人数众多的大型互联网金融平台或短时间内发展迅速的互联网金融平台、企业，一经发现涉嫌重大非法集资等违法行为，马上报告相关部门。各省级人民政府根据摸底排查情况完善本地区清理整顿方案。此项工作于 2016 年 7 月底前完成。

2. 实施清理整顿

各有关部门、各省级人民政府对牵头领域或本行政区域的互联网金融从业机构和业务活动开展集中整治工作。对清理整顿中发现的问题，向违规从业机构出具整改意见，并监督从业机构落实整改要求。对违规情节较轻的，要求限期整改；拒不整改或违规情节较重的，依法依规坚决予以关闭或取缔；涉嫌犯罪的，移送相关司法机关。专项整治不改变、不替代非法集资和非法交易场所的现行处置制度安排。此项工作于 2016 年 11 月底前完成。

3. 督查和评估

领导小组成员单位和地方领导小组分别组织自查。领导小组组织开展对重点领域和重点地区的督查和中期评估，对于好的经验做法及时推广，对于整治工作落实不力，整治一批、又出一批的，应查找问题、及时纠偏，并建立问责机制。此项工作同步于 2016 年 11 月底前完成。

4．验收和总结

领导小组组织对各领域、各地区清理整顿情况进行验收。各有关部门、各省级人民政府形成牵头领域或本行政区域的整治报告，报送领导小组办公室，此项工作应于2017年1月底前完成。领导小组办公室汇总形成总体报告和建立健全互联网金融监管长效机制的建议，由人民银行会同相关部门报国务院，此项工作于2017年3月底前完成。

六、做好组织保障，建设长效机制

各有关部门、各省级人民政府要做好组织保障，以整治工作为契机，以整治过程中发现的问题为导向，按照边整边改、标本兼治的思路，抓紧推动长效机制建设，贯穿整治工作始终。

1．完善规章制度

加快互联网金融领域各项规章制度制定工作，对于互联网金融各类创新业务，及时研究制定相关政策要求和监管规则。立足实践，研究解决互联网金融领域暴露出的金融监管体制不适应等问题，强化功能监管和综合监管，抓紧明确跨界、交叉型互联网金融产品的“穿透式”监管规则。

2．加强风险监测

建立互联网金融产品集中登记制度，研究互联网金融平台资金账户的统一设立和集中监测，依靠对账户的严格管理和对资金的集中监测，实现对互联网金融活动的常态化监测和有效监管。加快推进互联网金融领域信用体系建设，强化对征信机构的监管，使征信为互联网金融活动提供更好的支持。加强互联网金融监管技术支持，扩展技术支持系统功能，提高安全监控能力。加强部门间信息共享，建立预警信息传递、核查、处置快速反应机制。

3．完善行业自律

充分发挥中国互联网金融协会作用，制定行业标准和数据统计、信息披露、反不正当竞争等制度，完善自律惩戒机制，开展风险教育，形成依法依规监管与自律管理相结合、对互联网金融领域全覆盖的监管长效机制。

4．加强宣传教育和舆论引导

各有关部门、各省级人民政府应加强政策解读及舆论引导，鼓励互联网金融在依法合规的前提下创新发展。以案说法，用典型案例教育群众，提高投资者风险防范意识。主动、适时发声，统一对外宣传口径，有针对性地回应投资人关切和诉求。以适当方式适时公布案件进展，尽量减少信息不对称的影响。加强舆情监测，强化媒体责任，引导投资人合理合法反映诉求，为整治工作营造良好的舆论环境。

附录3

网络借贷信息中介机构业务活动管理暂行办法（全文）

为加强对网络借贷信息中介机构业务活动的监督管理，促进网络借贷行业健康发展，依据《中华人民共和国民法通则》《中华人民共和国公司法》《中华人民共和国合同法》等法律法规，中国银监会、工业和信息化部、公安部、国家互联网信息办公室制定了《网络借贷信息中介机构业务活动管理暂行办法》。经国务院批准，现予公布，自公布之日起施行。

中国银行业监督管理委员会主席：尚福林

中华人民共和国工业和信息化部部长：苗圩

中华人民共和国公安部部长：郭声琨

国家互联网信息办公室主任：徐麟

2016年8月17日

网络借贷信息中介机构业务活动管理暂行办法

第一章　总　则

第一条　为规范网络借贷信息中介机构业务活动，保护出借人、借款人、网络借贷信息中介机构及相关当事人合法权益，促进网络借贷行业健康发展，更好满足中小微企业和个人投融资需求，根据《关于促进互联网金融健康发展的指导意见》提出的总体要求和监管原则，依据《中华人民共和国民法通则》、《中华人民共和国公司法》、《中华人民共和国合同法》等法律法规，制定本办法。

第二条　在中国境内从事网络借贷信息中介业务活动，适用本办法，法律法规另有规定的除外。

本办法所称网络借贷是指个体和个体之间通过互联网平台实现的直接借贷。个体包含自然人、法人及其他组织。网络借贷信息中介机构是指依法设立，专门从事网络借贷信息中介业务活动的金融信息中介公司。该类机构以互联网为主要渠道，为借款人与出借人（即贷款人）实现直接借贷提供信息搜集、信息公布、资信评估、信息交互、借贷撮合等服务。

本办法所称地方金融监管部门是指各省级人民政府承担地方金融监管职责的部门。

第三条　网络借贷信息中介机构按照依法、诚信、自愿、公平的原则为借款人和出借人提供信息服务，维护出借人与借款人合法权益，不得提供增信服务，不得直接或间接归集资金，不得非法集资，不得损害国家利益和社会公共利益。

借款人与出借人遵循借贷自愿、诚实守信、责任自负、风险自担的原则承担借贷风险。网络借贷信息中介机构承担客观、真实、全面、及时进行信息披露的责任，不承担借贷违约风险。

第四条　按照《关于促进互联网金融健康发展的指导意见》中“鼓励创新、防范风险、趋利避害、健康发展”的总体要求和“依法监管、适度监管、分类监管、协同监管、创新监管”的监管原则，落实各方管理责任。国务院银行业监督管理机构及其派出机构负责制定网络借贷信息中介机构业务活动监督管理制度，并实施行为监管。各省级人民政府负责本辖区网络借贷信息中介机构的机构监管。工业和信息化部负责对网络借贷信息中介机构业务活动涉及的电信业务进行监管。公安部牵头负责对网络借贷信息中介机构的互联网服务进行安全监管，依法查处违反网络安全监管的违法违规活动，打击网络借贷涉及的金融犯罪及相关犯罪。国家互联网信息办公室负责对金融信息服务、互联网信息内容等业务进行监管。

第二章　备案管理

第五条　拟开展网络借贷信息中介服务的网络借贷信息中介机构及其分支机构，应当在领取营业执照后，于10个工作日以内携带有关材料向工商登记注册地地方金融监管部门备案登记。

地方金融监管部门负责为网络借贷信息中介机构办理备案登记。地方金融监管部门应当在网络借贷信息中介机构提交的备案登记材料齐备时予以受理，并在各省（区、市）规定的时限内完成备案登记手续。备案登记不构成对网络借贷信息中介机构经营能力、合规程度、资信状况的认可和评价。

地方金融监管部门有权根据本办法和相关监管规则对备案登记后的网络借贷信息中介机构进行评估分类，并及时将备案登记信息及分类结果在官方网站上公示。

网络借贷信息中介机构完成地方金融监管部门备案登记后，应当按照通信主管部门的相关规定申请相应的电信业务经营许可；未按规定申请电信业务经营许可的，不得开展网络借贷信息中介业务。

网络借贷信息中介机构备案登记、评估分类等具体细则另行制定。

第六条　开展网络借贷信息中介业务的机构，应当在经营范围中实质明确网络借贷信息中介，法律、行政法规另有规定的除外。

第七条　网络借贷信息中介机构备案登记事项发生变更的，应当在5个工作日以内向工商登记注册地地方金融监管部门报告并进行备案信息变更。

第八条　经备案的网络借贷信息中介机构拟终止网络借贷信息中介服务的，应当在终止业务前提前至少10个工作日，书面告知工商登记注册地地方金融监管部门，并办理备案注销。

经备案登记的网络借贷信息中介机构依法解散或者依法宣告破产的，除依法进行清算外，由工商登记注册地地方金融监管部门注销其备案。

第三章　业务规则与风险管理

第九条　网络借贷信息中介机构应当履行下列义务：

（一）依据法律法规及合同约定为出借人与借款人提供直接借贷信息的采集整理、甄别筛选、网上发布，以及资信评估、借贷撮合、融资咨询、在线争议解决等相关服务；

（二）对出借人与借款人的资格条件、信息的真实性、融资项目的真实性、合法性进行必要审核；

（三）采取措施防范欺诈行为，发现欺诈行为或其他损害出借人利益的情形，及时公告并终止相关网络借贷活动；

（四）持续开展网络借贷知识普及和风险教育活动，加强信息披露工作，引导出借人以小额分散的方式参与网络借贷，确保出借人充分知悉借贷风险；

（五）按照法律法规和网络借贷有关监管规定要求报送相关信息，其中网络借贷有关债权债务信息要及时向有关数据统计部门报送并登记；

（六）妥善保管出借人与借款人的资料和交易信息，不得删除、篡改，不得非法买卖、泄露出借人与借款人的基本信息和交易信息；

（七）依法履行客户身份识别、可疑交易报告、客户身份资料和交易记录保存等反洗钱和反恐怖融资义务；

（八）配合相关部门做好防范查处金融违法犯罪相关工作；

（九）按照相关要求做好互联网信息内容管理、网络与信息安全相关工作；

（十）国务院银行业监督管理机构、工商登记注册地省级人民政府规定的其他义务。

第十条　网络借贷信息中介机构不得从事或者接受委托从事下列活动：

（一）为自身或变相为自身融资；

（二）直接或间接接受、归集出借人的资金；

（三）直接或变相向出借人提供担保或者承诺保本保息；

（四）自行或委托、授权第三方在互联网、固定电话、移动电话等电子渠道以外的物理场所进行宣传或推介融资项目；

（五）发放贷款，但法律法规另有规定的除外；

（六）将融资项目的期限进行拆分；

（七）自行发售理财等金融产品募集资金，代销银行理财、券商资管、基金、保险或信托产品等金融产品；

（八）开展类资产证券化业务或实现以打包资产、证券化资产、信托资产、基金份额等形式的债权转让行为；

（九）除法律法规和网络借贷有关监管规定允许外，与其他机构投资、代理销售、经纪等业务进行任何形式的混合、捆绑、代理；

（十）虚构、夸大融资项目的真实性、收益前景，隐瞒融资项目的瑕疵及风险，以歧义性语言或其他欺骗性手段等进行虚假片面宣传或促销等，捏造、散布虚假信息或不完整信息损害他人商业信誉，误导出借人或借款人；

（十一）向借款用途为投资股票、场外配资、期货合约、结构化产品及其他衍生品等高风险的融资提供信息中介服务；

（十二）从事股权众筹等业务；

（十三）法律法规、网络借贷有关监管规定禁止的其他活动。

第十一条　参与网络借贷的出借人与借款人应当为网络借贷信息中介机构核实的实名注册用户。

第十二条　借款人应当履行下列义务：

（一）提供真实、准确、完整的用户信息及融资信息；

（二）提供在所有网络借贷信息中介机构未偿还借款信息；

（三）保证融资项目真实、合法，并按照约定用途使用借贷资金，不得用于出借等其他目的；

（四）按照约定向出借人如实报告影响或可能影响出借人权益的重大信息；

（五）确保自身具有与借款金额相匹配的还款能力并按照合同约定还款；

（六）借贷合同及有关协议约定的其他义务。

第十三条　借款人不得从事下列行为：

（一）通过故意变换身份、虚构融资项目、夸大融资项目收益前景等形式的欺诈借款；

（二）同时通过多个网络借贷信息中介机构，或者通过变换项目名称、对项目内容进行非实质性变更等方式，就同一融资项目进行重复融资；

（三）在网络借贷信息中介机构以外的公开场所发布同一融资项目的信息；

（四）已发现网络借贷信息中介机构提供的服务中含有本办法第十条所列内容，仍进行交易；

（五）法律法规和网络借贷有关监管规定禁止从事的其他活动。

第十四条　参与网络借贷的出借人，应当具备投资风险意识、风险识别能力、拥有非保本类金融产品投资的经历并熟悉互联网。

第十五条　参与网络借贷的出借人应当履行下列义务：

（一）向网络借贷信息中介机构提供真实、准确、完整的身份等信息；

（二）出借资金为来源合法的自有资金；

（三）了解融资项目信贷风险，确认具有相应的风险认知和承受能力；

（四）自行承担借贷产生的本息损失；

（五）借贷合同及有关协议约定的其他义务。

第十六条　网络借贷信息中介机构在互联网、固定电话、移动电话等电子渠道以外的物理场所只能进行信用信息采集、核实、贷后跟踪、抵质押管理等风险管理及网络借贷有关监管规定明确的部分必要经营环节。

第十七条　网络借贷金额应当以小额为主。网络借贷信息中介机构应当根据本机构风险管理能力，控制同一借款人在同一网络借贷信息中介机构平台及不同网络借贷信息中介机构平台的借款余额上限，防范信贷集中风险。

同一自然人在同一网络借贷信息中介机构平台的借款余额上限不超过人民币20万元；同一法人或其他组织在同一网络借贷信息中介机构平台的借款余额上限不超过人民币100万元；同一自然人在不同网络借贷信息中介机构平台借款总余额不超过人民币100万元；同一法人或其他组织在不同网络借贷信息中介机构平台借款总余额不超过人民币500万元。

第十八条　网络借贷信息中介机构应当按照国家网络安全相关规定和国家信息安全等级保护制度的要求，开展信息系统定级备案和等级测试，具有完善的防火墙、入侵检测、数据加密以及灾难恢复等网络安全设施和管理制度，建立信息科技管理、科技风险管理和科技审计有关制度，配置充足的资源，采取完善的管理控制措施和技术手段保障信息系统安全稳健运行，保护出借人与借款人的信息安全。

网络借贷信息中介机构应当记录并留存借贷双方上网日志信息，信息交互内容等数据，留存期限为自借贷合同到期起5年；每两年至少开展一次全面的安全评估，接受国家或行业主管部门的信息安全检查和审计。

网络借贷信息中介机构成立两年以内，应当建立或使用与其业务规模相匹配的应用级灾备系统设施。

第十九条　网络借贷信息中介机构应当为单一融资项目设置募集期，最长不超过20个工作日。

第二十条　借款人支付的本金和利息应当归出借人所有。网络借贷信息中介机构应当与出借人、借款人另行约定费用标准和支付方式。

第二十一条　网络借贷信息中介机构应当加强与金融信用信息基础数据库运行机构、征信机构等的业务合作，依法提供、查询和使用有关金融信用信息。

第二十二条　各方参与网络借贷信息中介机构业务活动，需要对出借人与借款人的基本信息和交易信息等使用电子签名、电子认证时，应当遵守法律法规的规定，保障数据的真实性、完整性及电子签名、电子认证的法律效力。

网络借贷信息中介机构使用第三方数字认证系统，应当对第三方数字认证机构进行定期评估，保证有关认证安全可靠并具有独立性。

第二十三条 网络借贷信息中介机构应当采取适当的方法和技术，记录并妥善保存网络借贷业务活动数据和资料，做好数据备份。保存期限应当符合法律法规及网络借贷有关监管规定的要求。借贷合同到期后应当至少保存5年。

第二十四条 网络借贷信息中介机构暂停、终止业务时应当至少提前10个工作日通过官方网站等有效渠道向出借人与借款人公告，并通过移动电话、固定电话等渠道通知出借人与借款人。网络借贷信息中介机构业务暂停或者终止，不影响已经签订的借贷合同当事人有关权利义务。

网络借贷信息中介机构因解散或宣告破产而终止的，应当在解散或破产前，妥善处理已撮合存续的借贷业务，清算事宜按照有关法律法规的规定办理。

网络借贷信息中介机构清算时，出借人与借款人的资金分别属于出借人与借款人，不属于网络借贷信息中介机构的财产，不列入清算财产。

第四章 出借人与借款人保护

第二十五条 未经出借人授权，网络借贷信息中介机构不得以任何形式代出借人行使决策。

第二十六条 网络借贷信息中介机构应当向出借人以醒目方式提示网络借贷风险和禁止性行为，并经出借人确认。

网络借贷信息中介机构应当对出借人的年龄、财务状况、投资经验、风险偏好、风险承受能力等进行尽职评估，不得向未进行风险评估的出借人提供交易服务。

网络借贷信息中介机构应当根据风险评估结果对出借人实行分级管理，设置可动态调整的出借限额和出借标的限制。

第二十七条 网络借贷信息中介机构应当加强出借人与借款人信息管理，确保出借人与借款人信息采集、处理及使用的合法性和安全性。

网络借贷信息中介机构及其资金存管机构、其他各类外包服务机构等应当为业务开展过程中收集的出借人与借款人信息保密，未经出借人与借款人同意，不得将出借人与借款人提供的信息用于所提供服务之外的目的。

在中国境内收集的出借人与借款人信息的储存、处理和分析应当在中国境内进行。除法律法规另有规定外，网络借贷信息中介机构不得向境外提供境内出借人和借款人信息。

第二十八条 网络借贷信息中介机构应当实行自身资金与出借人和借款人资金的隔离管理，并选择符合条件的银行业金融机构作为出借人与借款人的资金存管机构。

第二十九条 出借人与网络借贷信息中介机构之间、出借人与借款人之间、借款人与网络借贷信息中介机构之间等纠纷，可以通过以下途径解决：

（一）自行和解；

（二）请求行业自律组织调解；

（三）向仲裁部门申请仲裁；

（四）向人民法院提起诉讼。

第五章 信息披露

第三十条 网络借贷信息中介机构应当在其官方网站上向出借人充分披露借款人基本信息、融资项目基本信息、风险评估及可能产生的风险结果、已撮合未到期融资项目资金运用情况等有关信息。

披露内容应符合法律法规关于国家秘密、商业秘密、个人隐私的有关规定。

第三十一条 网络借贷信息中介机构应当及时在其官方网站显著位置披露本机构所撮合借贷项目等经营管理信息。

网络借贷信息中介机构应当在其官方网站上建立业务活动经营管理信息披露专栏，定期以公告形式向公众披露年度报告、法律法规、网络借贷有关监管规定。

网络借贷信息中介机构应当聘请会计师事务所定期对本机构出借人与借款人资金存管、信息披露情况、信息科技基础设施安全、经营合规性等重点环节实施审计，并且应当聘请有资质的信息安全测评认证机构定期对信息安全实施测评认证，向出借人与借款人等披露审计和测评认证结果。

网络借贷信息中介机构应当引入律师事务所、信息系统安全评价等第三方机构，对网络信息中介机构合规和信息系统稳健情况进行评估。

网络借贷信息中介机构应当将定期信息披露公告文稿和相关备查文件报送工商登记注册地地方金融监管部门，并置备于机构住所供社会公众查阅。

第三十二条 网络借贷信息中介机构的董事、监事、高级管理人员应当忠实、勤勉地履行职责，保证披露的信息真实、准确、完整、及时、公平，不得有虚假记载、误导性陈述或者重大遗漏。

借款人应当配合网络借贷信息中介机构及出借人对融资项目有关信息的调查核实，保证提供的信息真实、准确、完整。

网络借贷信息披露具体细则另行制定。

第六章 监督管理

第三十三条 国务院银行业监督管理机构及其派出机构负责制定统一的规范发展政策措施和监督管理制度，负责网络借贷信息中介机构的日常行为监管，指导和配合地方人民政府做好网络借贷信息中介机构的机构监管和风险处置工作，建立跨部门跨地区监管协调机制。

各地方金融监管部门具体负责本辖区网络借贷信息中介机构的机构监管，包括对本辖区网络借贷信息中介机构的规范引导、备案管理和风险防范、处置工作。

第三十四条 中国互联网金融协会从事网络借贷行业自律管理，并履行下列职责：

（一）制定自律规则、经营细则和行业标准并组织实施，教育会员遵守法律法规和网络借贷有关监管规定；

（二）依法维护会员的合法权益，协调会员关系，组织相关培训，向会员提供行业信息、法律咨询等服务，调解纠纷；

（三）受理有关投诉和举报，开展自律检查；

（四）成立网络借贷专业委员会；

（五）法律法规和网络借贷有关监管规定赋予的其他职责。

第三十五条 借款人、出借人、网络借贷信息中介机构、资金存管机构、担保人等应当签订资金存管协议，明确各自权利义务和违约责任。

资金存管机构对出借人与借款人开立和使用资金账户进行管理和监督，并根据合同约定，对出借人与借款人的资金进行存管、划付、核算和监督。

资金存管机构承担实名开户和履行合同约定及借贷交易指令表面一致性的形式审核责任，但不承担融资项目及借贷交易信息真实性的实质审核责任。

资金存管机构应当按照网络借贷有关监管规定报送数据信息并依法接受相关监督管理。

第三十六条　网络借贷信息中介机构应当在下列重大事件发生后，立即采取应急措施并向工商登记注册地地方金融监管部门报告：

（一）因经营不善等原因出现重大经营风险；

（二）网络借贷信息中介机构或其董事、监事、高级管理人员发生重大违法违规行为；

（三）因商业欺诈行为被起诉，包括违规担保、夸大宣传、虚构隐瞒事实、发布虚假信息、签订虚假合同、错误处置资金等行为。

地方金融监管部门应当建立网络借贷行业重大事件的发现、报告和处置制度，制定处置预案，及时、有效地协调处置有关重大事件。

地方金融监管部门应当及时将本辖区网络借贷信息中介机构重大风险及处置情况信息报送省级人民政府、国务院银行业监督管理机构和中国人民银行。

第三十七条　除本办法第七条规定的事项外，网络借贷信息中介机构发生下列情形的，应当在5个工作日以内向工商登记注册地地方金融监管部门报告：

（一）因违规经营行为被查处或被起诉；

（二）董事、监事、高级管理人员违反境内外相关法律法规行为；

（三）国务院银行业监督管理机构、地方金融监管部门等要求的其他情形。

第三十八条　网络借贷信息中介机构应当聘请会计师事务所进行年度审计，并在上一会计年度结束之日起4个月内向工商登记注册地地方金融监管部门报送年度审计报告。

第七章　法律责任

第三十九条　地方金融监管部门存在未依照本办法规定报告重大风险和处置情况、未依照本办法规定向国务院银行业监督管理机构提供行业统计或行业报告等违反法律法规及本办法规定情形的，应当对有关责任人依法给予行政处分；构成犯罪的，依法追究刑事责任。

第四十条　网络借贷信息中介机构违反法律法规和网络借贷有关监管规定，有关法律法规有处罚规定的，依照其规定给予处罚；有关法律法规未作处罚规定的，工商登记注册地地方金融监管部门可以采取监管谈话、出具警示函、责令改正、通报批评、将其违法违规和不履行公开承诺等情况记入诚信档案并公布等监管措施，以及给予警告、人民币3万元以下罚款和依法可以采取的其他处罚措施；构成犯罪的，依法追究刑事责任。

网络借贷信息中介机构违反法律规定从事非法集资活动或欺诈的，按照相关法律法规和工作机制处理；构成犯罪的，依法追究刑事责任。

第四十一条　网络借贷信息中介机构的出借人及借款人违反法律法规和网络借贷有关监管规定，依照有关规定给予处罚；构成犯罪的，依法追究刑事责任。

第八章　附　则

第四十二条　银行业金融机构及国务院银行业监督管理机构批准设立的其他金融机构和省级人民政府批准设立的融资担保公司、小额贷款公司等投资设立具有独立法人资格的网络借贷信息中介机构，设立办法另行制定。

第四十三条　中国互联网金融协会网络借贷专业委员会按照《关于促进互联网金融健康发展的指导意见》和协会章程开展自律并接受相关监管部门指导。

第四十四条　本办法实施前设立的网络借贷信息中介机构不符合本办法规定的，除违法犯罪行为按照本办法第四十条处理外，由地方金融监管部门要求其整改，整改期不超过12个月。

第四十五条　省级人民政府可以根据本办法制定实施细则，并报国务院银行业监督管理机构备案。

第四十六条　本办法解释权归国务院银行业监督管理机构、工业和信息化部、公安部、国家互联网信息办公室。

第四十七条　本办法所称不超过、以下、以内，包括本数。

附录 4

《网络借贷信息中介机构业务活动管理暂行办法（征求意见稿）》主要内容说明

为了促进网络借贷（以下简称“网贷”）行业健康发展，引导其更好地满足小微企业、“三农”、创新企业和人民群众投融资需求，按照党中央、国务院工作部署和人民银行等十部委《关于促进互联网金融健康发展的指导意见》（以下简称《指导意见》）明确的总体要求和基本原则，银监会会同工业和信息化部、公安部、国家互联网信息办公室等部门研究起草了《网络借贷信息中介机构业务活动管理暂行办法》（征求意见稿，以下简称《办法》），现向社会公开征求意见。

《办法》界定了网贷内涵，明确了适用范围及网贷活动基本原则，重申了从业机构作为信息中介的法律地位。网贷机构以互联网为主要渠道，为出借人和借款人提供信息搜集、信息公布、资信评估、信息交互、借贷撮合等服务，具有高效便捷、贴近客户需求、成本低等特点，在完善金融体系，弥补小微企业融资缺口、满足民间资本投资需求，促进普惠金融发展等方面可以发挥积极作用。《办法》规定，从事网贷业务，应当遵循依法、诚信、自愿、公平的原则，对出借人及相关当事人合法权益以及合法的网贷业务和创新活动，予以支持和保护。

《办法》明确了网贷监管体制机制及各相关主体责任，促进各方依法履职，加强沟通、协作，形成监管合力，增强监管效力。按照《指导意见》提出的“依法监管、适度监管、分类监管、协同监管、创新监管”的原则及中央和地方金融监管职责分工的有关规定，《办法》明确了银监会作为中央金融监管部门负责对网贷业务活动进行制度监管，制定统一的业务规则和监管规则，督促指导地方政府金融监管工作，加强风险监测和提示，推进行业基础设施建设，指导网贷协会等。同时《办法》还明确了工业和信息化部、公安部、国家互联网信息办公室等相关业务主管部门的监管职责以及相关主体法律责任。地方金融监管部门负责辖内网贷机构的具体监管职能，包括备案管理、规范引导、风险防范和处置工作等。

《办法》规定，所有网贷机构均应在领取营业执照后向注册地金融监管部门备案登记，备案不设置条件，不构成对网贷机构经营能力、合规程度、资信状况的认可和评价。同时，地方金融监管部门对备案后的网贷机构进行分类管理，并充分信息披露。

《办法》明确了网贷业务规则和风险管理要求，坚持底线思维，加强事中事后行为监管。根据《指导意见》提出的“鼓励创新、防范风险、趋利避害、健康发展”总体要求，《办法》以负面清单形式划定了业务边界，明确提出不得吸收公众存款、不得归集资金设立资金池、不得自身为出借人提供任何形式的担保等十二项禁止性行为，对打着网贷旗号从事非法集资等违法违规行为，要坚决实施市场退出，按照相关法律和工作机制予以打击和取缔，净化市场环境，保护投资人等合法权益。同时，《办法》对业务管理和风险控制提出了具体要求，实行客户资金由银行业金融机构第三方存管制度及控制信贷集中度风险等，防范平台道德风险，保障客户资金安全，严守风险底线。

《办法》注重加强消费者权益保护，明确对出借人进行风险揭示及纠纷解决途径等要求。《办法》设置了借款人和出借人的义务、合格出借人条件，明确对出借人风险承受能力进行评估和实行分级管理，通过风险揭示等措施保障出借人知情权和决策权，保障客户信息采集、处理及使用的合法性和安全性。同时《办法》还明确了纠纷、投诉和举报等解决渠道和途径，确保及时、有效地解决纠纷、投诉和举报等，保护消费者合法权益。

《办法》强化信息披露监管，发挥市场自律作用，创造透明、公开、公平的网贷经营环境。《办法》规定网贷机构应履行的信息披露责任，充分披露借款人和融资项目的有关信息，并实时和定期披露网贷平台有关经营管理信息，对信息披露情况等进行审计和公布，保证披露的信息真实、准确、完整、及时。同时《办法》坚持市场自律为主，行政监管为辅的思路，明确了行业自律组织、资金存管机构、审计等第三方机构的有关职责和义务，充分发挥网贷市场主体自治、行业自律和社会监督的作用。

《办法》特作出了 18 个月过渡期的安排，在过渡期内通过网贷机构规范自身行为、行业自查自纠、清理整顿等净化市场，促进行业逐步走向健康可持续发展轨道。

《办法》在广泛征求意见并完善后将尽快出台，从根本上改变网贷机构缺乏准入门槛、监管规则和体制机制不健全的状态，有利于治理行业乱象，引导行业进入规范经营和稳健发展的轨道，并为下一步完善相关基础设施和配套措施提供依据，促进普惠金融发展。

附录5

《网络借贷信息中介机构业务活动管理暂行办法（征求意见稿）》有关问题的解答

按照党中央、国务院工作部署和人民银行等十部委《关于促进互联网金融健康发展的指导意见》（以下简称《指导意见》）有关职责分工，银监会会同工业和信息化部、公安部、国家互联网信息办公室等部门研究起草了《网络借贷信息中介机构业务活动管理暂行办法》（征求意见稿，以下简称《办法》），现就有关问题解答如下：

1. 问：《办法》中网络借贷、网络借贷业务、网络借贷信息中介机构分别指什么？

答：《办法》中规定的网络借贷（以下简称“网贷”）是指个体和个体之间通过互联网平台实现的直接借贷，即大众所熟知的P2P个体网贷，属于民间借贷范畴，受合同法、民法通则等法律法规以及最高人民法院有关司法解释规范。网贷业务是以互联网为主要渠道，为借款人和出借人实现直接借贷提供信息搜集、信息公布、资信评估、信息交互、借贷撮合等服务。网络借贷信息中介机构（以下简称网贷机构）是指依法设立，专门经营网贷业务的金融信息服务中介机构，其本质是信息中介而非信用中介，因此其不得吸收公众存款、归集资金设立资金池、不得自身为出借人提供任何形式的担保等。

目前，许多网贷机构背离了信息中介的定性，承诺担保增信、错配资金池等，已由信息中介异化为信用中介，为此，《办法》将对此类行为进行规范，以净化市场环境，保护金融消费者权益，使网贷机构回归到信息中介的本质。

2. 问：网贷的特点及发展网贷的意义有哪些？

答：网贷利用互联网信息技术，不受时空限制，使资金提供方与资金需求方在平台上直接对接，进行投融资活动，拓宽了金融服务的目标群体和范围，有助于为社会大多数阶层和群体提供可得、便利的普惠金融服务，进一步实现了小额投融资活动低成本、高效率、大众化，为大众创业、万众创新打开了大门，对于“稳增长、调结构、促发展、惠民生”具有重要意义。

此外，网贷机构与传统金融机构相互补充、相互促进，在完善金融体系，弥补小微企业融资缺口，缓解小微企业融资难、贷款难以及满足民间资本投资需求等方面发挥了积极作用。

3. 问：当前我国网贷行业基本情况及存在的主要问题？

答：网贷作为互联网金融业态中的重要组成部分，近几年的发展呈现出机构总体数量多、个体规模小、增长速度快以及分布不平衡等特点。根据有关方面不完全统计，截至2015年11月末，全国正常运营的网贷机构共2612家，撮合达成融资余额4000多亿元，问题平台数量1000多家，约占全行业机构总数的30%。

网贷行业形成以来由于监管政策和体制缺失、业务边界模糊、经营规则不健全等，在快速发展的同时，也暴露出一些问题和风险隐患。

一是缺乏必要的风控，不少网贷机构经营管理能力不足，时有经营者卷款、“跑路”等事件发生，严重影响市场参与者信心和行业声誉，且不少网贷机构网络信息系统脆弱，易受黑客等攻击，存在客户资金、信息被盗用的安全隐患。

二是缺乏必要的规则，不少网贷机构为客户借贷提供隐性担保，由信息中介异化为信用中介，设立资金池、挪用客户资金，存在信用风险和流动性风险等隐患，影响金融市场秩序和社会稳定。

三是缺乏必要的监管，不少网贷机构游走于合法与非法之间，借用网络概念“包装”，涉嫌虚假宣传和从事非法吸收公众存款等非法集资活动，损害社会公众利益。

四是缺乏健全的外部环境，网贷行业有关信用体系建设和消费者保护机制等不健全，成为行业健康发展越来越明显的障碍。

4. 问：《办法》确定的网贷行业监管的总体原则有哪些？

答：《指导意见》经党中央、国务院同意后发布，是当前指导互联网金融发展的纲领性文件。按照《指导意见》明确的“鼓励创新、防范风险、趋利避害、健康发展”的总体要求和“依法、适度、分类、协同、创新”的监管原则，《办法》确定了网贷行业监管总体原则：

一是以市场自律为主，行政监管为辅。网贷是市场经济的产物，要坚持市场为导向、自律与他律相结合，发挥好网贷市场主体自治、行业自律、社会监督的作用，激发市场活力，促进网贷行业健康发展，引导其更好地满足小微企业、创新企业和百姓投融资需求。

二是以行为监管为主，机构监管为辅。网贷机构本质上是信息中介机构，不是信用中介机构，但其开展的网贷业务是金融信息中介业务，涉及资金融通及相关风险管理。对网贷业务的监管，重点在于业务基本规则的制定完善，而非机构和业务的准入审批，监管部门应着力加强事中事后监管，以保护相关当事人合法权益。

三是坚持底线思维，实行负面清单管理。通过负面清单界定网贷业务的边界，明确网贷机构不能从事的十二项禁止性行为，对符合法律法规的网贷业务和创新活动，给予支持和保护；对以网贷名义进行非法集资等非法金融活动，坚决予以打击和取缔；加强信息披露，完善风险监测，守住不发生区域性系统性风险的底线。

四是实行分工协作，协同监管。发挥网贷业务国家相关管理部门、地方人民政府、行业自律组织的作用，促进有关主体依法履职，加强沟通、协作，形成监管合力。

5. 问：《办法》确立的网贷行业的基本管理体制及各方职责具体是什么？

答：根据《指导意见》和关于界定中央和地方金融监管职责分工的有关规定，对于非存款类金融活动的监管，由中央金融监管部门制定统一的业务规则和监管规则，督促和指导地方人民政府金融监管工作；由省级人民政府对机构实施监管，承担相应的风险处置责任，并加强对民间借贷的引导和规范，防范和化解地方金融风险。

鉴于《指导意见》将网贷机构定性为信息中介，而非存款类机构，且将网贷归属于民间借贷范畴，为此，《办法》明确银监会作为中央金融监管部门负责对网贷机构业务活动制定统一制度规则，督促和指导省级人民政府做好网贷监管工作，加强风险监测和提示，推进行业基础设施建设，指导网贷协会等；同时，网贷行业作为新兴业态，其业务管理涉及多个部门职责，应坚持协同监管，故《办法》明确工业和信息化部主要职责是对网贷机构具体业务中涉及的电信业务进行监管；公安部主要职责是牵头对网贷机构业务活动进行互联网安全监管，打击网络借贷涉及的金融犯罪；国家互联网信息管理办公室主要职责是负责对金融信息服务、互联网信息内容等业务进行监管。地方人民政府金融监管部门（以下简称“地方金融监管部门”）承担辖内网贷机构的具体监管职能，包括备案管理、规范引导、风险防范和处置等。

6. **问：对网贷机构如何实施备案管理制度？**

答：《办法》规定所有网贷机构均应在领取工商营业执照后向注册地地方金融监管部门备案登记，该备案不构成对机构经营能力、合规程度、资信状况的认可和评价。《办法》明确的地方金融监管部门对机构实施先照后备案，并分类管理的规定，属于事后备案，减少事前行政审批，着眼于加强事中事后监管，有利于行业的创新和发展。

同时，为加强事中事后监管，地方金融监管部门根据本办法和相关监管规则对备案后的机构进行分类评估管理，将分类结果在官方网站上公示，促进网贷机构规范整改，约束其经营行为，防范风险，保护投资者合法权益。此外，《办法》规定网贷机构应当申请相应的电信业务经营许可并接受相关部门监管。

在《办法》正式实施后，银监会将对网贷机构备案登记、评估分类等制定实施细则，以便各地统一规则，加强可操作性，为下一步加强网贷机构事中事后监管奠定基础。

7. **问：《办法》对于网贷业务的主要监管措施有哪些？**

答：一是对业务经营活动实行负面清单管理。考虑到网贷机构处于探索创新阶段，业务模式尚待观察，因此，《办法》对其业务经营范围采用以负面清单为主的管理模式，明确了包括不得吸收公众存款、不得设立资金池、不得提供担保或承诺保本保息等十二项禁止性行为。同时在政策安排上，允许网贷机构引入第三方机构进行担保或者与保险公司开展相关业务合作。

二是对客户资金实行第三方存管。为防范网贷机构设立资金池和欺诈、侵占、挪用客户资金，增强市场信心，《办法》对客户资金和网贷机构自身资金实行分账管理，规定由银行业金融机构对客户资金实行第三方存管，对客户资金进行管理和监督，资金存管机构与网贷机构应明确约定各方责任边界，便于做好风险识别和风险控制，实现尽职免责。

三是限制借款集中度风险。为更好地保护出借人权益和降低网贷机构道德风险等，《办法》规定网贷具体金额应当以小额为主，同一借款人在网贷机构上的单笔借款上限和借款余额上限应当与网贷机构风险管理能力相适应。

8. **问：《办法》对于出借人和借款人的具体行为有哪些规定？**

答：《办法》对于消费者权益保护进行了重点考量，注重对出借人和借款人，尤其是对出借人的保护，在第四章以专章形式对借贷决策、风险揭示及评估、出借人借款人信息、资金保护以及纠纷解决等问题进行了详细规定，确保出借人和借款人的合法权益不受损害。

同时，《办法》也对出借人和借款人的行为进行了规范，明确规定参与网贷的出借人与借款人应当实名注册；借款人应当提供准确信息，确保融资项目真实、合法，按照约定使用资金，严格禁止借款人欺诈、重复融资等。《办法》还要求出借人应当具备非保本类金融产品投资的经历并熟悉互联网，同时应当提供真实、准确、完整的身份信息，出借资金来源合法，拥有风险认知和承受能力以及自行承担借贷产生的本息损失。这些规定，本质上属于合格投资者条款，其目的是为了在行业发展初期，更好地防范非理性投资，引导投资者风险自担，进一步保护出借人合法权益。

9. **问：客户资金实行银行业金融机构第三方存管制度对行业规范发展的作用有哪些？**

答：按照《指导意见》有关规定，网贷机构应当选择符合条件的银行业金融机构作为第三方资金存管机构，对客户资金进行管理和监督，实现客户资金和网贷机构自身资金分账管理。实行客户资金第三方存管制度将有效防范网贷机构设立资金池和欺诈、侵占、挪用客户资金风险，有利于资金的安全与隔离，对于规范行业健康发展具有重要意义。银行业金融机构应当按照合同约定，履行交易资金划转、资金清算和对账等职责，将网贷机构的资金与客户的资金分账管理、分开存放，确保资金流向符合出借人的真实意愿，有效防范风险。下一步，银监会将制定网贷客户资金第三方存管具体办法，明确银行业金融机构对网络借贷资金监督管理职责以及存管银行的条件等，更好地满足当前网贷行业资金存管的市场需求。

10. 问：如何更好地发挥行业自律组织的积极作用？

答：网贷行业作为新兴行业，会面临很多新情况新问题。如何使行业在保持一定发展势头的前提下，提升监管的有效性，控制相关风险，需要有关各方积极创新，相互配合，并建立起政府监管、行业自律、市场约束三位一体的管理体系，发挥政府、行业、市场力量。

在这种全新的监管框架下，行业自律组织建立，对促进行业健康发展十分必要，有利于建立统一数据登记平台，完善风险预警、监测机制，在规范从业机构市场行为和保护行业合法权益等方面发挥积极作用，加强机构之间的业务交流和信息共享，树立行业的正面形象，营造规范发展的良好氛围。

11. 问：信息披露制度对整个行业的意义是什么？

加强对网贷机构的信息披露要求、完善相关信息披露制度，对于改进行业形象、提升网贷机构公信力、完善行业事中事后监管、防范行业风险、保护出借人与借款人利益具有十分重要的意义。

《办法》对信息披露进行了较为详细地规定，特别是关于网贷机构的相关义务，包括向出借人披露借款人基本信息、融资项目基本信息以及风险评估和可能产生的风险结果等。同时，《办法》还要求网贷机构对自身撮合的所有项目的相关情况，包括交易金额、撮合的借贷余额、最大单户借款余额占比等在其官网上进行充分披露。下一步，在《办法》正式实施后，银监会还将根据行业反馈制定信息披露有关细则，进一步完善信息披露制度。

12. 问：《指导意见》中明确网贷包括个体网贷及网络小额贷款，《办法》只对个体网贷进行规范，对网络小额贷款监管如何考虑？

答：《指导意见》中的网络小额贷款是指互联网企业通过其控制的小额贷款公司，利用互联网向客户提供的小额贷款。该类机构不同于P2P个体网贷，两者经营主体不同，网络小额贷款经营主体仍然是小额贷款公司，其利用自有资金而非出借人资金，通过互联网发放小额贷款，其资金需求方即借款人主要是互联网企业的电商等。因此《办法》只对个体网贷即P2P网贷进行规范。银监会拟在下一步对网络小额贷款进行专门研究，其办法将另行规定。

13. 问：《办法》公开征求意见后，银监会将开展哪些方面的工作？

答：银监会将密切关注各方意见，并根据具体的建议和意见，展开专题论证和研究，并对《办法》进行修改完善。如《办法》无重大修改，拟以四部门联合规章的形式对外发布，并启动《办法》有关配套制度的起草工作。

附录 6

互联网金融法律法规大全

本附录总结了当前我国与互联网金融有关的十四大类法律法规，种类堪称全面。多熟悉并理解相关法规，对提高行业从业人员和投资者的水平有很大帮助，对监管机构做好行业监管也能起到一定促进作用。

（一）民间借贷法律法规

1.《中华人民共和国刑法》

2.《最高人民法院关于审理非法集资刑事案件具体应用法律若干问题的解释》

3.《关于办理非法集资刑事案件适用法律若干问题的意见》

4.《最高人民法院关于非法集资刑事案件性质认定问题的通知》

5.《中华人民共和国合同法》

6.《中华人民共和国担保法》

7.《中国人民银行办公厅关于高利贷认定标准问题的函》

8.《中国人民银行关于取缔地下钱庄及打击高利贷行为的通知》

9.《中国银监会办公厅关于人人贷有关风险提示的通知》

10.《关于小额贷款公司试点的指导意见》

11.《网络借贷行业准入标准》

12. 其他相关法规和行业自律章程

（1）《中国人民银行办公厅关于以高利贷形式向社会不特定对象出借资金行为法律性质问题的批复》

（2）《网络借贷信息中介机构业务活动管理暂行办法（征求意见稿）》

（3）《中国银监会办公厅关于严禁中小金融机构参与民间融资活动的通知》

（4）《上海市高级人民法院关于审理民间借贷合同纠纷案件若干意见》

（5）《鄂尔多斯市规范民间借贷暂行办法》

（6）《温州市民间融资管理条例》

（7）《北京市小额贷款业协会章程》

（8）《海南省小额信贷协会章程》

（9）《上海小额信贷公司协会章程》

（10）《深圳小额信贷行业协会章程》

（11）《云南省小额信贷协会章程》

（12）《南京市小额贷款行业协会章程》

（13）《国务院办公厅关于促进金融租赁行业健康发展的指导意见》

（14）其他规范性文件

①《最高人民法院关于审理民间借贷案件适用法律若干问题的规定》

②《最高人民法院关于依法妥善审理民间借贷纠纷案件促进经济发展维护社会稳定的通知》

③《第三方电子商务交易平台服务规范》

（二）证券与基金法律法规

1.《中华人民共和国证券法》

2.《中华人民共和国证券投资基金法》

3.《开放式证券投资基金销售费用管理规定》

4.《证券投资基金销售业务信息管理平台管理规定》

5.《商业银行理财产品销售管理办法》

6.《证券投资基金销售管理办法》

7.《证券投资基金管理公司管理办法》

8.《证券投资基金销售结算资金管理暂行规定》

9.《证券投资基金销售机构通过第三方电子商务平台开展业务管理暂行规定》

10. 其他相关法规和行业自律章程

（1）《国务院办公厅关于严厉打击非法发行股票和非法经营证券业务有关问题的通知》

（2）《证券交易所风险基金管理暂行办法》

（3）《国务院关于证券投资基金管理公司有关问题的批复》

（4）《国务院关于管理公开募集基金的基金管理公司有关问题的批复》

（5）《基金管理公司固有资金运用管理暂行规定》

（6）其他

①《公开募集证券投资基金运作管理办法》

②《公开募集证券投资基金风险准备金监督管理暂行办法》

③《私募投资基金监督管理暂行办法》

④《私募投资基金募集与转让业务指引》

⑤《关于设立保险私募基金有关事项的通知》

⑥《证券投资基金信息披露管理办法》

⑦《证券投资基金管理公司管理办法》

⑧《证券投资基金托管业务管理办法》

（三）资产证券化法规

1. 证监资产证券化法律法规

（1）《证券公司及基金管理公司子公司资产证券化业务管理规定》

（2）《证券公司及基金管理公司子公司资产证券化业务信息披露指引》

（3）《证券公司及基金管理公司子公司资产证券化业务尽职调查工作指引》

（4）《上海证券交易所资产证券化业务指引》

（5）《关于证券投资基金投资资产支持证券有关事项的通知》

（6）《证券公司企业资产证券化业务试点指引（试行）》

（7）《证券发行与承销管理办法》

2. 银监资产证券化法律法规

（1）《信贷资产证券化试点管理办法》

（2）《金融机构信贷资产证券化试点监督管理办法》

(3)《资产支持证券信息披露规则》

(4)《全国银行间市场债券交易规则》

(5)《关于信贷资产支持证券发行管理有关事宜的公告》

(6)《关于进一步扩大信贷资产证券化试点有关事项的通知》

(7)《财政部国家税务总局关于信贷资产证券化有关税收政策问题的通知》

(8)《银行间债券市场非金融企业资产支持票据指引》

(9)《关于进一步加强信贷资产证券化业务管理工作的通知》

(10)《信贷资产证券化基础资产池信息披露有关事项公告》

(11)《关于调整银行间债券市场债券交易流通有关管理政策的公告》

(12)《资产支持证券发行登记与托管结算业务操作规则》

(13)《全国银行间债券市场进行质押式回购交易的有关事项公告》

(14)《银行业金融机构进入全国银行间同业拆借市场审核规则》

3. 保监资产证券化法律法规

《资产支持计划业务管理暂行办法》

(四)股权众筹法律法规

1.《中华人民共和国公司法》

2.《中华人民共和国公益事业捐赠法》

3. 其他规范性文件

(1)《场外证券业务备案管理办法》

(2)《私募股权众筹融资管理办法(试行征求意见稿及起草说明)》

(五)融资租赁法律法规

1.《中华人民共和国物权法》

2.《中华人民共和国民事诉讼法》

3. 其他规范性文件

(1)《关于审理融资租赁合同纠纷案件适用法律问题的解释》

(2)《融资租赁企业监督管理办法》

(3)《关于加快融资租赁业发展的指导意见》

(4)《关于促进金融租赁行业健康发展的指导意见》

(5)《关于从事融资租赁业务有关问题的通知》

(6)《关于加强内资融资租赁试点监管工作的通知》

(7)《关于使用融资租赁登记系统进行融资租赁交易查询的通知》

(8)《中国人民银行征信中心融资租赁登记规则》

(9)《金融租赁公司管理办法》

(10)《金融租赁公司专业子公司管理暂行规定》

(11)《汽车金融公司管理办法》

(12)《外商投资租赁业管理办法》

(13)《国务院关于促进融资担保行业加快发展的意见》

（六）支付结算和预付卡法律法规

1.《支付结算办法》

2.《非金融机构支付服务管理办法》

3.《非金融机构支付服务管理办法实施细则》

4.《非金融机构支付服务业务系统检测认证管理规定》

5.《支付机构预付卡业务管理办法》

6.《支付机构互联网支付业务风险防范指引》提要

7. 其他相关法规和行业自律章程

（1）《关于办理妨害信用卡管理刑事案件具体应用法律若干问题的解释》

（2）《支付机构反洗钱和反恐怖融资管理办法》

8. 其他规范性文件

（1）《支付机构互联网支付业务管理办法（征求意见稿）》

（2）《非银行支付机构网络支付业务管理办法（征求意见稿）》

（3）《非银行支付机构网络支付业务管理办法及有关条款释义（征求意见稿）》

（4）《支付机构跨境电子商务外汇支付业务试点指导意见》

（5）《中国人民银行关于手机支付业务发展的指导意见》

（6）《决定对从事支付清算业务的非金融机构进行登记的公告》

（7）《支付机构客户备付金存管办法》

（8）《银行卡收单业务管理办法》

（9）《关于进一步加强预付卡业务管理的通知》

（10）《国务院办公厅关于促进跨境电子商务健康快速发展的指导意见》

（七）保险法律法规

1.《中华人民共和国保险法》

2.《中国保险监督管理委员会关于专业网络保险公司开业验收有关问题的通知》

3. 其他相关法规和行业自律章程

（1）《关于保险资金投资有关金融产品的通知》

（2）《加强网络保险监管工作方案》

（3）《互联网保险业务监管规定（征求意见稿）》

4. 其他规范性文件

（1）《互联网保险业务监管暂行办法》

（2）《关于规范人身保险公司经营互联网保险有关问题的通知（征求意见稿）》

（3）《互联网保险业务信息披露管理细则》

（4）《中国保险监督管理委员会关于提示互联网保险业务风险的公告》

（5）《中国保监会关于专业网络保险公司开业验收有关问题的通知》

（八）金融管制法律法规

1.《中华人民共和国商业银行法》

2.《中资商业银行行政许可事项实施办法》

3.《银行卡业务管理办法》

4.《储蓄管理条例》

5.《中华人民共和国人民币管理条例》

6.《非法金融机构和非法金融业务活动取缔办法》

7.《人民银行等五部委发布关于防范比特币风险的通知》

8.《文化部、商务部关于加强网络游戏虚拟货币管理工作的通知》

9. 其他相关法规和行业自律章程

(1)《中华人民共和国银行业监督管理法》

(2)《中华人民共和国反洗钱法》

(3)《电子支付指引》

(4)《关于骗购外汇、非法套汇、逃汇、非法买卖外汇等违反外汇管理规定行为的行政处分或纪律处分暂行规定》

(5)《国务院办公厅关于严厉打击非法发行股票和非法经营证券业务有关问题的通知》

(6)《最高人民法院、最高人民检察院、公安部、中国证券监督管理委员会关于整治非法证券活动有关问题的通知》

(7)《关于取缔非法金融机构和非法金融业务活动中有关问题的通知》

10. 其他规范性文件

(1)《电子银行业务管理办法》

(2)《电子银行安全评估指引》

(3)《关于加强商业银行与第三方支付机构合作业务管理的通知》

(4)《关于促进互联网金融健康发展的指导意见》

(九)征信法律法规

1.《征信业管理条例》

2.《征信机构管理办法》

3.《个人信用信息基础数据库管理暂行办法》

4. 其他相关法规和行业自律章程

《上海市个人信用征信管理试行办法》

(十)投资者权益保护法律法规

1.《中华人民共和国消费者权益保护法》

2.《中华人民共和国侵权责任法》

3.《电信与互联网用户个人信息保护规定》

4.《全国人大常委会关于加强网络信息保护的决定》

5.《银行业消费者权益保护工作指引》

6. 其他相关法规和行业自律章程

(1)《国务院办公厅关于进一步加强资本市场中小投资者合法权益保护工作的意见》

(2)《国务院办公厅关于加强金融消费者权益保护工作的指导意见》

（十一）竞争法律法规

1.《中华人民共和国反不正当竞争法》

2.《中华人民共和国反垄断法》

3.《最高人民法院关于审理因垄断行为引发的民事纠纷案件应用法律若干问题的规定》

（十二）网络交易与信息管理法规

1.《商务部关于网上交易的指导意见（暂行）》

2.《网络交易管理办法》

3.《互联网信息服务管理办法》

4.《互联网站管理工作细则》

5.《中华人民共和国计算机信息系统安全保护条例》

6.《信息安全等级保护管理办法》

7.《互联网金融相关的信息安全国家标准（清单）》

8. 其他相关法规提要

（1）《第三方电子商务交易平台服务规范》

（2）《中华人民共和国电信条例》

（3）《全国人大常委会关于加强网络信息保护的决定》

（4）《外国机构在中国境内提供金融信息服务管理规定》

（5）《规范互联网信息服务市场秩序若干规定》

（6）《电信和互联网用户个人信息保护规定》

（7）《国务院办公厅关于推进线上线下互动加快商贸流通创新发展转型升级的意见》

（8）《国务院办公厅关于加强互联网领域侵权假冒行为治理的意见》

（9）《国务院办公厅关于促进农村电子商务加快发展的指导意见》

（10）《国务院关于积极推进"互联网+"行动的指导意见》

（十三）电子数据证据法规

1.《中华人民共和国电子签名法》

2.《电子认证服务管理办法》

3.《关于工商行政管理机关电子数据证据取证工作的指导意见》

4. 其他相关法规和行业自律章程

（1）《人民法院统一证据规定（司法解释建议稿）》

（2）《最高人民法院关于审理买卖合同纠纷案件适用法律问题的解释》

（十四）虚拟货币规范性文件

1.《网络游戏管理暂行办法》

2.《关于进一步加强网吧及网络游戏管理工作的通知》

3.《关于规范网络游戏经营秩序查禁利用网络游戏赌博的通知》

4.《"网络游戏虚拟货币发行企业"、"网络游戏虚拟货币交易企业"申报指南》

5.《关于个人通过网络买卖虚拟货币取得收入征收个人所得税问题的批复》